# 管理学基础——理论与实务

主　编　王　丹
副主编　张　莹　张　玲　季　芳　张云凌
参　编　王述芬　洪林青　张铁英　马丽娟
　　　　梁　彬
主　审　张玉强

## 内 容 简 介

《管理学基础——理论与实务》的主要特点是理论与实践并重，关注理论知识与实践知识的融会贯通。本书主要包括以下五个部分：第一部分管理和管理学，主要介绍管理和管理学的基本知识和简单应用；第二部分计划，主要讲解计划的基础知识和计划的具体应用，如计划编制、决策方法等；第三部分组织，主要讲解组织的基础知识和组织的具体应用，如工作分析、薪酬管理等；第四部分领导，主要讲解领导的基础知识和领导的具体应用，如激励、沟通等；第五部分控制，主要讲解控制的基础知识和控制的具体应用，如控制技术、控制方法等。本书主要适用于高等职业教育财经商贸类专业的学生。

**版权专有　侵权必究**

### 图书在版编目（CIP）数据

管理学基础：理论与实务 / 王丹主编. —北京：北京理工大学出版社，2018.6（2024.8重印）

ISBN 978-7-5682-5802-9

Ⅰ. ①管… Ⅱ. ①王… Ⅲ. ①管理学–高等学校–教材 Ⅳ. ①C93

中国版本图书馆 CIP 数据核字（2018）第 139481 号

| | |
|---|---|
| 出版发行 / | 北京理工大学出版社有限责任公司 |
| 社　　址 / | 北京市海淀区中关村南大街 5 号 |
| 邮　　编 / | 100081 |
| 电　　话 / | （010）68914775（总编室） |
| | （010）82562903（教材售后服务热线） |
| | （010）68944723（其他图书服务热线） |
| 网　　址 / | http://www.bitpress.com.cn |
| 经　　销 / | 全国各地新华书店 |
| 印　　刷 / | 廊坊市印艺阁数字科技有限公司 |
| 开　　本 / | 787 毫米×1092 毫米　1/16 |
| 印　　张 / | 16 |
| 字　　数 / | 379 千字 |
| 版　　次 / | 2018 年 6 月第 1 版　2024 年 8 月第 7 次印刷 |
| 定　　价 / | 48.00 元 |

| | |
|---|---|
| 责任编辑 / | 武丽娟 |
| 文案编辑 / | 武丽娟 |
| 责任校对 / | 周瑞红 |
| 责任印制 / | 李　洋 |

图书出现印装质量问题，请拨打售后服务热线，本社负责调换

# 前　言

《管理学基础——理论与实务》是高等职业教育财经商贸类专业的专业基础课程之一。本书以管理的四项职能——计划、组织、领导、控制为核心，主要讲解管理的基本概念、基本原理和基本方法。

编写本书的宗旨：摒弃传统教材以知识传授为中心的特点；重视实用性，偏重学生实际管理能力的培养；为高等职业教育财经商贸类专业学生的学习和工作奠定理论与实践基础。

本书的教改内容：通过设置项目导入和任务情境，试图帮助学生形成情境兴趣，提高学生的学习积极性，提升学习效率；每个项目中都设置实训项目，通过让学生实地考察—走访—角色扮演—现场辩论—组建公司—模拟面试—模拟指挥—建立控制制度等环节，增加本书的实操性和应用性；每个教学任务中都根据内容的演进穿插很多课堂练习，试图让学生边学边练边做，增强学习的目的性；同时，每个教学任务还安排了很多知识介绍的内容，试图扩大学生的知识广度和深度，为学生进一步学习奠定基础。

本书的中心内容：管理的职能与技能、计划的编制过程与方法、决策的程序与方法、组织结构与组织设计、工作分析与岗位设计、人员的招聘与培训、领导理论与运用、激励理论与运用、管理沟通、控制的技术与方法，等等。

本书的主要特点：以"任务引领、项目导向"为指导思想，适当减少理论知识的比例，突出学生实际参与的环节和比重，强调培养学生解决实际管理问题的能力。第一，本书在编写中遵循从实践讲起，而后上升到理论，再回归实践去解决问题的脉络，力求做到逻辑性与实操性并重、理论与实践并重；第二，每个学习项目中都包括项目导入、任务情境、任务内容、知识介绍、课堂练习、实训任务和课外学习等环节，深刻体现了教、学、做一体化；第三，本书强化了教材的任务驱动效应，突出了作业流程的可操作性；第四，本书选取富有时代感的资料和数据作为案例，紧扣社会发展脉搏，凸显现实性。

本书的编者均来自河北对外经贸职业学院教育教学工作的一线，并具有经济管理类专业的学习背景，具体分工如下：王丹老师担任本书的主编，负责整书的谋划和第一部分管理和管理学的编写工作；张玉强老师担任本书的主审，主要负责整书的审阅和修改工作；季芳老师担任本书的副主编，主要负责第二部分计划的编写工作；张莹老师担任本书的副主编，主要负责第三部分组织的编写工作；张玲老师担任本书的副主编，主要负责第四部分领导的编写工作；张云凌老师担任本书的副主编，主要负责第五部分控制的编写工作；王述芬老师、洪林青老师、张铁英老师、马丽娟老师、梁彬老师为本书的参编，主要负责提供编写素材和实地考察的工作。

在本书的编写过程中，充分参考了国内外优秀的管理学教材、专著、论文及其他相关资料。在此，向相关作者表示感谢！

由于编者的学识、经验的局限，本书在编写的过程中难免会出现一些错误和纰漏，敬请专家、同行和广大师生给予批评指正。

# 目 录

## 第一部分 管理和管理学

**项目一 管理** ……………………………………………………………………（3）
 任务一 管理及其起源 …………………………………………………………（4）
 任务二 管理职能 ………………………………………………………………（11）
 任务三 管理技能 ………………………………………………………………（14）
 任务四 实训任务 ………………………………………………………………（16）

**项目二 管理学** …………………………………………………………………（20）
 任务一 管理学及其主要特征 …………………………………………………（21）
 任务二 早期管理思想 …………………………………………………………（25）
 任务三 古典管理理论 …………………………………………………………（29）
 任务四 行为科学理论 …………………………………………………………（36）
 任务五 现代管理理论流派与思潮 ……………………………………………（38）
 任务六 实训任务 ………………………………………………………………（40）

## 第二部分 计　划

**项目三 计划基础** ………………………………………………………………（47）
 任务一 计划的概念与性质 ……………………………………………………（48）
 任务二 计划的类型与作用 ……………………………………………………（51）
 任务三 目标管理与战略管理 …………………………………………………（55）
 任务四 计划的编制过程与方法 ………………………………………………（62）
 任务五 实训任务 ………………………………………………………………（68）

## 项目四　决策 ………………………………………………………………… (73)

### 任务一　决策的概念与原则 ………………………………………………… (74)
### 任务二　决策的类型 ………………………………………………………… (77)
### 任务三　决策的程序 ………………………………………………………… (81)
### 任务四　决策的方法 ………………………………………………………… (83)
### 任务五　实训任务 …………………………………………………………… (90)

# 第三部分　组　　织

## 项目五　组织基础 …………………………………………………………… (97)

### 任务一　组织结构与组织设计 ……………………………………………… (98)
### 任务二　组织文化 …………………………………………………………… (107)
### 任务三　组织变革 …………………………………………………………… (112)
### 任务四　实训任务 …………………………………………………………… (117)

## 项目六　人力资源管理 ……………………………………………………… (122)

### 任务一　人力资源管理概述 ………………………………………………… (123)
### 任务二　工作分析与岗位设计 ……………………………………………… (128)
### 任务三　人员的招聘 ………………………………………………………… (131)
### 任务四　人员的培训 ………………………………………………………… (136)
### 任务五　薪酬管理 …………………………………………………………… (141)
### 任务六　绩效管理 …………………………………………………………… (145)
### 任务七　实训任务 …………………………………………………………… (149)

# 第四部分　领　　导

## 项目七　领导基础 …………………………………………………………… (155)

### 任务一　领导概述 …………………………………………………………… (156)
### 任务二　领导者素质 ………………………………………………………… (161)
### 任务三　经典领导理论 ……………………………………………………… (167)
### 任务四　实训任务 …………………………………………………………… (176)

## 项目八　激励与沟通 ………………………………………………………… (180)

### 任务一　激励理论 …………………………………………………………… (181)
### 任务二　管理沟通 …………………………………………………………… (189)
### 任务三　实训任务 …………………………………………………………… (199)

# 第五部分 控 制

## 项目九 控制基础 …………………………………………………………（203）
### 任务一 控制概述 …………………………………………………（204）
### 任务二 控制的基本类型 …………………………………………（208）
### 任务三 控制的过程 ………………………………………………（214）
### 任务四 实训任务 …………………………………………………（220）

## 项目十 控制的技术与方法 ……………………………………………（224）
### 任务一 人员与行为控制 …………………………………………（225）
### 任务二 作业控制 …………………………………………………（231）
### 任务三 预算控制 …………………………………………………（234）
### 任务四 综合控制方法 ……………………………………………（239）
### 任务五 实训任务 …………………………………………………（244）

## 参考书目 …………………………………………………………………（246）

# 第一部分

# 管理和管理学

第一部分

基础综合知识

# 管　理

### 知识目标

1. 掌握管理的概念，了解管理的性质；
2. 理解管理者的角色；
3. 理解组织的概念及其特征；
4. 掌握管理职能和管理技能。

### 能力目标

1. 能够分析简单的管理问题；
2. 能够较为熟练地分析管理者所完成的管理职能和具备的管理技能。

### 情感目标

1. 萌发学习该门课程的兴趣；
2. 逐步养成学习管理学并实践管理学的习惯。

### 项目导入

#### 罗森布路斯国际旅游公司

罗森布路斯国际旅游公司不像典型的旅行社。首先，这是一家庞大的公司，3 000名员工分布在美国、英格兰和亚洲的582个办事处。你也许从未听过这家旅游公司，因为其业务的96%来自1 500家公司的客户，像杜邦、莫克、切夫隆、伊斯曼·柯达、斯考特造纸、通用电气等公司都是他们的客户。公司以膨胀的速度发展，20世纪70年代后期，它还是费城一家地方旅行社，营业额为20万美元，到1992年营业额已达到15亿美元。是什么原因使它获得巨大的成功呢？公司总裁和首席执行官H·F·罗森布路斯认为："当人们为常见的工作障碍而担忧时，如害怕、挫折感、官僚主义等，他们就不可能把注意力放到顾客身上，他们必须为自己担心。只有当人们理解了初次出现在他们雇主面前时的感觉，他们才能体会站在顾客面前的感觉。"

罗森布路斯坚信，他有责任为员工创造一种愉快的工作环境和快乐的体验，因此，他创造了"快乐晴雨表小组"。这个小组由 18 名员工组成，他们是随机从各办事处选拔出来的，他们提供关于客户感受的反馈信息。公司每年两次对全公司的员工发放调查问卷，了解他们对工作的满意程度。这些调查的结果被记录下来，并与公司的全体员工分享。根据罗森布路斯的观点，旅游业的压力很大，就好像是航空交通阻塞控制员，一个呼叫接着一个呼叫。结果，这一行业的员工流动特别严重——有时一年高达 45%～50%。而罗森布路斯公司的流动率只有 6%。他的雇用和培训项目可以对此做出解释。

面试官要经过仔细挑选，以发现那些对公司合适的人。罗森布路斯重视善于团队工作和富有积极向上的生活态度的人。"任何公司都可以购买同样的机器和工具，然后由人来创造性地使用它们。归根结底，人是一个公司所能拥有的唯一竞争优势。因此，发现适合的人就变得至关重要了。我们寻找友好的人，其他的一切都可以学会。你不可能告诉一个人：'从星期四开始小心点。'在我们的选拔过程中，与工作经验、过去的薪水和其他传统简历上所列的条目相比，我们更重视善良、富有同情心、热情。"应聘基层职位的求职者要经过 3～4 小时的面试。对于高级职位，罗森布路斯邀请一个应聘销售总监的人及其太太和自己一起出去度假，"在假期的第三天，就开始有结果了。"

一旦雇用，新员工很快就得适应旅行社的氛围。新员工上班的第一天不是填写各种表格，而是参加一个幽默剧的演出，在里面扮演一个角色，这样做是为了让新员工感到有趣，让他们放声大笑。幽默剧同时也是一种学习经历。例如，也许会要求新员工表演服务不成功的经历。然后对这样的经历进行分析，学会如何把它变成成功的服务。所有的员工都要进行 2～3 周的培训，这也是为了让管理者来评价新员工是否能适应罗森布路斯公司高能量的团队工作环境。那些喜欢显示自我的人会被淘汰。

罗森布路斯更奇特的做法是把员工放到顾客之上。他注意到，有时公司会对自己的员工不够友好。"我认为，要求友好的员工与一个每隔 15 分钟就表现出粗鲁无礼行为的人交谈是一件糟糕透顶的事。"

资料来源：[美] 罗宾斯. 组织行为学 [M]. 孙建敏，李原，等，译. 北京：中国人民大学出版社，1997：32-33.

问题：通过罗森布路斯国际旅游公司的例子，你认为什么是管理？

## 任务一　管理及其起源

### 任务情境

#### 中国民营企业的发展现状

据统计：在中国，每天有 2 740 家民营企业倒闭，每小时就有 114 家破产，每分钟就有 2 家破产。中国民营企业的平均寿命只有 2.9 年。中国每年约有 100 万家民营企业破产倒闭，

60%的民营企业将在5年内破产，85%的民营企业将在10年内消亡，能够生存3年以上的民营企业只有10%。大型民营企业集团的寿命也只有7～8年。另外，有40%的民营企业在创业阶段就宣告破产。日本民营企业的平均寿命为30年，是中国的10倍；美国民营企业的平均寿命为40年，为中国的13倍。为什么中国民营企业的寿命如此之短？归结起来：一是管理落后；二是急功近利；三是技术落后，缺乏创新。管理与技术是现代企业发展的两翼，要想使企业发展成为百年老店，就需要加强管理，重视科技进步，不断创新。这就要求我们系统地掌握管理学的基本知识。

**资料来源**：季辉，冯开红. 管理学原理[M]. 北京：中国林业出版社，2007：2.

**问题**：你认为应该怎样通过提高管理水平改进目前民营企业倒闭的现状？

## 任务内容

### 一、管理的概念与性质

管理古已有之，管理无处不在。管理贯穿于人类文明的始终。例如，公元前17世纪中国的商朝，君主已经统辖、指挥几十万军队作战，管理上百万分工不同的奴隶进行生产劳动；古罗马早在几千年前就对自己的国家进行了有效的管理，建立了庞大严密的组织，完成了十分巨大的建筑工程。

人类的任何一次进步都与管理息息相关。人类历史的发展已经证明，推动经济发展的两个轮子，一是科技，二是管理。可以说，"任何事情成也管理，败也管理"。那么，什么是管理呢？

（一）管理的概念

对于管理的概念，众多管理学家从各自的角度提出了不同的观点。本书采用斯蒂芬•P•罗宾斯的定义，管理就是协调工作活动的过程，以便能够有效率和效果地同别人一起或通过别人实现组织的目标。其中，效率是指以尽可能少的投入获得尽可能多的产出；效果通常是指做"正确的事"，即所从事的工作和活动有助于组织达到目标。管理的核心是协调，即把个人的力量协调起来，以完成集体目标。这包括两方面的内容：一是组织内部各种有形和无形的资源（如信息、技术、品牌等）之间的协调，使其组成一个有机整体，生成强大的竞争能力；二是组织与外部环境的协调。外部环境包括生态环境、自然环境、社会制度、意识形态、风俗习惯等。

## 知识介绍

### 国内外学者对"管理"的概念界定

**科学管理之父 F•W•泰勒认为**：管理就是要确切地知道要别人干什么，并提醒他们用最好的办法去干。

**管理过程之父亨利•法约尔认为**：管理就是实行计划、组织、指挥、协调和控制。

**福莱特认为**：管理就是通过其他人来完成工作。这一定义包含三层含义：管理必然涉及其他人；管理是有目的的活动，管理的目的就是通过其他人来完成工作；管理的核心问题是管理者要处理好与其他人的关系，调动人的积极性，让他们来为自己完成工作。

赫伯特·A·西蒙认为：管理就是决策。

彼得·德鲁克认为：管理是一种实践，其本质不在于"知"而在于"行"；其验证不在于逻辑而在于成果；其唯一权威就是成就。

马丁·J·坎弄认为：管理是一种取得、分配并使用人力和自然资源以实现某种目标而行使某些职能的活动。

雷思·琼斯认为：管理是对资源进行计划、组织、领导和控制以快速有效地达到组织目标的过程。资源包括人、机器设备、原材料、信息、技术、资本等。

詹姆斯·唐纳利认为：管理就是一个人或更多的人来协调他人的活动，以便收到个人单独活动所不能收到的效果而进行的各种活动。

哈罗德·孔茨认为：管理就是设计和保持一种良好环境，使人在群体里高效率地完成既定目标。

周三多认为：管理是管理者为了有效地实现组织目标、个人发展和社会责任，运用管理职能进行协调的过程。

（二）管理的性质

**1. 管理是一门科学，也是一门艺术**

管理是一门科学。这是因为，管理是人类长期以来从事社会生产活动的实践，以及对管理活动规律的总结。管理作为一门科学已经揭示了管理的规律，形成了原则、程序、方法，能够对管理者进行普遍性的指导，使管理成为理论指导下的规范化的理性行为。管理的科学性是管理的艺术性的前提和基础。

管理也是一门艺术。管理工作如同工程设计、歌曲创作、排球比赛等，具有很强的"技巧性"。管理人员需要面对充斥许多变量的复杂情况，需要提高自身的判断力与管理技巧，不能照搬教条，需要依靠自身的经验、知识及创造力，促进组织目标的实现。管理的科学性和艺术性不是相互排斥而是相互补充的。

**2. 管理具有自然属性，也具有社会属性**

（1）管理具有自然属性。

管理的出现是由人类活动的特点决定的，人类的任何活动都必定具有各种管理职能。如果没有管理，一切生产、交换、分配活动都不可能正常进行，社会劳动过程就要发生混乱和中断，社会文明就不能继续。管理是人类社会活动的客观需要。管理也是社会劳动过程中的一种特殊职能。管理寓于各种社会活动之中，所以说，管理是一种职能。但就管理本身而言，由于社会的进化、人类分工的发展，早在原始社会就已经有专门从事管理职能的人从一般社会劳动过程中分离出来，就如同有人专门从事围猎、捕鱼、耕种一样。人类社会经过几千年的演变过程，出现了许多政治家和行政官员，专门从事国家的管理；出现了许多军事家和军官，专门从事军队的管理；出现了许多店主、厂长等专门从事各种管理工作。管理职能早已经成为社会劳动过程中不可缺少的一种职能。

管理是生产力。任何社会、任何企业，其生产力是否发达，都取决于它拥有的各种经济资源、各种生产要素是否得到有效的利用，取决于从事社会劳动的人的积极性是否得到充分的发挥,而这两者都有赖于管理。在同样的社会制度下,企业外部环境基本相同,有不少企业其内部条件基本相同,但经营结果、所达到的生产力水平相差悬殊。同一个企业有时只是更换了主要领导,就可能出现新的面貌,其原因就是管理的差异。科学技术固然是生产力,但科学技术的发展本身需要有效的管理,并且也只有通过管理,科学技术才能转化为生产力。

正是因为管理的这种属性不以人的意志为转移,不随社会制度、意识形态的改变而改变,是一种完全的客观存在,因此,管理具有自然属性。

(2) 管理具有社会属性。

管理是一定社会关系的反映。社会关系影响到社会的管理、企业的管理及各种社会组织的管理。现实世界所发生的新变化,一定会深刻地影响管理的社会属性。例如,随着科学技术的飞速进步和经济全球化的发展,经济组织规模不断扩大,要在全球配置资源和进行社会分工,信息传播速度和信息传播数量都空前增加,人们之间的相互交往频繁,各国经济的相互依存性更大,使管理的复杂性大大提高了。

总之,管理的自然属性离不开社会属性,它总是存在于一定的生产关系和社会制度中,不然,它就成了没有形式的内容;而管理的社会属性也离不开其自然属性,不然,它就成了没有内容的形式。二者又是相互制约的,管理的自然属性要求社会具有一定的生产关系和社会制度与其相适应,而管理的社会属性的不断变化必然使管理活动具有不同的性质。

## 二、管理者

### (一) 管理者的概念

管理者是管理行为过程的主体,管理者一般拥有相应的权力和责任,具有一定的管理能力,由从事现实活动的人或群体组成。管理者和管理技能在组织管理活动中起决定作用。管理者是这样的人,他们同别人一起工作或通过协调其他人的活动的方式实现组织目标。组织和工作性质的变化改变了管理者的角色。事实上,在管理者和非管理者之间不存在清晰的界限。

### (二) 管理者的类型

根据不同的标准,可以对管理者进行不同的分类。目前,最常用的方法是根据管理者所处的层次进行划分,即高层管理人员、中层管理人员和基层管理人员。

**1. 高层管理人员**

高层管理人员是组织中最高领导层的构成部分,对整个组织的管理、发展负责。其主要职责是把握组织发展方向、制订组织总体目标和发展战略等。高层管理人员对外代表组织,对内拥有最高职位和最高职权,对整个组织拥有调配权和控制权。

**2. 中层管理人员**

中层管理人员是组织结构中各个部门的负责人,主要职责就是将高层管理人员的计划、目标、决议等转化为具体的活动,并监督、领导和协调基层管理人员的工作。中层管理人员在组织中起到承上启下的作用。一方面,他们要完成高层管理人员交办的各项任务,并向高层管理人员反馈各种信息;另一方面,他们还要组织、领导、协调基层管理人员完成各项具体的工作。

### 3. 基层管理人员

基层管理人员又称为一线管理人员，是组织中层次最低的管理人员，其负责工作的范围仅限于一线作业人员，不涉及其他管理人员。他们的主要职责是给一线作业人员分派具体的工作任务，直接领导和监督一线作业活动，保证各项具体任务的有效完成。

**课堂练习**

动物园里的小骆驼问妈妈："妈妈，为什么我们的睫毛那么长？"骆驼妈妈说："当风沙来的时候，长长的睫毛可以让我们在风暴中分辨方向。"小骆驼又问："妈妈，为什么我们的背那么驼？丑死了！"骆驼妈妈说："这个叫驼峰，可以帮我们储存大量的水和养分，让我们在沙漠里耐受十几天的无水无食条件。"小骆驼又问："妈妈，为什么我们的脚掌那么厚？"骆驼妈妈说："那可以让我们重重的身子不至于陷在软软的沙子里，便于长途跋涉。"小骆驼高兴坏了："哇，原来这些这么有用啊！可是妈妈，为什么我们还在动物园里，不去沙漠远足呢？"

无可置疑，每个人的潜能都是无限的，问题的关键在于找到一个能充分发挥潜能的舞台。好的管理者就是能为每一个员工提供这个合适的舞台的人，需要细心观察，找到每一个员工的特长，并尽可能地为他们提供适合他们发展的舞台。

**资料来源**：王福胜，李艳君，雷登攀. 管理学基础［M］. 上海：上海交通大学出版社，2010：9.

**问题**：通过这个故事，你认为管理者在组织中扮演什么角色？

#### （三）管理者的角色

##### 1. 彼得·德鲁克的管理者角色理论

美国著名管理学家彼得·德鲁克提出了管理者角色理论。他认为，管理者是一种无形的管理力量，这种力量通过各级管理人员体现出来，可以分为以下三类。

（1）管理一个组织，求得组织的生存与发展。管理人员必须完成以下任务：确定组织是干什么的？应该有什么目标？如何采取积极的措施实现目标？如何谋取组织的最大利益？如何为社会服务和创造顾客？

（2）管理管理者。组织的各层管理人员既是管理者，又是被管理者。因此，管理人员必须完成以下任务：确保下级的设想、愿望和努力能朝着共同的目标前进；培养集体合作精神；培训下级；建立健全的组织结构。

（3）管理组织中的工作人员并在组织中工作。管理人员的工作有两个前提：关于工作，其性质是不断急剧变动的，既有体力劳动又有脑力劳动，而且脑力劳动的比例越来越大；关于组织中的工作人员，要认识到人员的个体差异及各级人员之间的相互关系。

##### 2. 亨利·明茨伯格的管理者十大角色理论

加拿大管理学家亨利·明茨伯格提出了管理者十大角色理论，即：管理者在管理工作中表现为三大类10种角色。该理论的具体内容见表1-1。

表 1-1 管理者的十大角色

| 角色 | 描述 | 特征活动 |
| --- | --- | --- |
| 人际角色类 | | |
| 挂名首脑 | 象征的首脑，必须履行许多法律性的或社会性的义务 | 迎接来访者，签署法律文件，出席社交活动 |
| 领导者 | 负责激励和动员下属，负责人员配备、培训和交往 | 实际上从事所有的下级参与的活动 |
| 联络者 | 维护自行发展起来的外部接触信息和联系网络 | 从事外部委员会工作，从事其他有外部人员参与的活动 |
| 信息角色类 | | |
| 监听者 | 寻求和获取各种特定信息（其中许多信息是及时的），以便透彻地了解组织与环境 | 阅读期刊和报告，保持私人接触，作为组织内部和外部信息的精神中枢 |
| 传播者 | 将从外部人员和下级那里获得的信息传递给组织的其他成员 | 举行信息发布会，用打电话等方式传递信息 |
| 发言人 | 作为组织所在产业方面的专家，向外界发布有关信息的计划、政策、行动等 | 举行董事会，向媒体发布信息等 |
| 决策角色类 | | |
| 企业家 | 寻求组织和环境中的机会，制订改进方案以发起变革，监管这些方案的策划 | 制订战略，检查会议决策执行情况，开发新项目 |
| 混乱驾驭者 | 当组织面临重大的、意外的动乱时，负责采取补救行动 | 检查陷入混乱和危机的时期 |
| 资源分配者 | 负责分配组织的各种资源——事实上是批准所有重要的组织决策 | 调度、询问、授权，从事涉及预算的各种活动和安排下级的工作 |
| 谈判者 | 在主要的谈判中作为组织的代表 | 与工会、供应商、客户或者其他工作小组进行谈判 |

资料来源：王福胜，李艳君，雷登攀. 管理学基础［M］. 上海：上海交通大学出版社，2010：7-8.

## 课堂练习

在今天动态的工作场所中，作为一个管理者，你会面临许多挑战。它意味着要从事困难的工作，这些工作可能是艰苦的和不引人注意的；你可能需要与各种类型的、具有各种性格的人打交道；你要履行职责而手中通常没有足够的资源；同样具有挑战性的是要激励你的员工，特别是当他们面对不确定或混乱的情况时；要有效地融合多样化小组中每个人的知识、技能、抱负和经验，这是一项十分艰难的工作。最后，作为一个管理者，你的成功通常取决于其他人的工作绩效。

尽管这些挑战看上去很困难，但作为一个管理者也是极富报偿性的。任何组织最重要的都是创造一种工作环境，在这种环境中，组织的成员能够充分发挥他们的能力，最有效地从事工作和实现组织的目标，这恰恰是管理者要做的事情。不仅如此，作为一个管理者，你通常有机会创造性地思考或运用你的想象力，你可以帮助组织成员发现工作的意义和完成他们的工作，你会以支持、教导和培养的方式帮助组织成员做出正确的决策。此外，作为一个管理者，你有机会和各种人打交道，包括组织内部和外部的人员。管理者的回报还包括得到承认，获得组织中的地位、社区中的地位，发挥影响组织产出的作用，以及获得适当的工资、奖金、股票期权等方式的报酬。组织需要优秀的管理者。上述这些回报不是单独发生的，而是在激励和鼓舞员工共同实现组织目标的努力中发生的。作为一个管理者，你会从你所增长的技能、能力和所做的努力中获得一种满足感。

**资料来源：**［美］罗宾斯，等. 管理学［M］. 第7版. 孙健敏，等，译. 北京：中国人民大学出版社，2003：19—20.

**问题：** 你读完以上资料后，还想成为一个管理者吗？为什么？

### 三、组织的概念与特征

（一）组织的概念

管理者都在组织中工作，没有组织就没有管理者，更没有管理。由若干人组成的集合体，如果他们在某段时间内相对固定地集中在一起从事某种活动，则会形成某种社会经济组织。组织是对人员的精心安排，以实现某些特定的目的。也可以说，组织是指一群人为了实现某个共同目标而结合起来协调行动的集合体。根据目标的不同，可以将组织进行不同的分类，如教育组织、宗教组织、军事组织、经济组织等。

（二）组织的特征

（1）每个组织都有一个明确的目的，在现实中表现为一个目标或者一组目标，表现出组织所要达到的状态。

（2）每个组织都必须由人员组成，不存在一个人构成的组织，组织借助人员来完成工作，以实现组织的目标。

（3）所有的组织都必须有精细的结构，以便其中的人员能够从事他们的工作。但是，组织的结构可以是开放的或灵活的，没有清晰的或精确的岗位责任描述。另外，组织结构可能是简单的或松散的。

**课堂练习**

在蜜蜂社会里，它们仍然过着一种母系氏族生活。蜜蜂一生要经过卵、幼虫、蛹和成虫四个变化过程。在它们这个群体大家族的成员中，有一个蜂王（蜂后），它是具有生殖能力的雌蜂，负责产卵繁殖后代，同时，"统治"这个大家族。蜂王虽然经过交配，但不是所产的卵都受了精。它可以根据群体大家族的需要，产下受精卵，工蜂喂以花粉，蜜蜂21天后发育成雌蜂（没有生殖能力的工蜂）；也可以产下未受精卵，24天后发育成雄蜂。当这个群体大家族成员繁衍太多而造成拥挤时，就要分群。分群的过程是这样的：由工蜂制造特殊的蜂房——王台，蜂王在王台内产下受精卵；小幼虫孵出后，工蜂给予特殊待遇，用它们体内制造的高营养的蜂王浆饲喂；16天后这个小幼虫发育为成虫时，就成了具有生殖能力的新蜂王；老蜂王即率领一部分工蜂飞走另成立新群。

根据种类的不同，工蜂的数量一般在 12～50 000 只，它们收集花蜜和花粉，蜜蜂则会将花蜜和花粉传送到特定的地方，这要通过跳特殊而严格的舞蹈获得。工蜂的职责包括：酿蜜，做蜡状蜂房的巢室（这些都是为了食物存储和幼虫居住），照顾蜜蜂和蜂王，守护蜂巢。蜜蜂是一个多年生群体，将会不断地有新蜂王被抚养起来，然后，老蜂王和一群工蜂离开蜂房到别的地方重建一个家。

资料来源：https://baike.so.com/doc/3364717-3542515.html

问题：蜜蜂的社会是组织吗？为什么？

## 任务二 管理职能

**任务情境**

### 新服务项目的推出

一家饭店的老板为了在与当地竞争对手的竞争过程中占据优势，决定推出新的服务项目。他与饭店的一线管理人员讨论后，决定推出一项新的早餐项目，并利用 6 个月的时间进行试验和完善。做出决定后，老板组织了一个特别任务小组来开发这个新项目。具有不同技能的人员被安排到这个小组中，包括预算人员、领班、负责设备的人员等。其中，一个人被任命为这个小组的"头头"，直接受饭店老板的指挥。在第一次小组会议中，老板向大家解释了目标，回答了大家提出的问题，并强调了新项目对饭店的重要性。会议结束前，老板鼓励大家要富有热情并全力以赴完成目标。之后，大家按计划努力工作，当预定结束日期临近时，老板又为这个小组增加了人员并在预算上适当予以放松。项目按原定的时间完成了，在饭店推出这项新的早餐项目的那一天，所有参与该项目开发任务的人员都被请到了现场。

资料来源：http://bg.bsnku.net/ReadNews.asp?NewsID=208&BigClassID=39&SmallClassID=57

问题：从以上案例中，你能总结出管理的哪些职责和功能？

**任务内容**

### 一、管理职能

管理职能就是管理的职责和功能。管理职能同时具有自然属性和社会属性。自然属性决定了管理要发挥合理组织生产力和社会化大生产的职能。社会属性决定了管理要发挥维护生产关系和统治阶级利益的职能。在具体工作中，根据管理过程的内在逻辑，将管理职能主要划分为计划、组织、领导、控制四项。通过这四项管理职能的综合运用，最终实现组织的目标。

（一）计划

计划是管理的首要职能。计划职能是指管理者对将要实现的目标和应采取的行动方案做出选择及具体安排的活动过程。计划工作包括选择任务和目标，以及完成任务和目标的行动，这需要做出决策，即从各种可供选择的、将来的行动方案中进行选择。计划的核心是决策。

编制计划包括选择任务、目标和完成计划的行动等。

计划工作的性质主要是：计划工作对目的和目标的贡献，即各种计划及其所有的支持性计划应该有助于完成组织的目标；计划工作的领先地位，即把计划放在所有其他管理职能之前；计划工作的普遍性，即计划是全体管理人员的一项职能；计划的效率，即计划对组织的目标要做出贡献。贡献就是扣除实施这个计划所需要的费用和排除其他因素后，能得到的总额。计划可能以不必要的代价来促成目标的达成。如果计划按合理的代价实现目标，这样的计划就是高效率的。衡量代价的指标有时间、金钱、生产、个人和集体的满意程度等。

### （二）组织

组织是指建立一个经过策划的角色结构，并把其分配给机构中的每一个成员。组织的主要内容包括：设计组织结构、建立管理体制、分配权力、明确责任、配置资源、构建有效的信息沟通网络等。

组织在现实中发挥重要的作用，例如，是帮助人类社会超越自身人体发展能力的重要支撑，有助于管理功能的实现，成为领导与职工、企业与环境的桥梁，等等。

### （三）领导

领导是管理者利用组织赋予的职权和个人具备的能力去指挥、命令、影响、引导职工努力工作的活动过程。管理者在现实工作中，一方面要调动组织成员的潜能，使之在实现组织目标过程中发挥应有作用；另一方面要促进组织成员之间的团结协作，使组织中的所有活动和努力都统一和谐。

### （四）控制

控制是使企业的实际活动与计划动态适应的过程。控制工作的主要内容是用预先制订的标准去检查和衡量各部门在各个时段的工作情况及其结果，以判断偏差的存在及其性质，并据此采取有效的纠偏措施。

亨利·西斯克指出："如果计划从来不需要修改，而且是在一个全能的领导人的指导之下，由一个完全均衡的组织完美无缺地来执行，就没有控制的必要性了。"由于环境的变化、管理权力的分散、工作能力的差异等原因，控制成为组织目标实现的有力保障。

总之，从理论上讲，管理的四项职能是按一定顺序发生的。从管理实践上讲，管理过程又是一个四项职能周而复始地循环进行的动态过程。管理的四项职能是相互联系、相互制约的关系。它们共同构成一个有机的整体，其中任何一项职能出现问题，都会影响其他职能的发挥乃至组织目标的实现。

**知识介绍**

#### 关于管理职能的不同观点

确定管理职能对任何组织而言都是极其重要的，但作为合理组织活动的一般职能，究竟应该包括哪些管理职能？管理学者至今仍众说不一，如法约尔的五大职能、行为科学的四大职能、管理过程的六项基本职能等。

最早系统提出管理职能的是法国管理学家法约尔。他提出，管理的职能包括计划、组织、指挥、协调、控制五个职能，其中计划职能为他所重点强调。他认为，组织一个企业，就是为企业的经营提供所有必要的原料、设备、资本、人员。指挥的任务要分配给企业的各种不同的领导人，每个领导人都承担各自单位的任务。协调就是企业的一切工作都要和谐地配合，以便于企业经营的顺利进行，并且有利于企业取得成功。控制就是要证实一下是否各项工作都与计划相符合，是否与下达的指示及原则相符合。

在法约尔之后，许多学者根据社会环境的新变化，对管理的职能进行了进一步的探究，有了许多新的认识。但当代管理学家们对管理职能的划分，大体上没有超出法约尔的范围。

古利克和厄威克就管理职能的划分，提出了著名的管理七职能，即计划、组织、人事、指挥、协调、报告和预算。

哈罗德·孔茨和西里尔·奥唐奈里奇把管理的职能划分为：计划、组织、人事、领导和控制。人事职能意味着管理者应当重视利用人才，注重人才的发展以及协调人们活动，这说明当时管理学家已经注意到了人的管理在管理行为中的重要性。

20世纪60年代以来，随着系统论、控制论和信息论的产生，及现代技术手段的发展、管理决策学派的形成，使得决策问题在管理中的作用日益突出。西蒙等人在解释管理职能时，突出了决策职能。他认为组织活动的中心就是决策。制订计划、选择计划方案需要决策，人事管理等也需要决策，选择控制手段还需要决策。他认为，决策贯穿于管理过程的各个方面，管理的核心是决策。

美国学者米和希克斯在总结前人对管理职能分析的基础上，提出了创新职能，突出了创新可以使组织的管理不断适应时代发展的论点。

资料来源：http://wiki.mbalib.com/wiki/%E7%AE%A1%E7%90%86%E8%81%8C%E8%83%BD

## 二、管理者与管理职能

各层管理人员都要完成计划、组织、领导、控制四项职能，但是，他们在完成这四项职能上花费的时间是不一样的。随着管理者所在管理层次的提升，用于计划、组织、控制的时间越来越多，而用于领导的时间越来越少；基层和中层管理人员将最多的时间用在了领导上，而高层管理人员则将最多的时间用在了组织上。

### 课堂练习

李潇是一家小型器械装配厂的经理。每天李潇到达工作岗位时都随身带一份他当天要处理的各种事务的清单。清单上有些项目是上级电话通知他急需处理的，有些是他自己在一天多次的现场巡视中发现的，还有的是他手下人报告的不正常的情况。

这一天，李潇与往常一样带着他的清单来到办公室。他做的第一件事是审查工厂各班次的监督者呈送上来的作业报告。他的工厂每天24小时连续工作，每班次的监督者被要求在当班结束时提交一份报告，说明这一班次开展了什么工作、发生了什么问题。看完前一天的报告后，李潇通常邀请几位主要下属召开一个早会，会上他们决定对于报告中所反映的各种问题应采取什么措施。

李潇在白天也参加一些会议，会见来厂的各方面访问者。他们中有些是供应商或潜在供应商的销售代表，有些则是工厂的客户，有时也有一些人来自政府机构。总部的职能管理者和李潇的直接上司也会来厂考察。当陪伴这些来访者及自己的上司参观的时候，李潇常常会发现一些问题，并将它们列入自己待处理事项的清单中。

那份待处理事项的清单好像永远没有完结。李潇发现，自己很明显地无暇顾及长期计划工作，而这些活动是他改进工厂长期生产效率所必须做的。他似乎总是在处理某种危机，他不知道哪里出了问题。为什么他就不能以一种使自己不这么紧张的方式工作呢？

问题：从管理职能角度对李潇的工作进行分析，李潇在工作中扮演了哪些角色？

资料来源：冯雷鸣. 管理学原理[M]. 天津：南开大学出版社，2006：32.

## 任务三 管理技能

### 任务情境

#### 戴维的例子

1987年，戴维从加州大学洛杉矶分校认知科学系毕业后，加入一家名为普林斯顿评论的公司，这家公司专门指导学生参加大学和研究生入学考试。虽然戴维只有29岁，但他在普林斯顿评论公司的洛杉矶分部指导着100多名教员。

"我在大学所接受的训练是人工智能，这对我目前的工作所面临的巨大挑战（理解和激励别人）并没有多大的帮助，"戴维说，"例如，在学校时从来没学过如何激发别人的干劲和热情。对我来说，关于人的知识是一个陌生领域，而正是我不知道的这些东西决定了我在工作中的有效性。其他任务，像制订计划或处理客户关系，做起来就比较得心应手。从工作中我体会到：当发生问题时，几乎总是人的问题。我一直在努力地使我们的教员们感到像是一个小家庭，并努力学习有效的激励技巧。对我来说，这是在职培训，我在学校从没学习过这方面的知识。"

戴维很快体会到许多管理者应该明白的道理：对任何管理工作来说，能否获得成功，在很大程度上取决于是否具有良好的人际关系技能。

安德信会计公司的总裁劳伦斯·温巴克这样表述：纯粹的技术知识只能使你达某一点，超过这一点后，人际关系技能就变得至关重要了。

资料来源：[美]罗宾斯. 组织行为学[M]. 孙建敏，李原，等，译. 北京：中国人民大学出版社，1997：4.

问题：通过分析以上案例，你认为管理人员需要具有哪些技能？

### 任务内容

#### 一、管理技能

20世纪70年代，罗伯特·李·卡兹在《哈佛商业评论》上发表一篇名为《能干的管理人员应具有的技能》的论文，指出管理人员需要三种基本技能，即专业技能、人际交往技能和理性技能，后来，又加上一种设计并解决问题的技能，即管理四项技能。

（一）专业技能

专业技能是指管理者在工作中的方法、工艺、过程等活动中所需的知识和水平。

（二）人际交往技能

人际交往技能是指与他人一起工作的能力，包括协作精神和团队精神。通过创造出一种良好的氛围，保证员工们能够无所顾忌地表达个人的观点。

（三）理性技能

理性技能是指管理者能够总揽全局、判断出重要因素并了解这些因素之间关系的能力。

（四）设计并解决问题的技能

设计并解决问题的技能是指以有利于企业利益的种种方式解决问题的能力，特别是在高层组织中，管理人员不应该仅仅能发现问题，还应该能解决问题。

**课堂练习**

请举例说明现实生活中三位不同的管理者分别所具备的管理技能。

## 二、管理者与管理技能

所有管理者都需要具备管理的四项技能。但是，有些技能对于某个层次的管理人员来说更为重要。

对于高层管理人员来说，他们更需要具备理性技能和设计并解决问题的技能。这是因为他们需要做出的决策将影响整个组织，进而需要具备全局意识、系统意识及创新意识；他们将面对中层管理人员和基层管理人员无法解决的问题，进而需要具备解决各种问题的能力。高层管理人员并不经常从事具体的一线工作，所以并不需要熟练地掌握各种专业技能。但是，他们也需要基本了解组织中涉及的各种专业技能，否则，他们就无法对其所管辖业务范围内的专业技术人员进行有效的沟通，也就无法有效地开展各项管理工作。

对于中层管理人员来说，他们更需要具备人际交往技能。这是因为他们是高层管理人员和基层管理人员有效沟通的中介，需要同时做好"上传"和"下达"——既要把高层管理人员的管理计划、管理意图及各项管理制度等进行充分的具体化和细化，又要把基层管理中出现的管理成果、管理问题等进行高度的概括化和条理化。

对于基层管理人员来说，他们更需要具备专业技能。这是因为他们每天大量的工作是与从事具体活动的人员打交道。他们有责任检查工作人员的工作，及时解答并同工作人员一起解决实际工作中出现的各种具体问题。他们必须全面而系统地掌握与组织密切相关的各种技术技能。当然，基层管理人员也可能面对一些例外的、复杂的问题，也要协调好所管辖工作人员的工作，制订本部门的整体计划。

## 任务四　实 训 任 务

### 一、访问

走访一位管理者，如一位食堂的管理者、一位超市经理或者一家旅店的客房主管，请他们谈谈其主要的工作内容。

要求：

（1）对该管理者的主要内容进行录音和记录。

（2）分析该管理者所承担的管理职能。

（3）分析该管理者所具备的管理技能。

### 二、角色扮演

张某是某建筑公司安装部经理，王某是安装部下属的管道安装队队长。上个月，张某吩咐王某带领一班人马去某工地安装一套管道系统。在工程验收时，发现这套管道系统存在严重的渗漏现象。公司经理认为张某应该对此负责，哪怕管道安装时张某正出差在外。同样，张某认为王某必须对此负责，哪怕王某已不拿扳头干活。

设想一下当时的情境，找两个同学分别扮演张某和王某，并重现当时的情境，然后大家一起讨论到底谁应该为此事负责。

## 课外学习

### 一、分析题

通过以下三个案例分析管理在组织中的作用。

#### 案例一：长城与组织管理

长城是春秋战国（公元前 770—前 221 年）时，各国为了防御，在形势险要的地方修筑的巨大工程。秦始皇（公元前 259—前 210 年）灭六国统一全国后，为了巩固北方的边防，于公元前 214 年，命大将蒙恬率兵 30 万人，把原来燕、赵、秦三国在北方修筑的长城连接起来，重新修缮并向东西两方扩展，形成万里长城。明朝（公元 1368—1644 年）又对长城进行了 18 次修筑。明长城西起嘉峪关，东至山海关，总长 6 700 千米，气势磅礴，是世界历史上最伟大的工程之一。

长城在历代的修筑过程中，都贯穿着组织管理工作，这体现在以下几个方面。

（1）建筑材料方面。建造长城用的土方是将土经过筛选，经烈日暴晒或火烤干，使土中的草籽不再发芽，然后夯筑为墙。城墙筑成后，严格验收。规定在一定距离内用箭射墙，箭头不能入墙才算合格，否则返工重铸。

（2）施工管理方面。因工程庞大、地形复杂，由秦朝到明朝，修筑长城都采用防务与施工相结合的办法，采用分地区、分片或分段负责制。例如，明朝沿长城设计 9 个镇，由镇长负责管辖地区长城的修筑。在八达岭长城上发现一块记载万历十年（公元 1582 年）修筑长城的石碑，从碑文上得知长城是由戍卒分段包修的。该碑文记载所修长城只有70多丈（约200米）的城墙和一个石券门，用了几千名军工及服务劳役的民工。仅八达岭这段长城工程，是经一百年之久建成的，管理制度较为完善，工程质量较好。

（3）工程计划方面。建筑长城的工程计算在《春秋》中有记载，工程计划非常周密，不仅计算了城墙的长、宽、高及土石方总量，而且对所需人工材料、从各地调来的人力、往返道路里程、人员所需口粮、各地区所负责的任务等都分配明确。

**资料来源**：史秀云. 管理学基础与实务［M］. 北京：北京交通大学出版社，2009：15-16.

## 案例二：古代埃及的管理思想

古希腊历史学家希罗多德说："埃及是尼罗河的赠礼。"古代埃及兴修水利系统，如同建造金字塔工程一样，是人类历史上不可思议的壮举。埃及人很早就懂得了分权。法老作为"赖神之子"享有神权，而辅助法老的宰相则集"最高法官、宰相、档案大臣、干部大臣"等职衔于一身，掌管着全国的司法、行政及经济事务，但军权由法老直接掌管，宰相不兼军务。所以丹尼尔·雷恩曾指出："用来说明'职业'管理者角色的最古老的一词是宰相。"

埃及人是首先意识到"管理跨度"的实践者。人们从考古中发现，在法老的陪葬品中，奴仆的雕像特别令人感兴趣，"每一个监督者大约管理10名奴仆。"所以，后来的希伯来人在《圣经》里提出的以10为限的管理思想即源于此。

**资料来源**：郭咸纲. 西方管理思想史［M］. 北京：经济管理出版社，2004：15.

## 案例三：古代巴比伦王国的管理思想

巴比伦重新统一两河流域以后，建立了古代巴比伦王国。国王汉谟拉比建立起强大的中央集权国家，任命各种官吏，管辖着各城市和各地区的行政、税收和水利灌溉。国王总揽国家全部司法、行政和军事权力，官吏只是贯彻国王政令的工具。为了巩固其统治，汉谟拉比编制了《汉谟拉比法典》（以下简称《法典》），作为国民行为的准绳。《法典》共分为三部分，即引言、法典本文和结语。《法典》本文共282条，内容涉及财产、借贷、租赁、转让、抵押、遗产、奴隶等各个方面，对各种职业、各个层面上人员的责、权、利关系给予了明确的规定。

**资料来源**：郭咸纲. 西方管理思想史［M］. 北京：经济管理出版社，2004：15-16.

### 二、讨论题

通过以下案例讨论经理人要怎样学会做教练。

经理人终日忙于计划、组织、指挥和控制的日子已一去不复返了。当代经理人面临着一个新时代的来临。他们必须运用适当的人际关系技巧来激励员工，必须建立起一种关系使整体整合的威力大于个体简单相加之和。如今的经理人必须培养积极的工作关系以加强员工的自尊。他们必须对员工加以培训，让员工人尽其才。他们必须促使员工提高工作业绩。与此同时，经理人还必须创造适合的工作环境，为自己员工的个人发展提供机会。经理人必须重视对有贡献的员工给予奖励。

总之，经理人必须停止做经理，开始做员工的教练，以提高员工的责任感和生产力。这一转变叫作业绩辅导。

业绩辅导是"以人为本"的管理方式。它要求你通过建立良好关系和令人鼓舞的面对面交流来密切和员工的关系。它要求你不停地转换角色，迫使你积极参与员工的工作，而不做消极的旁观者。业绩辅导更多地依靠良好的提问、倾听和协调技巧，而不再分派任务、控制结果。

业绩辅导分4个互为因果的阶段，每一阶段都是下一阶段的基础。未完成前一阶段的工作就无法进入下一阶段。最后一个阶段则对整个业绩辅导流程起一种加强巩固的作用，建立协同关系。

业绩辅导流程首先应在你与员工间创造出一种健康的工作关系，以增强人们的责任感，从而改善业绩、提高生产力。这种关系在员工间建立起一种"协同"关系。让我们把这个定义拆开来分析一下。积极的工作关系对各方都有利，所有成员都能得到自己期待的结果。但要记住，这是一种职业关系，而不是私人关系。"增强责任感"意指员工为了自己团队或整个企业组织的目标做出个人牺牲。要实现这一点，务必要把团队、部门或企业组织的目标讲清楚，提供必要的培训，并允许员工对涉及自身工作的决策拥有更大的影响力。员工如果能对企业的经营结果享有一份主人翁精神，就会像主人翁一样工作。你有责任培养这种主人翁态度。

运用业绩辅导的4个阶段。在同员工交流的过程中，你将扮演以下4种角色之一：培训、职业辅导、直面问题、做导师。扮演每种角色导致的管理结果不同。

**培训**

这种角色要求你扮演一对一的教师。所有业绩都是通过人取得的，所以你必须对员工的发展负责。不要把公司的培训交给外来人，因为他们不对员工的业绩负责。

**职业辅导**

作为职业教练，你需要得到帮助以引导员工相当深入地就其现在和将来的职业发展道路探索其兴趣和能力所在。你得帮助员工考虑替代方案、决策有关职业发展问题。你还需要让所在企业组织了解员工的职业发展观，以便使企业做出相应的计划安排。

**直面问题**

要提高业绩，必须得直面问题。首先，你得要求员工改进业绩。换句话说，你需要员工在成功的基础上做得更好。其次，你需要带领员工由差劲的业绩提升到满意的业绩。直接指出员工业绩欠佳无异于训斥他们，因此，你必须学会不带批评地告诉员工需要改进业绩。

**做导师**

做导师的主要目的是促进员工职业生涯取得进一步成功。作为导师，你得指导员工解开企业组织中的种种难解之"谜"。你要引导员工渡过企业组织中的种种危机，帮助他们培养处世能力。做导师与做职业辅导有所不同。导师需要源源不断地就企业组织的目标与经营观为员工提供信息和见识。他们教导员工如何在企业组织内发挥作用。此外，在员工遇到个人危机时，他们还要充当员工的知己。

**培养员工的自尊心**

业绩辅导流程建立在你和员工间的同事关系之上。这种关系最终将增强他们的自尊心。培养自尊是业绩辅导的结果。它来自员工需要提高自己业绩水平和解难技巧的自我意识之上。培养自尊对你和员工同样有益，因为它有助于产生一种协同关系。

**奖励树立责任感和取得成果**

作为业绩教练，你必须取得企业所需要的成果。但单靠你一个人完成不了，必须通过他人来完成任务。你必须通过奖励战略设法提高员工的责任感，直言你对员工的期望。这包括告诉他们你想得到的结果、质量水平及完成时间。你还必须让他们了解结果的重要意义,这有助于让员工认识到准时出成果和达到质量要求的重要性。

**资料来源:** http://bg.bsnku.net/ReadNews.asp?NewsID=328&BigClassID=39&SmallClassID=40

### 三、讨论题

在一个管理经验交流会上,有两个厂的厂长分别论述了他们各自对如何进行有效管理的看法。你认为,这两个厂长的观点是否正确,为什么?

A厂长认为,企业首要的资产是员工,只有员工们都把企业当成自己的家,都把个人的命运与企业的命运紧密联系在一起,才能充分发挥他们的智慧和力量为企业服务。因此,管理者有什么问题,都应该与员工们商量解决;平时要十分注重对员工需求的分析,有针对性地给员工提供学习、娱乐的机会和条件;每月的黑板报上应公布当月过生日的员工的姓名,并祝他们生日快乐;如果哪位员工生儿育女了,厂里应派车接送,厂长应亲自送上贺礼。在A厂,员工们都普遍把企业当成自己的家,全心全意地为企业服务,工厂日益兴旺发达。

B厂长则认为,只有实行严格的管理,才能保证实现企业目标所必需的各项活动的顺利进行。因此,企业要制订严格的规章制度和岗位责任制,建立严密的控制体系;注重上岗培训;实行计件工资制等。在B厂,员工们都非常注意遵守规章制度,努力工作以完成任务,工厂发展迅速。

**资料来源:** 王福胜,李艳君,雷登攀. 管理学基础[M]. 上海:上海交通大学出版社,2010:17.

项目二

# 管理学

### 知识目标

1. 了解管理学及管理学的主要特点;
2. 掌握管理学的主要发展过程、各个阶段的主要特点和代表性管理思想;
3. 理解中西方管理思想的异同。

### 能力目标

1. 能够用不同时期的管理思想,初步解决现实中的简单管理问题;
2. 能够主动通过网络或图书馆等途径,对某些管理思想或理论进行自学。

### 情感目标

1. 萌发对管理学"世界"的好奇心;
2. 逐步养成学习管理学的兴趣。

### 项目导入

**管理学百年发展回顾**

100多年前的1911年,泰勒发表了著名的《科学管理原理》。100多年后的今天,他赢得了"科学管理之父"的美名。泰勒的科学管理应时代的呼唤横空出世,在社会需要与学科发展的交汇处应运而生。科学管理理论的创立,标志着一个与斯密的经济活动研究范式截然不同的全新的"管理活动研究范式"的诞生。我们可以这么说,管理学作为一门独立学科,正是以科学管理理论的问世为起点发展起来的。

站在管理学发展的世纪之交,我们不禁要问管理学的发展该向何处去。而在回答这个问题之前,我们又不得不重新审视管理学从何而来。

工业革命时期，机器大生产取代了手工作坊生产，社会生产力得到了空前的发展，一种新的组织形式——工厂得以问世。随着生产组织规模的不断扩大、结构的日益复杂，那种建立在个人直觉观察与主观判断基础上的传统经验管理方法遇到了挑战。管理成本空前增加，导致管理问题成为工业革命时期制约企业发展的最大瓶颈。为突破这一瓶颈，管理研究从片面的经验研究发展成为比较系统的理论研究。斯图亚特、斯密和李嘉图关于劳动分工和人性解释的阐述，为管理学的发展奠定了坚实的理论基础；而阿克赖特、小瓦特和欧文对各种管理方式的实践，为管理学的形成提供了丰富的经验来源。随着工业革命的深入，管理思想的发展开始紧密地联系企业的管理实践，尤其是巴贝奇的研究，与科学管理有着极其相似的思想。杰文斯也提出了应该向管理要效益、效率、利润的思想，要把管理发展为推动生产力发展的第四要素。这说明当时学者们已经开始重视管理学科的独立发展，但研究重点仍然停留在技术层面；由于缺少变革与创新的条件，管理学并没有真正成为一种理论学科。美国铁路公司作为当时的第一个大型企业成了美国"管理运动"的开路先锋，为管理学的发展提供了肥沃的土壤，尤其是麦卡勒姆与普尔等人系统地论述了关于铁路企业管理的观点，为管理学的发展奠定了更广泛的思想基础。1886年，新成立的美国机械工程师协会召开了以改进管理为主题的年会，这标志着管理活动向日趋成熟的理论化方向发展，而管理问题成为一个独立的问题，引起了社会的广泛重视。同年，泰勒加入了美国机械工程师协会，并于1895年在协会大会上宣读了《差别计件工资制》。

管理学的发展经历了工厂管理、组织管理和组织间管理三个阶段，而且在管理学的发展过程中，各阶段的理论之间并不是简单的代替，而是相互补充与系统整合。在管理学的发展过程中，泰勒的科学管理始终是管理理论赖以形成的基础，并且在某种程度上为管理理论的发展和管理学的成熟提供了平台，孕育了其后管理思想的全部矛盾发展。管理理论从工厂管理发展为组织管理，又进一步扩展到组织间管理，在每一阶段，管理学研究始终围绕着效率和人性展开。只不过由于受不同时代特征或情境的影响，管理学在不同阶段的发展可能偏向某一方面，但不可能完全否定另一方面。管理的对象是人，对人性的理解先于管理理论的问世，是构建管理学的逻辑起点；而提高效率作为管理的主要目的则要受包括人性在内的许多因素的影响。可以说，管理学研究的起点是对人性的理解，而目的就是提高效率。

资料来源：李晋，刘洪. 管理学百年发展回顾与未来研究展望——暨纪念泰勒制诞生100周年［J］. 外国经济与管理，2011（4）：1-9.

问题：通过阅读以上材料，你对管理学有了哪些新的认识？

# 任务一　管理学及其主要特征

### 管理与其他研究领域的联系

管理课程具有来自人文和社会科学的丰富遗产，让我们简要地考察一下这些课程，它们对管理理论和实践有着直接的影响。

人类学是研究社会的科学，它帮助我们了解人类及其活动。人类学在文化和社会环境方面从事了大量的研究工作，这有助于管理者更好地理解不同国家和不同组织中人们基本的价值观、态度和行为的差异。

经济学是关于如何分配和配置稀缺资源的学科，它提供理解变化中的经济以及竞争和自由的全球市场环境的作用。例如，为什么绝大多数运动鞋都是亚洲国家制造的？为什么现在墨西哥的汽车制造厂比底特律的还多？经济学家在讨论竞争优势时给出了这些问题的答案。同样，理解自由贸易和保护政策对于在全球市场上运作的任何管理者都是绝对必要的。

哲学考察事物的本质，特别是价值观和伦理道德。道德直接涉及组织的存在以及为什么行为对一个组织是适当的这类命题。伦理塑造了今天的组织，为其合法权威提供了基础，将绩效与报酬联系起来，以及证明了企业的存在和公司这种组织形态。

政治学研究个人和群体在政治环境中的行为。关于政治学的一些特定命题，包括冲突的结构、在经济系统中权利的分配，以及个人如何为了自己的利益操纵权力。管理者受到一个国家政府的组成形式的影响，也就是这个国家是否允许公民拥有财产，是否通过公民介入和强化契约的能力来实现他们的权利，是否通过上诉机制使得冤案得到纠正。一个国家的政府在财产契约方面的立场，会决定它的组织形式和政策。

心理学是这样一门学科，它寻求测量、解释，有时研究改变人类及其他动物的行为；社会学研究人们相互之间的关系。这两门学科都对我们理解工作中人的行为，不管是个人还是集体的行为，做出了重要的贡献。我们所知的绝大多数有关动机、领导、沟通，以及群体、团队和其他组织行为的问题，都是基于心理学和社会学领域的概念和理论。

**资料来源：**［美］罗宾斯，等. 管理学［M］. 第7版. 孙健敏，等，译. 北京：中国人民大学出版社，2003：29－30.

**问题：** 通过阅读以上材料，你认为管理学是一门什么样的学科？

## 任务内容

### 一、管理学

管理是管理学的基础。管理学是一门系统地研究管理活动的基本规律和一般方法的科学。管理作为一门理论学科，其系统的研究始于近代，是随着资本主义产业革命的进程创立和发展的。任何学科的创立，首先必须解决"学科三要素"问题，即该学科的研究对象、研究任务和研究方法。

（一）管理学的研究对象

管理学的研究对象是人类社会的管理活动与管理过程，也包括管理理论的产生、发展与演变，重点是管理过程中的各种关系、矛盾、特征、行为、方式、方法以及内在的逻辑性等。

（二）管理学的研究任务

管理学既是一门理论学科，又是一门应用学科。管理学的基本任务既取决于管理学的研究对象，又取决于管理活动与管理过程的实践性、动态性与特殊性。管理学的基本任务就是阐释管理理论的一般性，说明管理实践的特殊性。

（三）管理学的研究方法

管理学的研究方法取决于管理学的研究对象和研究任务。管理学的研究方法主要有唯物辩证法、系统法、过程法、比较法及试验法。

## 二、管理学的主要特点

（一）一般性

管理学从一般原理、一般情况的角度对管理活动和管理规律进行研究，不涉及管理分支学科的业务和方法的研究；管理学是研究所有管理活动中的共性原理的基础理论科学，无论是"宏观原理"还是"微观原理"，都需要管理学的原理作为基础来加以学习和研究，管理学是各门具体的或专门的管理学科的共同基础。

（二）多学科性或综合性

从管理内容上看，管理学涉及的领域十分广阔，它需要从不同类型的管理实践中抽象概括出具有普遍意义的管理思想、管理原理和管理方法，从影响管理活动的各种因素上看，除了生产力、生产关系、上层建筑这些基本因素外，还有自然因素、社会因素等，从管理学科与其他学科的相关性上看，它与经济学、社会学、心理学、数学、计算机科学等都有密切关系，是一门非常综合的学科。

（三）历史性

任何一种理论都是实践和历史的产物，管理学也不例外。管理学是对前人的管理实践、管理思想和管理理论的总结、扬弃和发展，割断历史，不了解前人对管理经验的理论总结和管理历史，就难以很好地理解、把握和运用管理学。

（四）实用性或实践性

管理学是为管理者提供从事管理的有用的理论、原则和方法的实用性学科。管理的实践性表现为它具有可行性，而它的可行性标准是通过经济效益和社会效益来衡量的。管理学所提供的理论与方法都是实践经验的总结与提炼，同时，管理的理论与方法又必须为实践服务，才能显示出管理理论与方法的强大生命力。

（五）社会性

构成管理过程主要因素的管理主体与管理客体，都是社会最有生命力的人，这就决定了管理的社会性；同时，管理在很大程度上带有生产关系的特征，因此没有超阶级的管理学，这也体现了管理的社会性。

## 知识介绍

### 管理学研究的内在规律

管理学的发展与社会、文化、历史、经济、技术等因素息息相关。从人类从事有组织的活动开始，就有了管理活动。人的行为便是历史文化沉淀的结果，因此，作为协调人的行为的管理活动自然与历史、文化因素密不可分。管理学的发展不是一个独立的过程，而是一个受到各种因素影响的历史发展过程，也是文化环境的产物。管理学能够发展到今天这个水平，必然有一些基本因素推动着它的发展。下面从研究方法、研究性质、研究内容和研究层次四个方面来考察这些基本因素。

（1）研究方法：唯物主义经验论。被马克思誉为"英国唯物主义和实验自然科学始祖"的培根首先论述了唯物主义经验论的基本原理，认为认识起源于感觉，主张以观察和实验为基础，通过分析来得出正确的结论，并且强调感性与理性的统一，结合的关键是实验，真理的标准在于检验。管理学的研究方法与这些基本原理是一脉相承的。管理理论来源于对实践的总结，最终又要回归到实践中去，接受实践的检验。新的管理理论之所以会出现，都是因为原有的管理理论无法解决实践中存在的问题或出现的新问题。那么，管理理论的唯一权威性就是具有实践效果，管理学的使命便是对实践经验进行总结，进而创建符合实践需要的理论体系。检验管理理论在新形势下是否有效，就是把已有理论放在新的历史环境中重新进行考察。这与唯物主义经验论所强调的感性与理性的统一是相一致的，理论不能脱离实践而存在，实践也必须依托理论的指导。没有什么比好的理论更加注重实践，也没有什么比好的实践更加依托理论。

（2）研究性质：科学与艺术的结合。管理学是一门应用理论学科。正是由于这个缘故，长期以来，学者们就管理到底是科学还是艺术这个问题争论不休。一门学科的科学性在于有明确的概念和系统的知识体系，可以在相当长的时期内解释现实并预测未来。管理理论就是这样一种可用来解释现实、规范行为、动态分析并应用于实践的知识体系，因此，管理也被认为是一门科学。但是，管理远不止是掌握一些分析工具或统计技术，更需要在实践中创造性地寻求思维突破。就这一点而言，管理更多地表现为艺术性应用。

（3）研究内容：效率与人性的综合。管理学自产生之初就一直围绕着效率和人性演进。效率问题一直是管理学试图解决的首要问题。科学管理以效率为中心，人际关系学说最初是为了解决产量极限问题，行为科学理论以充分激发员工的潜能为目的，组织理论研究如何提高组织的效能，即使是后现代管理理论也仍然是探讨如何适应新的技术进步。所以，从本质上讲，管理学发展的不同阶段在效率问题上并不存在根本的矛盾，泰勒关于效率的思想在任何时代都发挥着不可替代的作用，正如其本人所认为的那样，科学管理的具体措施作为科学管理的有用附件，也将是其他管理制度的有用附件。提高效率是任何管理理论和研究的主要目的，不同的管理理论只是在逻辑起点上，也就是在人性解释上有所差别。但是，不同管理理论对人性的解释，却源于对时代特征的不同认识。管理学是顺应时代需要的产物，并且随着社会进步而不断发展，因此，管理学的发展必然也带有一定的时代特征。后现代管理理论把人看作符号动物，试图还原人的本质，充分解放人性。虽然早期的管理学家对人的认识可能不是那么充分，但是，经济人、社会人、复杂人等也正是当时那些时代赋予人的符号。后现代管理思想把人看成了社会结构的附属品，而科学管理时期的社会结构就是一种工业结构，把人看作附属于机器的经济人也正是那个时代对人的认识。

（4）研究层次：系统与元素的统一。管理是伴随着组织活动而出现的，旨在解决组织活动方面的实际问题。因此，管理研究应该从组织层次入手，对组织进行系统分析，从而整体提高组织效能。组织首先是作为协作系统诞生的，是由两个以上的个人所组成的协作系统，而系统是由处于相关并与环境相互联系的元素所组成的集合。如果把组织看作协作系统，那么，组织中的人便是这一系统的最基本元素。组织是依赖于环境而生存的一种开放式、有生命力的系统，而组织成员是组织赖以有效运作的零部件，组织成员的个体效率会直接影响组织的整体效率。所以，管理研究以组织系统的整体性为出发点，注重内部成员的平衡发展，力求系统与元素的统一，以达到整体大于部分之和的效果。

资料来源：李晋，刘洪. 管理学百年发展回顾与未来研究展望——暨纪念泰勒制诞生100周年［J］. 外国经济与管理，2011（4）：1-9.

## 任务二　早期管理思想

### 任务情境

#### 管理思想的产生

任何思想、理论、学说都不是"无源之水，无本之木"，中国和其他世界文明古国都孕育了灿烂的思想文化，其中当然涉及管理思想的内容。古代管理思想是现代管理思想的渊源与基础，现代管理思想是古代管理思想的继承与发展。各种管理理论的演变与交替，都是环境与一定条件的产物，都是与当时的管理实践活动密切相关的。

问题：在项目一的课后学习中，曾经让大家通过三个案例分析管理在组织中的作用。你能举两个中外历史中涉及管理思想的例子吗？

### 任务内容

#### 一、中国早期管理思想

中国是历史悠久的文明古国，有5 000多年的文字记载历史。早在5 000年前，中国已经有了人类社会最古老的组织——部落和王国，有了部落的领袖和帝王，因而也就有了管理。到了公元前约17世纪的商、周时代，中国已经形成了组织严密的奴隶制和封建制的国家组织，出现了从中央到地方高度集权、等级森严的金字塔式的权力结构。中国历代都有着至今看来不失其价值的管理实践，并在其基础上诞生了丰富的管理思想。

（一）儒家管理思想

儒家思想博大精深，对中国数千年的封建社会产生了深刻的影响。儒家的管理思想是我国历史上影响最大的管理思想。儒家思想单从管理的角度进行概括就是"修己安人、举贤任能"。

**1. 建立了以人为本的人性本善的管理模式**

在儒家看来，一切的管理活动都是围绕着治人而展开的。在人性问题上，孔子给出了"性相近也，习相远也"的答案，并被后人收录到《三字经》中，成为中国人对人性的最基本看法。人在性情上是相近的或是相似的，但经过后天所形成的习惯、习俗的作用，经过环境的影响，就会出现很大的差别。这种观点对于中国人性格的影响很大。因为重视后天环境和个人努力，所以中国各朝各代都有很多寒门子弟在主观上奋发图强，配合科举制度，最终金榜题名，促进了社会人口的纵向流动。另一方面，寒门子弟深知民间疾苦，能够较为客观有效地进行各种管理工作。同时，孔子开启了儒家管理思想中重天人关系的先河。

**2. 注重管理的道德性，把"道之以德"作为管理的主要手段**

"道之以德，齐之以礼"是儒家独具特色的管理方法。儒家认为人是万物之灵，人是宇宙的中心，民众是国家的根本，人的本性是善的，所以对人的管理不能是野蛮的、暴力的、强制的，应该是文明的，按人性的本质规定确立与之相应的管理手段。仁是儒家理论的核心，其主要内容就是能够身体力行的人才能称为仁，才是一个完美的人。儒家的仁的管理方法是：以身作则，以自己的行动来带动其他人；无论是管理者还是被管理者，都必须要有一种爱心，而且要知道干什么事都会遇到困难，克服了困难然后才会有收获；更为重要的是人在一个集体中活动，一种集体主义的精神才是一种真正的仁。

**3. 确立了以民为本的"富民""安民"的管理目标**

儒家始终把"惠民""富民""安民"作为管理的目标，把"善政""仁政""王道""大同"作为其政治理想，把企图营建一个祥和、协调、公正的社会作为其努力的方向。在儒家的治理目标和政治理想中，始终贯彻着人本主义的精神，把民众的生存、欢乐与疾苦放在重要的地位。孔子的富民安民的管理目标，企图通过德政，其中包括德治、均富和教育等方法来实现。儒家富民安民的管理目标是民本思想的重要表现，也是儒家管理思想的重要特色。

## 课堂练习

问题：儒家管理思想对现代管理有哪些启示？

（二）道家管理思想

道家的思想包含着高深的哲理和济世安民的智慧。道家的管理思想主要体现在两个方面：反者道之动和无为。老子认为宇宙的本原是"道"。"道"是先于天、地、人而生的一种独立不改、周行不殆的力量，这种力量受制于自然，所以"道"要以自然为法则。大道运行的规律，即宇宙变化的法则是"反"。"反"字有三个意义，即相反相成、反向运动、循环反复。"道"以"朴"为心，"朴"的原意指树皮或未经加工的木材，喻指一种原始状态。"朴"虽小于"道"，但以"无"为心，即最无偏见的心、最淳朴的认识，那是天下不可臣服的东西。所以，圣人之治应采取"无为"的理念，以"无为"的理念而达到"无不为"的效果。

## 知识介绍

### 道家管理思想简介

道家管理思想提出的初衷是教导帝王如何去治理国家，但是其中的一些思想对于现今的企业管理者来说，仍是值得学习和借鉴的。

道家管理思想的核心理念就是注重人性，以人为中心，尊重人、发挥人的主观能动性。现今的企业管理讲究人性化管理，以人为本，重视人在企业中的作用，把人尤其是企业人才视为企业的宝贵财富，这种理念本身与道家管理思想中的人本思想是一脉相承、紧密结合的。

当然，我们所提倡的古为今用，不是全盘吸收，而是提炼吸收其中的精髓，不断思考、辨别，加以创新，将其根深于现代企业管理中，不要一味地寻求其中现成的答案。与此同时，企业要积极培育出吸收道家管理思想的土壤，使道家管理思想真正与企业管理相契合。

我国有5 000年的文化史，古代先哲在其所处的时代背景下，通过一系列的推理总结出了不少理论并且得到合理的运用，这些理论渗透到当时社会生活的各个方面。历史是最好的老师。正如英国政治学家罗伯特·麦肯齐所说："人类历史是进步的记载——积累知识和增加智慧的记载，从一个较低的治理水平和福利水平向更高不断前进的记载。每代人都把他继承的财富用自己的经验加以改善，将他们取得的所有胜利果实加以扩大，然后将它传给下一代。"对现代管理而言，我们要从古代的管理智慧中，尤其是其中对于现今管理至关重要的思想中，取其精华、去其糟粕，运用到现今的企业管理中，建构企业内在的硬件，培养企业的软件，完成传统管理思想现代性的转换，这不失为解决当前企业管理困境的有效途径。

资料来源：郭洪刚，王成香. 道家管理思想与现代企业管理的契合［J］. 重庆科技学院学报（社会科学版），2011（16）：97-99.

（三）法家管理思想

韩非是先秦法家的代表人物。他从理论上总结了春秋战国时期以来诸侯列国兴亡盛衰的经验，提出其国家行政、经济、人事等诸方面的管理主张，主要包括以下三点：第一，崇君尚法的行政管理思想；第二，务力富国的经济管理思想；第三，信智并举的人事管理思想。

（四）兵家管理思想

孙武是我国古代历史上杰出的军事家，他所著的《孙子兵法》传世的今存本有十三篇，该书不仅是我国现存最早的兵书，也是世界上最古老的兵书，在国际上享有很高的声誉，它不仅对世界军事思想产生了重大的影响，而且具有一定的哲学和文学价值，有很多思想都是可以为管理学所借鉴的。例如，孙武强调要在战前对事关重大的战略进行部署和谋划，综合考虑多种因素，按照战争中各个方面、各个阶段之间的关系来决定军事力量的准备和运用。

（五）墨家管理思想

墨子曾学儒家之业，受孔子之术，后因不满儒家尚礼和厚葬制度，于是另立新说，创立墨家学派，与儒家对立。墨子的管理思想可以概括为以下三点。第一，兼爱尚同。"兼爱"是墨子行政管理思想的核心。他认为当时社会动乱不安，主要就是由于人们不相爱造成的。管理者如果平等地去爱下属，则能得到比较好的绩效。"尚同"亦是墨子的重要思想。他认为，只有人们思想统一，天下才能稳定。第二，节用。墨子经济管理思想的核心是节用。其主要意思就是要节约消费，不能奢侈，只要满足基本生活需要就行。如果统治者注意节约消费，国家的税负就比较轻。第三，尚贤。在人才管理上，墨子提出尚贤。用人要注重有才德的贤人，要求把尊崇贤良和任用有才能的人作为主持政事的方针。

此外，在随后的历史发展长河中，我国都不乏卓越的管理学家。例如，秦始皇的集权管理思想巩固了封建国家的统治，有利于封建基础的建立，其很多创制为后代所继承；汉高祖的无为而治的管理思想使汉初社会可以在短时间内安定下来，为政府开展各项恢复和建设事业提供了前提条件；汉武帝刘彻在国家宏观经济管理思想方面做出了杰出的贡献；唐太宗的均田制和租庸调制、人才管理制度以及国家管理制度开辟了"贞观之治"的局面；黄宗羲的限制君权、反对独裁统治的行政管理思想、工商皆本的经济管理思想以及个性解放和思想自由的文化管理思想彰显出特色鲜明的资产阶级启蒙色彩。

## 二、外国早期管理思想

古代埃及、古代巴比伦王国都不同程度地出现了管理思想的萌芽。在古希腊时代，管理思想得到了进一步的发展。

### （一）古希腊的管理思想

**1. 苏格拉底的管理思想**

苏格拉底（公元前469—前399年），雅典人，出身于一个中产家庭，父亲是雕刻匠，母亲是助产妇。他受过正规的传统教育，从军打过仗。苏格拉底认为管理具有普遍性，他说："管理私人事务和管理公共事务仅仅是在量上的不同。"并且，他认为一个人不能管理他的私人事务，他肯定也不能管理公共事务，因为公共事务的管理技术和私人事务的管理技术是可以相互通用的。但不幸的是，苏格拉底忽视了管理的特殊性，即管理是一项专业性极强的工作。

**2. 色诺芬的管理思想**

色诺芬（约公元前430—前350年）出生于雅典富人家庭，是苏格拉底的门生，他曾经根据自己亲自经营和管理庄园的实践经验写成《家庭管理》（又称《经济论》）一书。这是古希腊流传下来的专门论述经济问题的第一部著作。这部著作在管理思想上的主要贡献如下：第一，首先提出了经济管理的研究对象。他认为"家庭管理"研究的是优秀的主人如何管理好自己的财产。而古希腊奴隶是建立在奴隶主对生产资料和奴隶的私有制基础上的，生产活动以家庭为单位，由奴隶去完成，因此，这里的"家庭管理"应该是囊括了奴隶主阶级对生产资料和劳动力（奴隶）的各种组织与管理问题的。第二，首先提出了管理水平优劣的判别标准问题。他提出，检验管理水平高低的标准是财富是否得到增加，并认为管理的中心任务是得到更多的财富。第三，首先认识到了管理的中心任务是加强人的管理这一重要思想。这一点意义非常重大，在当时的奴隶制社会里，奴隶被看作会说话的工具，而根本就不作为人来对待，色诺芬的主张无疑从客观上否定了奴隶制的基础，也为今后的管理思想的发展奠定了思想基础。从本质上讲，他的主张显然还是为奴隶主服务的。他提出，对奴隶的管理应该严厉，对驯从的奴隶应该给予较好的待遇。并且，他还提出了训练奴隶的办法。第四，色诺芬分析了分工的重要性。他认为，分工可以提高产品的质量。因为一个人不可能精通一切技艺，所以劳动分工是必要的。

**3. 柏拉图的管理思想**

柏拉图（公元前427—前342年）出身于雅典的贵族家庭，是苏格拉底的学生，古希腊著名的唯心主义哲学家、思想家。柏拉图的管理思想主要是研究国家范围内的分工，他认为："如果一个人根据自己的天生才能，在适当的时间内不做别的工作，而只做一件事，他就能做得更多、更出色、更容易。"由此，他得出结论，"每个人必须在国家里面执行一种最适合自己的天性的职务"。

**4. 亚里士多德的管理思想**

亚里士多德（公元前384—前322年），古希腊最伟大的思想家之一，柏拉图著名的弟子。

亚里士多德在他的著作《政治学》中揭示了管理者和被管理者的关系问题。他说："从来不知道服从的人不可能是一位好的指挥官。"他关于"天赋人性"的思想和我国的孟子所宣扬的"劳心者治人，劳力者治于人；治人者食人，治于人者食于人"具有同样的性质。他所确定的管理者和被管理者的关系当然也是天赋的。亚里士多德在管理上发展了色诺芬"家庭管理"的思想，并揭示了管理的矛盾的运动变化和发展过程，即"目的→物质+管理→新的目的"。

（二）古罗马的管理思想

正如詹姆斯·D·穆尼（1884—1957年）所说："罗马人伟大的真正秘密是他们的组织天才。"他们利用等级原理和委派、授权办法，把罗马城扩展为一个前所未有的、组织效率很高的帝国。

古罗马没有管理方面的专著，但是，从奴隶主政治家、思想家、哲学家的论述中可以发现古罗马萌芽状态的管理思想。概括起来，集中在以下三点：第一，古罗马首先意识到了现代企业的某些性质；第二，在罗马帝国的建立过程中使其具有了集权、分权到再集权的实践经验；第三，罗马人在长期军事生涯中具备了遵守纪律的品格，又具备了以分工和权力层次为基础的管理职能设计能力，正因如此，罗马帝国才能在它所处的历史阶段势不可当、所向披靡。

这一时期，奴隶主思想家贾图、瓦罗等对管理人员的选择标准的论述，丰富了古代经济管理思想。

## 任务三　古典管理理论

### 任务情境

#### 古典管理理论的特点

古典管理理论主要包括韦伯的科层管理、泰勒的科学管理和法约尔的一般管理原理。古典管理理论的主要特点如下：第一，效率主义是古典管理最强劲的主旋律。管理学诞生之初，所要解决的问题相当现实，就是通过寻找和运用科学的管理手段和方法，全力提高生产效率，降低企业必要劳动量。无论是泰勒及其追随者，还是法约尔和韦伯，尽管理论视野各有侧重，学术观点也有差异，但他们皆视科学管理为提高工作效率的方法和手段。泰勒对效率的研究主要是通过现场作业的标准化和科学化而展开的。泰勒给管理下过一个不甚严密的定义："确切了解你希望工人干些什么，然后设法使他们用最好、最节约的方法完成它。"泰勒制中无论是抽象的管理原则、理论还是具体的管理方法、技术，都以效率为核心。第二，古典管理理论又有浓郁的经验论、技术论的色彩。古典管理理论乃至整个管理学，就其理论源泉来说，主要有两类：一类是通过其他学科的渗透，吸取思想资源；另一类是对实践经验的总结提升。很显然，古典管理理论的形成是实践经验的结晶。其开创者们属于打"江山"的一代，大多出身于厂矿企业，对管理的理解或者来源于基层亲身实践，或者来源于长期管理具体组织的体验。

问题：针对古典管理理论的特点，结合所学的管理学知识，谈谈你有什么启示。

## 任务内容

### 一、泰勒的科学管理原理

#### (一)"科学管理之父"弗雷德里克·温斯洛·泰勒

弗雷德里克·温斯洛·泰勒(1856—1915年),美国著名管理学家、经济学家,被后世称为"科学管理之父",其代表作为《科学管理原理》。1881年,泰勒开始在米德维尔钢铁厂进行劳动时间和工作方法的研究,为以后创建科学管理奠定了基础。1898年,在伯利恒钢铁公司大股东沃顿的鼓动下,以顾问身份进入伯利恒钢铁公司,此后在伯利恒进行了著名的"搬运生铁块试验"和"铁锹试验"。此外,泰勒还对每一套动作的精确时间进行了研究。1898年,与怀特共同发明高速钢。1911年,发表《效率的福音》,同年正式出版《科学管理原理》。1911年10月至1912年2月,美国国会举行关于泰勒制和其他工场管理制度的听证会,泰勒出庭作证。1912年,正式出版《在美国国会听证会上的证词》。1915年3月21日,因患肺炎在费城逝世,终年59岁。

## 知识介绍

### 泰勒的三项实验

**1. 铁锹实验**

铁锹实验是被称为科学管理之父的弗雷德里克·温斯洛·泰勒所进行研究的三大实验之一,也称铁砂和煤炭的挖掘实验。它是指系统地研究铲上负载后,研究各种材料能够达到标准负载的锹的形状、规格,以及各种原料装锹的最好方法的问题。泰勒还对每一套动作的精确时间进行了研究,从而得出了一个"一流工人"每天应该完成的工作量。这一研究的结果是非常杰出的,堆料场的劳动力从400~600人减少为140人,平均每人每天的操作量从16吨提高到59吨,每个工人的日工资从1.15美元提高到1.88美元。

资料来源: https://baike.so.com/doc/5695979-5908684.html

**2. 搬运生铁块实验**

1898年,泰勒从伯利恒钢铁厂开始他的实验。这个工厂的原材料是由一组计日工搬运的,工人每天挣1.15美元,这在当时是标准工资,每天搬运的铁块重量有12~13吨,对工人的奖励和惩罚的方法就是找工人谈话或者开除,有时也可以选拔一些较好的工人到车间里做等级工,并且可得到略高的工资。后来,泰勒观察研究了75名工人,从中挑出了4个,又对这4个人进行了研究,调查了他们的背景、习惯和抱负。最后,挑了一个叫施密特的人,这个人非常爱财并且很小气。泰勒要求这个人按照新的要求工作,每天给他3.85美元的报酬。通过仔细的研究,使其转换各种工作因素,来观察他们对生产效率的影响。例如,有时工人弯腰搬运,有时他们又直腰搬运,后来他又观察了行走的速度、持握的位置和其他的变量。通过长时间的观察实验，并把劳动时间和休息时间很好地搭配起来，工人每天的工作量可以提高到 47 吨，同时并不会感到太疲劳。他也采用了计件工资制，工人每天搬运量达到 47 吨后，工资也升到 3.85 美元。这样施密特开始工作后，第一天很早就搬完了 47.5 吨，拿到了 3.85 美元的工资。于是，其他工人也渐渐按照这种方法来搬运了，劳动生产率提高了很多。

资料来源：https://baike.so.com/doc/1778776-1880978.html

**3. 金属切削实验**

1901 年后，他更以大部分时间从事咨询、写作和演讲等工作，来宣传他的一套管理理论——"科学管理"。1881 年，在米德韦尔公司，为了解决工人的怠工问题，泰勒进行了金属切削实验。他自己具备一些金属切削的作业知识，于是他对车床的效率问题进行了研究，开始了预期 6 个月的试验。在用车床、钻床、刨床等工作时，要决定用什么样的刀具、多大的速度等来获得最佳的加工效率。这项实验非常复杂和困难。最后，在巴斯和怀特等十几名专家的帮助下，取得了重大的进展。这项实验还获得了一个重要的副产品——高速钢的发明并取得了专利。

资料来源：https://baike.so.com/doc/1618445-1711004.html

（二）科学管理原理的主要内容

概括起来，科学管理的主要内容可以分为三个方面：作业管理、组织管理和管理哲学。

**1. 作业管理**

作业管理是泰勒制的基本内容之一，它由一系列的科学方法组成。

（1）制订科学的工作方法。泰勒认为科学管理的中心问题是提高劳动生产率。他在《科学管理原理》一书中指出，人的生产率巨大增长的事实标志着文明国家和不文明国家的区别，标志着我们在这一二百年的巨大进步。现在的必需品，在 100 年前是奢侈品。这就是由于劳动生产率的迅速提高。泰勒认为，科学管理是过去已经存在的诸多因素的结合。他把既有的知识收集起来加以分析组合并归类成规律和条例，使之构成了一种科学。工人提高劳动生产率的潜力是非常大的。应该把工人多年积累的经验知识和传统的技巧归纳整理并结合起来，进行分析比较，从中找出其具有共性和规律性的东西，进而利用上述原理将其标准化，这样就形成了科学的方法。泰勒还进一步指出，管理人员的第一责任，就是主动把工人们自己通过长期实践积累的大量的传统知识、技能和诀窍集中起来，然后记录下来，编制成表格，再将其概括为规律和守则，有时甚至要概括为数学公式，最后将这些规律、守则、公式在全厂推行。

（2）制订培训工人的科学方法。为了挖掘人的最大潜力，必须做到人尽其才。每个人都具有不同的才能，不是每个人都适合做任何一项工作，这与人的性格特点和个人特长有着密切的关系。为了最大限度地提高某一项工作的生产率，必须找出最适宜干这项工作的人，同时，还要最大限度地挖掘这个人的最大潜力，这才有可能达到最高效率。因此，对任何一项工作都必须挑选出"第一流的工人"，也就是最适宜的人。

（3）实行激励性的报酬制度。泰勒对以前的工资方案的管理方式不满意，认为它有许多缺陷，不能满足效率最高的原则。于是，他在 1895 年提出了一种具有很大刺激性的报酬制度——"差别工资制"，即根据工人的实际工作表现，而不是根据工人的工作类别支付酬金。

**2. 组织管理**

泰勒对组织管理的贡献是巨大的。泰勒把计划的职能和执行的职能分开，改变了凭经验工作的方法，代之以科学的工作方法，以确保管理任务的完成。泰勒的职能工长制是根据工人的具体操作过程，进一步对分工进行细化而形成的；泰勒为组织管理提出了一个极为重要的原则——例外原则。例外原则就是企业的高级管理人员把一般日常事务授权给下属管理人员负责处理，而自己保留例外的事项，如重要事项的决策权和控制权。

**3. 管理哲学**

与其说科学管理是一些原理和原则组成的管理理论，不如说是一种使当时的人们对管理实践重新审视的管理哲学。科学管理在实质上包含着要求从事工业或在任何一个具体机构中工作的工人进行一场全面心理革命——要求他们在对待工作、同伴和雇主的义务上进行一场全面的心理革命。此外，科学管理也要求管理部门的人——工长、监工、企业所有人、董事会进行一场全面的心理革命，要求他们在对管理部门的同事、对他们的工人和所有日常问题的责任上进行一场全面的心理革命。没有双方的这种全面的心理革命，科学管理就不能存在。这正是泰勒科学管理的精神内涵，也是泰勒时代的管理哲学。科学管理实际上是一种转变人性的管理，是将人从传统的小农思想意识转变为现代的社会化大生产的思想意识。

### 课堂练习

问题：科学管理对现代管理有哪些启示？

## 二、法约尔的组织管理理论

**（一）现代经营管理之父亨利·法约尔**

亨利·法约尔（1841—1925 年），古典管理理论的主要代表人之一，现代经营管理之父，亦为管理过程学派的创始人。从 1872 年至 1888 年，他已是一批矿井的总管，其注意力主要倾注在煤田地质和矿井寿命等问题上。从 1888 年至 1918 年，该公司的财政状况极为困难，几乎濒于破产。法约尔在这时立刻被任命为总经理，并改组了公司，成立了新的被称为"科芒博"的煤铁联营公司。法约尔获得了巨大的成功。当他 77 岁退休时，公司财力已达到不可动摇的地位。他退休后直到逝世，虽已年逾古稀，但精力不衰。从 1918 年直到 1925 年，他致力于普及自己的管理理论工作，对他 30 年事业上的惊人成就加以总结。

**（二）十四项管理原则**

法约尔根据自己多年的工作经验提出了著名的十四项管理原则。

**1. 劳动分工原则**

法约尔认为，劳动分工属于自然规律。劳动分工不只适用于技术工作，而且适用于管理工作。应该通过分工来提高管理工作的效率。

**2. 权力与责任原则**

有权力的地方，就有责任。责任是权力的孪生物，是权力的当然结果和必要补充。这就是著名的权力与责任相符的原则。法约尔认为，要贯彻权力与责任相符的原则，就应该建立有效的奖励和惩罚制度。

**3. 纪律原则**

法约尔认为纪律应包括两个方面，即企业与下属人员之间的协定和人们对这个协定的态度及其对协定遵守的情况。法约尔认为，纪律是一个企业兴旺发达的关键，没有纪律，任何一个企业都不能兴旺繁荣。

**4. 统一指挥原则**

统一指挥是一个重要的管理原则，按照这个原则的要求，一个下级人员只能接受一个上级的命令。如果两个领导人同时对同一个人或同一件事行使他们的权力，就会出现混乱。

**5. 统一领导原则**

统一领导原则是指一个下级只能有一个直接上级。它与统一指挥原则不同，统一指挥原则是指一个下级只能接受一个上级的指令。这两个原则之间既有区别又有联系。统一领导原则是指组织机构设置的问题，即在设置组织机构的时候，一个下级不能有两个直接上级。而统一指挥原则讲的是组织机构设置以后运转的问题，即当组织机构建立起来以后，在运转的过程中，一个下级不能同时接受两个上级的指令。

**6. 个人利益服从整体利益的原则**

对于这个原则，法约尔认为这是一些人们都十分明白清楚的原则，但是，往往"无知、贪婪、自私、懒惰以及人类的一切冲动总是使人为了个人利益而忘掉整体利益"。为了能坚持这个原则，法约尔认为，成功的办法是："领导人的坚定性和好的榜样；尽可能签订公平的协定；认真的监督。"

**7. 人员的报酬原则**

人员的报酬首先要考虑的是维持职工的最低生活消费和企业的基本经营状况，这是确定人员报酬的一个基本出发点。在此基础上，再考虑根据职工的劳动贡献来决定采用适当的报酬方式。对于各种报酬方式，法约尔认为不管采用什么报酬方式，都应该能做到以下三点：它能保证报酬公平；它能奖励有益的努力和激发热情；它不应导致超过合理限度的过多的报酬。

**8. 集中的原则**

这个原则是组织权力的集中与分散的问题。在小型企业里，可以由上级领导者直接把命令传到下级人员，所以权力就相对比较集中；而在大型企业里，在高层领导者与基层人员之间，还有许多中间环节，因此，权力就比较分散。影响一个企业是集中还是分散的因素有两个：一个是领导者的权力；另一个是领导者对发挥下级人员的积极性的态度。所有提高下级人员作用的重要性的做法就是分散，降低这种作用的重要性的做法则是集中。

**9. 等级制度原则**

等级制度就是从最高权力机构直到低层管理人员的领导系列。而贯彻等级制度原则就是要在组织中建立一个不中断的等级链，这个等级链说明了两个方面的问题：一是它表明了组织中各个环节之间的权力关系，通过这个等级链，组织中的成员就可以明确谁可以对谁下指令，谁应该对谁负责；二是这个等级链表明了组织中信息传递的路线，即在一个正式组织中，信息是按照组织的等级系列来传递的。贯彻等级制度原则，有利于组织加强统一指挥原则，保证组织内信息联系的畅通。

**10. 秩序原则**

这个原则包括物品的秩序原则和人的社会秩序原则。对于物品的秩序原则，他认为，每一件物品都有一个最适合它存放的地方，坚持物品的秩序原则就是要使每一件物品都在它应该放的地方。对于人的社会秩序原则，他认为，每个人都有他的长处和短处，贯彻社会秩序原则就是要确定最适合每个人的能力发挥的工作岗位，然后使每个人都在最能使自己的能力得到发挥的岗位上工作。为了能贯彻社会秩序原则，法约尔认为要对企业的社会需要与资源有确切的了解，并保持两者之间经常的平衡。

**11. 公平原则**

法约尔把公平与公道区分开来。贯彻公道原则就是要按已定的协定办。但是，在未来的执行过程中可能会因为各种因素的变化使得原来制订的"公道"的协定变成"不公道"的协定，这样一来，即使严格地贯彻"公道"原则，也会使职工的努力得不到公平的体现，从而不能充分地调动职工的劳动积极性。因此，在管理中要贯彻"公平"原则。所谓"公平"原则就是"公道"原则加上善意地对待职工。也就是说，在贯彻"公道"原则的基础上，还要根据实际情况对职工的劳动表现进行"善意"的评价。当然，在贯彻"公平"原则时，还要求管理者"不能忽视任何原则，不忘掉总体利益"。

**12. 人员的稳定原则**

人员的稳定原则是指要使一个人的能力得到充分的发挥，就要使他在一个工作岗位上相对稳定地工作一段时间，使他能有一段时间来熟悉自己的工作，了解自己的工作环境，并取得别人对自己的信任。但是，人员的稳定是相对的而不是绝对的。对于企业来说，就要掌握人员的稳定和流动的合适的度，以利于企业中成员能力得到充分的发挥。

**13. 首创精神**

法约尔认为，人的自我实现需求的满足是激励人们的工作热情和工作积极性的最有力的刺激因素。对于领导者来说，要有某种勇气来激发和支持大家的首创精神。当然，纪律原则、统一指挥原则和统一领导原则的贯彻，会使得组织中人们首创精神的发挥受到限制。

**14. 团队精神**

人们往往由于管理能力的不足，或者由于自私自利，或者由于追求个人的利益等而忘记了组织的团结。法约尔认为，管理者需要确保并提高劳动者在工作场所的士气，培养个人和集体积极的工作态度。为了加强组织的团结，法约尔特别提出在组织中要禁止滥用书面联系。他认为，在处理一个业务问题时，当面口述比书面快，并且简单得多。另外，一些冲突、误会可以在交谈中得到解决。"由此得出，每当可能时，应直接联系，这样更迅速、更清楚，并且更融洽。"

### 课堂练习

问题：法约尔的十四项管理原则现在还有效吗？为什么？

## 三、韦伯的行政组织理论

### （一）组织理论之父马克斯·韦伯

马克斯·韦伯（1864—1920年），德国政治经济学家、社会学家，被公认为是现代社会学和公共行政学最重要的创始人之一。韦伯于1882年进入海德堡大学学习法律，并先后就读于柏林大学和哥丁根大学。他受过3次军事训练，1888年参与了波森的军事演习，因而对德国的军事生活和组织制度有相当的了解，这对于他日后建立组织理论有相当大的影响。1889年他开始撰写中世纪商业公司的博士论文；1891年在柏林大学讲授法律；1894年获得海德堡大学的教授资格；1903年开始进行新教伦理方面的研究；1905年出版了他的名著《新教伦理和资本主义精神》。在组织理论方面，还著有《社会和经济组织理论》。韦伯是现代社会学的奠基人，他的观点对其后的社会学家和政治学家都有着深远的影响。他研究了工业化对组织结构的影响，他不仅研究组织的行政管理，而且广泛地分析了社会、经济和政治结构；他在组织管理方面有关行政组织的观点是他对社会和历史因素引起复杂组织发展的研究结果，也是其社会学理论的组成部分。1920年6月14日，韦伯因病在慕尼黑逝世。

### （二）行政组织理论

韦伯的行政组织理论可以分成以下三个部分。

**1. 理想的行政组织**

韦伯认为，理想的行政组织是通过职务和职位来管理的，而不是通过传统的世袭地位来管理的。要使行政组织发挥作用，管理应以知识为依据进行控制，管理者应具有胜任工作的能力，应该依据客观事实而不是凭主观意志来领导。理想的行政组织的特点是：任何机构组织都应有确定的目标；组织目标的实现，必须实行劳动分工；按等级制度形成一个指挥链；在人员关系上，他们之间是一种指挥和服从的关系；承担每一个职位的人都是经过挑选的，也就是说，必须经过考试和培训，接受一定的教育，获得一定的资格，由需要的职位来确定需要什么样的人来承担；该人员实行委任制，所有的管理人员都是委任的，而不是选举的；管理人员管理企业或其他组织，但他不是这些企业或组织的所有者；管理人员有固定的薪金，并且有明文规定的升迁制度，有严格的考核制度；管理人员必须严格地遵守组织中的法规和纪律，这些规则不受个人感情的影响，而适用于一切情况。

**2. 韦伯对权力的分类**

韦伯指出，任何一种组织都必须以某种形式的权力为基础，才能实现其目标，只有权力才能变混乱为有序。如果没有这种形式的权力，其组织的生存都是非常危险的，就更谈不上实现组织的目标了，权力可以消除组织的混乱，使组织有秩序地运行。韦伯把这种权力划分为三种类型。第一种是理性的、法定的权力或合理的法定权力。这种权力指的是依法任命，并赋予行政命令的权力，对这种权力的服从是依法建立的一套等级制度，这是对确认职务或职位的权力的服从。第二种是传统的权力。它以古老的、传统的、不可侵犯的，以执行这种权力的人的地位的正统性为依据。第三种是超凡的权力或神授的权力。这种权力是建立在对个人的崇拜和迷信的基础上的。

**3. 理想的行政组织的管理制度**

韦伯认为，管理就意味着以知识和事实为依据来进行控制。领导者应在能力上胜任，应该依据事实而不是随意地来领导。每一个官员都应按下列准则被任命和行使职能。这些准则的主要内容是：他们在人身上是自由的，只是在与人身无关的官方职责方面从属于上级的权力；他们按明确规定的职务等级系列组织起来；每一职务都有明确规定的法律意义上的职权范围；根据契约受命，即原则上建立在自由选择之上；候选人是以技术条件为依据来挑选的，在最合乎理性的情况下，他们是通过考试获得证书确认的专业业务资格的，他们是被任命而不是被选举的；他们有固定的薪金作为报酬，绝大多数有权享受养老金，雇用当局只有在某些情况下（特别在私营组织中）才有权对这些官员解雇，但这些官员则始终有辞职的自由；这个职务是任职者唯一的，或至少是主要的工作；它成为一种职业，存在着一种按年资、成就或两者兼而有之的升迁制度，升迁由上级的判断来决定；官员在完全同管理财产的所有权无关的情况下来进行工作，并且不能滥用其职权；他在行使职务时受到严格而系统的纪律的约束和控制。

## 课堂练习

问题：韦伯的行政组织理论对今天的企业管理有什么启示？

# 任务四 行为科学理论

## 任务情境

### 古典管理理论的利与弊

古典管理理论确立了管理学是一门科学。通过科学研究的方法能发现管理学的普遍规律，因此古典管理理论的建立使得管理者开始摆脱了传统的经验和凭感觉来进行管理。古典管理理论提出了一些管理原则、管理职能和管理方法，并且主张这些原则和职能是管理工作的基础，对企业管理有着很大的指导意义，也为总结管理思想史提供了极为重要的参考依据。当代许多管理技术与管理方法皆来源于古典的管理理论。古典的管理学派所研究的问题有一些仍然是当今管理中所需要研究的问题，当今的许多技术与管理方法也都是对古典管理理论的继承和发展。

但是，古典管理理论在现实中存在着不能回避的问题。古典管理理论的旨趣一般都在管理的客体方面。例如，工作条件、工作行为等的标准化研究，以及组织结构的科学性探讨等。即使涉及人，也是抽剥了人的主体性，将人置于客体地位关照和对待。作为古典管理理论的前提，"理性经济人"是抽象和片面的。首先，古典管理理论把管理中的人看作"经济人"，说明古典管理理论并非完全忽视人，但"经济人"假设有明显的片面性，这集中表现为其仅仅停留于生理层次——理解人的工作动机，所以泰勒的激励理论主要是在实行计件工资制或奖金制、分红奖励制等方面动脑筋、兜圈子，他的"精神革命说"同样是把企业中的人看作"利益动物"的产物。他喋喋不休地劝导劳资双方实行"全面心理革命"，其理由是，这样做的后果是"在能确保每一个雇主获得最大限度的财富的同时，也确保每一个店员能获得最大限度的利益"。这样的观念显然没有从工人的心理、社会因素方面寻找激励的手段。

问题：你认为古典管理理论在现实的管理应用中存在哪些问题？应该如何解决这些问题呢？

## 任务内容

### 一、行为科学的建立背景

在20世纪20年代，资本主义国家中的许多企业尽管采取了泰勒的科学管理，但是，劳资纠纷和罢工还是此起彼伏，这种情况促使资产阶级的管理学者们深入研究是什么决定了工人的劳动效率。于是，有了在美国国家科学委员会赞助下开展的著名的霍桑实验，但当时人们并没有认识到霍桑实验的伟大意义。这一实验持续了8年多，取得了意想不到的成果。

## 知识介绍

### 霍桑实验

霍桑实验是1924年美国国家科学委员会在西方电气公司所属的霍桑工厂进行的一项实验。霍桑工厂是一个制造电话交换机的工厂，具有较完善的娱乐设施、医疗制度和养老金制度，但工人们仍愤愤不平，生产成绩很不理想。为找出原因，美国国家科学委员会组织研究小组开展实验研究。霍桑实验共分为照明实验、福利实验、访谈实验和群体实验四个阶段。

### 二、行为科学的建立

霍桑实验与其说是管理思想上的飞跃，不如说是西方管理学者们在当时的历史背景下寻找出的结果。通过霍桑实验，人们终于发现了人群中的一些内部规律，为解决当时资本主义的社会问题提供了一条较好的思路。这就是当时的人际关系学说。

第一，职工是社会人。以泰勒的科学管理理论为代表的传统管理理论认为，人是为了经济利益而工作的，因此金钱是刺激工人积极性的唯一动力，因此传统管理理论也被称为"经济人"理论。而霍桑实验表明，经济因素只是第二位的东西，社会交往、他人认可、归属某一社会群体等社会心理因素才是决定人工作积极性的第一位的因素，因此梅奥的管理理论也被称为"人际关系"理论或"社会人"理论。

第二，在企业中存在着非正式组织。以泰勒的科学管理理论为代表的传统管理理论认为，必须建立严格完善的管理体系，尽可能避免工人在工作场合中的非工作性接触，因为其不仅不产生经济效益，而且会降低工作效率。而霍桑实验表明，在官方规定的正式工作群体之中还存在着自发产生的非正式群体，非正式群体有着自己的规范和维持规范的方法，对成员的影响较正式群体更大，因此，管理者不能只关注正式群体而无视或轻视非正式群体及其作用。

第三，新型的领导能力在于提高职工的满足程度。以泰勒的科学管理理论为代表的传统管理理论认为，工作效率取决于科学合理的工作方法和好的工作条件，所以，管理者应该关注动作分析、工具设计、条件改善、制度管理等。而霍桑实验表明，士气，也就是工人的满意感等心理需要的满足，才是提高工作效率的基础，工作方法、工作条件之类的物理因素只是第二位的东西。

霍桑实验及其结论随着时间的推移，其影响也逐渐扩大。自此以后，许多的管理学家、社会学家和心理学家从行为的特点、行为的环境、行为的过程以及行为的原因等多种角度开展对人的行为的研究，形成了一系列的理论，使得行为科学成为现代西方管理理论的一个重要流派。

## 任务五　现代管理理论流派与思潮

### 任务情境

#### 现代管理理论丛林的出现

尽管管理理论和管理科学并不精确，而且比较粗糙，但管理思想的发展可以追溯到人类最初试图通过集体劳动来达到目标的年代。心理学的发展，促成了行为科学理论的产生与发展。当人们对人性认识得越多，其人性本身的复杂性和研究的深化就会产生更多的人性假设，因而人们在管理学的研究方向上，就越发呈现多样性。而另一方面，自然科学思想也以其成熟的魅力渗透进管理科学的研究中，众多自然科学的新研究成果，如信息论、系统论和控制论，对管理科学研究百花齐放局面的出现起到了推波助澜的作用。第二次世界大战后，科学技术和社会格局的巨大变化，使管理学的主流从行为科学逐渐变成现代管理理论的丛林。

资料来源：郭咸纲. 西方管理思想史［M］. 北京：经济管理出版社，2004：203.

问题：请通过网络查询，举2～3个现代管理理论的例子。

### 任务内容

#### 一、管理过程学派

管理过程学派，又叫管理职能学派、经营管理学派。这个学派在西方是继古典管理理论学派和行为科学学派之后影响最大、历史最悠久的一个学派。创始人是法约尔，代表人物有哈罗德·孔茨、亚历山大·丘奇、詹姆斯·穆尼等。

管理过程学派是以管理的职能及其发挥作用的过程为研究对象的，认为管理就是通过别人或同别人一起完成工作的过程。管理过程与管理职能是分不开的，管理的过程也就是管理的诸职能发挥作用的过程。管理过程学派的管理理论以以下7条基本信念为依据：管理是一个过程，一个由不同管理职能组成的循环过程；根据管理的经验，可以总结出一些基本管理原理；这些原理对认识和改进管理工作能起到一种说明和启示作用；可以围绕这些原理开展研究，以确定其实际效用，增加其在实践中的作用和适用性；这些原理只要未被证明不正确，就可构成管理理论的有用要素;管理是一种可以依靠原理的启发而加以改进的工作;管理学中的基本原理是可靠的;管理学可以从其他学科中吸取一些有关的知识。

## 二、社会系统学派

社会系统学派从社会学的观点来研究管理,认为社会的各级组织都是一个协作的系统,进而把企业组织中人们的相互关系看成一种协作系统。社会系统学派的创始人是美国管理学家切斯特·巴纳德。

社会系统学派的主要内容可以归纳为以下四个方面:组织是一个由个人组成的协作系统,个人只有在一定的相互作用的社会关系下,同他人协作,才能发挥作用;巴纳德认为组织作为一个协作系统包含能够互相进行信息交流的人们、这些人们愿意做出贡献、实现一个共同目的等三个基本要素;组织是两个或两个以上的人所组成的协作系统,管理者应在这个系统中处于相互联系的中心,并致力于获得有效协作所必需的协调;经理人员的作用就是在一个正式组织中充当系统运转的中心,并对组织成员的活动进行协调,指导组织的运转,实现组织的目标。

## 三、决策理论学派

决策理论学派是以社会系统论为基础,吸收了行为科学、系统论的观点,运用电子计算机技术和统筹学的方法而创立的一门新兴的管理学派。决策理论学派的主要代表人物是赫伯特·西蒙。

决策理论学派的管理思想主要包括以下四个方面:关于组织的理论;关于决策过程中的信息问题;关于决策的准则和标准;关于程序化决策和非程序化决策。西蒙等人认为,决策过程包含四个阶段:收集情报阶段;拟订计划阶段;选定计划阶段;对已定的方案进行评价阶段。

## 四、权变理论学派

权变理论学派是 20 世纪 60 年代末、70 年代初在美国经验主义学派基础上进一步发展起来的管理理论学派。权变理论学派的代表人物有汤姆·伯恩斯和弗莱德·菲德勒等。

权变理论学派认为,没有什么一成不变、普遍适用的"最好的"管理理论和方法,权变管理就是依托环境因素和管理思想及管理技术因素之间的变数关系来研究的一种最有效的管理方式,如领导行为连续带模式、费德勒的权变模型等。

## 五、经验主义学派

经验主义学派,又称为经理主义学派,通过研究实际管理工作者的管理经验教训和企业管理的实际经验,强调用比较的方法来概括管理经验的管理学派。创始人是彼得·德鲁克,代表人物有欧内斯特·戴尔、艾尔弗雷德·斯隆等。

经验主义学派认为:管理学由工商企业管理的理论和实践中的各种原则组成,管理的技巧、能力、经验不能移植并应用到其他机构中去,管理的定义是努力把一个人群或团体朝着某个共同目标引导、领导和控制。显然,一个好的管理者就是能使团队以最小的资源和人力耗费达到其目的的管理者。管理的任务主要有三项:取得经济成果;使企业具有生产性，并使工作人员有成就感；妥善处理企业对社会的影响和企业承担对社会的责任的问题。

### 六、当代管理思想的新发展

20 世纪 80 年代后，在剧烈竞争的环境下，为了适应这一环境变化的需要，出现了以彼得斯和沃特曼为代表的适应变化的管理思想，还有德鲁克的动荡年代中的管理思想。为了适应企业的兼并和企业的发展，必须制订企业的发展战略，从而有了波特的战略管理思想的诞生。此外，在新的环境和新的形势下，还诞生了约翰·科特的领导理论、彼得·圣吉的学习型组织理论、戴明与朱兰的质量管理理论、企业战略和核心能力学说、企业文化理论以及企业再造理论等。

## 任务六 实 训 任 务

### 一、开展一次名为"孰优孰劣"的管理思想辩论比赛

要求：
（1）辩论双方分别选择各自的管理思想或管理理论。
（2）双方分别通过网络或图书馆收集相关的材料。
（3）举行辩论比赛，教师和其他未参加辩论的学生作评委，共同为辩论赛打分。

### 二、角色扮演

把全班同学分成若干组，每个组为一个虚拟公司，每个组选定一个现代管理理论流派或思潮作为其主流管理思想并指导其管理活动。每个公司模拟一个活动场景，并进行课堂现场展示。

## 课外学习

### 一、分析题

阅读以下案例，分析福特汽车的发展过程，就各个阶段的不同特征，结合相关管理理论及理论的发展演变规律，总结出福特汽车兴衰的管理内在规律。

#### 从福特汽车的兴衰史看管理理论发展演变的内在规律

福特汽车公司是世界最大的汽车企业之一。公司成立于1903年，其品牌名称来源于创始人亨利·福特的姓氏。在百余年的发展历程中，福特汽车公司在福特家族的领导下几起几落。如今，福特公司拥有世界著名的汽车品牌：福特、林肯、捷豹、阿斯顿马丁等。此外，其还拥有全球最大的信贷企业"福特信贷"、全球最大的汽车租赁公司"Hertz"和客户服务品牌"Quality Care"。在中国，福特汽车公司和中国长安汽车集团合资成立了长安福特汽车有限公司。在世界经济环境迅速变化的今天，福特吸取历史经验，始终致力于优化企业管理模式，促使这个庞大的汽车帝国不断向前发展。

一、创始之初——亨利·福特时代

亨利·福特出生于美国密歇根州的一座农庄里。他从小就对机械感兴趣，12岁时，亨利建立了自己的机械坊，15岁时，他亲手制造了一台内燃机。1891年，福特成为爱迪生照明公司的一个工程师。1896年，他制造了他的第一辆汽车，将它命名为"四轮车"。之后，福特离开爱迪生的照明公司并致力于研究赛车，凭借一股初生牛犊不怕虎的劲头，几经波折，他最终于1903年建立了福特汽车公司。同年，公司生产出第一辆福特牌汽车。五年后，福特将汽车改制成T型福特车，这种面向大众的汽车深受欢迎，畅销欧美。在成立公司时，福特聘请了专家詹姆斯·库兹恩斯担任公司经理。一上任，詹姆斯就立即采取了三项重大措施：一是进行广泛而深入的市场调研并发现只有生产出物美价廉且耐用的产品，公司才能打开销路；二是提出只有通过提高劳动生产率，才能降低生产成本，达到价廉的目的；三是建立完善的销售网络。通过实施以上三项措施，福特汽车公司于1913年创立了全世界第一条汽车流水装配线。以活塞杆组装为例，按照老式的方法，28个人每天装配175只——每只3分5秒；工头用秒表分析动作之后，发现有一半时间用于来回走动，每个人要做6个动作，于是福特公司改造了流程，把工人分成3组，并在他们的凳子上装了滑轮传动，工人们再也不需要来回走动，且每天只需要7个人就能装配2 600只活塞杆。几乎每个星期，福特公司都对机器或工作程序进行某些改进。

这种流水作业法后来被称为"福特制"，并在全世界广泛推广，不仅如此，同年，世界范围内已有7 000家商行销售福特汽车。在不到十年的时间内，福特汽车公司凭借T型车一跃成为世界上最大的汽车制造商，亨利·福特也被人们称为"汽车大王"。

1914年1月5日，亨利·福特宣布福特汽车公司首次向工人支付8小时5美元的工资——这几乎是当时人均日薪的两倍。福特说："作为领导者，雇主的目标应该是，比同行的任何一家企业都能给工人更高的工资。"除了工资，还有福利。在福特公司，工人们享有福利的条件是：负担家庭生活的已婚男人，以及"生活节俭"的单身男人和抚养亲戚的妇女。高工资结合福利有助于实现低成本。工人对工厂有深厚的感情，这帮助福特汽车公司提高了效率与产量。

成功会让人奋进，但也会让人得意忘形。亨利·福特在掌权的后期，被频频传来的捷报冲昏了头脑并开始变得独断专行——他辞掉了为公司做出大贡献的詹姆斯·库兹恩斯，取消了经理制，公司的一切决定、一切人事安排、一切生产和买卖都由他一人说了算。不仅如此，亨利·福特任人唯亲，这导致公司的管理层没有一人受过高等教育。福特汽车公司的厂房和设备开始变得陈旧，无人关心技术革新，公司内部十分混乱。在产品更新换代及企业管理上，老福特更是因循守旧、故步自封。在T型车问世的19年里，他一直以这单一的车型维持市场。就在福特公司停滞不前时，通用汽车公司迅速赶超了上来。1928年，福特公司无可奈何地让出了世界汽车销量第一的宝座。1929年，福特在美国汽车市场的占有率为31.3%，到1940年，竟跌至18.9%。

面对如此糟糕的运营状况，年迈的亨利·福特已无能为力，他将在海军服役的孙子福特召回，让这位年轻的"福特二世"继承祖业，在公司中担任副总裁一职。1945年，福特二世掌握福特汽车公司的全部行政权，并担任公司总裁。1947年4月8日，"汽车大王"亨利·福特永远地离开了他的汽车王国。

二、一次转折——福特二世时代

为了使这个曾改变美国人民生活方式的庞大汽车帝国起死回生，福特二世在上任后聘用了大量人才，使公司制度不断完善。其任用的人才包括原通用公司副总经理布里奇、通用公司高级管理人员克鲁索、后担任美国国防部部长的麦克纳马拉和担任世界银行行长的桑顿等十位经济管理精英。新人才为公司注入了新的活力，经过一年的治理，公司便填补了巨大的亏损额。两年后，公司税后净收入为636.7万美元。五年后，公司利润为1.770 46亿美元。

当福特汽车公司再一次步入发展正轨后，福特二世又犯了祖父曾犯过的错误——专横。不仅如此，他极其不信任员工，容易猜忌怀疑别人。此时的福特二世认为公司的生产、经营等环节已经理顺，若再留用那些精英人才，那么，他们迟早有一天会"功高盖主"。凭借如此扭曲的心态，福特二世将为公司立下汗马功劳的精英人才们纷纷解雇，不仅如此，就连帮助公司推出野马牌汽车并曾于一年内为公司创利18亿美元的功臣艾克卡也没能逃脱福特二世的猜忌，最终他也被解雇。

艾克卡的解雇事件在美国社会引起了轩然大波，众人纷纷为艾克卡打抱不平。被解雇18天后，艾克卡来到克莱斯勒汽车公司并任职总经理，他决意在新的舞台上与福特展开新一轮的竞争。当时的克莱斯勒虽亏损数额巨大，但仍是美国的第三大汽车公司。艾克卡上任后，凭借在福特多年的工作经验和对福特内部员工的了解，他先后聘请了福特委内瑞拉子公司经理格林洛尔德、该子公司的财务部经理米勒、已从福特退休的销售经理、福特当时的生产部副总经理以及采购经理，这些"福特人"的加入使得克莱斯勒公司的实力逐渐增强。之后，陆续又有了一大批优秀的"福特人"离开福特进入克莱斯勒。

五年之内，福特公司元气大伤，仅从1981至1982年，福特公司就亏损30亿美元。福特公司又一次陷入了危机之中，此时的福特二世虽已意识到厚重的家族式管理已不能让公司在市场上占据有利地位，但为时晚矣。他不得不辞掉福特公司董事局主席一职，其亲属也逐步退出管理，福特的管理工作交由家族以外的人来进行。1999年，亚克斯·纳赛尔被任命为福特的新CEO，亨利·福特的曾孙比尔·福特被任命为福特董事会主席。但新CEO的上任并没有为公司带来利益的增长，亚克斯将大量的资金投入高端豪华品牌车型上，由于缺乏对市场的研究，福特公司的这一举措不仅没有使其获得收益，还造成了巨大的亏损。2001年，亚克斯·纳赛尔离开福特，比尔·福特成为福特首席执行官兼董事长。

### 三、二次转折——比尔·福特时代

回顾20世纪90年代的福特，比尔·福特说："福特汽车公司之所以如此糟糕就是因为我们关注着错误的目标，我们的任务是找回正确的目标，让福特汽车公司不再迷失方向。"在经历了多重坎坷之后，比尔·福特认为，福特汽车公司必须关注其核心产业，重拾其在轿车和卡车业务领域的优势，重点放在踏实地设计、制造和销售质量合格的轿车、卡车。比尔使福特重新聚焦于汽车。比尔·福特一直是环保主义者，他致力于通过开发产品、满足消费者及造福社会，为股东创造价值。2007年，在美国环境保护署和能源部针对北美市场2006年款汽车燃油有效率评比之中，福特汽车凭借Escape SUV成为北美唯一进入排名前五的美国汽车制造商。在第三代福特人的领导下，福特帝国正在朝着更为"绿色"的方向发展。

资料来源：http://3y.uu456.com/bp_8ej8y8us76208bi78dsv_1.html

二、讨论题

通过阅读以下材料，讨论中外早期管理思想的差异及对现代管理的借鉴意义。

# 中外早期管理思想比较

中外早期管理思想各自具有自己"民族的精神标记",不同的特征和内容来源于不同的历史条件和社会背景,这主要是:地理环境、物质生产方式和社会组织形态。这就决定了中外早期管理思想具有差异性。

**1. 重农与重商**

在对待农业和商业的态度上,中西方管理思想上的差距很大。重农限商是古代中国思想家的主导观点。这是中国大陆性的自然地理环境和连续稳定的历史文化因素决定的。

与此相反,国外早期管理思想,特别是西方早期管理思想中有很大比例体现在发展商贸上。作为西方管理思想源头的古希腊,其地理环境与中国则大不一样。它有漫长的海岸线,内陆交通极不方便,因而只能向外拓展以求发展,从而使商业和航海业很发达。事实上,所有法律都带有商业管理的性质,涉及出售、契约、合伙、协议、期票、借贷、租赁、转让、抵押、遗产、奴隶等各个方面。10世纪后,西欧各国的城市如雨后春笋般发展起来。在交通要道、关隘、渡口以及城堡或教堂附近,逐渐兴起集市。许多行商成为坐商,手工业也聚居其地,因此便出现了商业和手工业日趋活跃的城市。城市的发展反过来促进了工商业的繁荣,城市居民的自由身份吸引了大批的农奴和庄园的手工业者,他们纷纷奔向城市,使城市人口迅速增加,规模越来越大,带动了城市的进一步繁荣。随着市民阶级的产生、工商业的发展,社会对知识文化的需求不断增长,大学纷纷诞生,进而拉动了社会的进步。商业功不可没,重商、经商成为占上风的社会价值取向。

**2. 重义与重利**

重义、轻利思想在中国古代管理思想中占主导地位。孔子认为:"君子喻于义,小人喻于利。"把重义与重利作为判断君子与小人的标准。重义、轻利的思想在中国思想舆论中一直占上风,致使人们以谈利为耻,想利谋利而不敢言利。然而,在西方早期管理思想中,重功利始终是主导的价值取向。商业的发达和人员的频繁往来,使西方人在管理活动中一开始就较少关心"义",他们重利益、讲功效,追求现实的成功。

**3. 重德育与重宗教**

关于用什么手段来调整人的思想的问题上,中国古代思想家是非常理智的。商代以前的统治者都要靠宣扬宗教迷信和上帝的权威来控制人们的思想。到了西周时期,从农业社会孕育出来的经验理性,以及从商朝的灭亡中感悟到的"天命靡常",使无神论思想开始产生。重人事轻鬼神,把管理活动放在实实在在的人间实务上,讲求入世,不重出世;重视德育,轻视宗教。提出用"德"弥补天命思想的不足。而国外早期管理思想中,以宗教控制人是最基本的手段。宗教在古埃及的生活中起支配作用,希伯来人最善于利用宗教来控制人。即使到今天,宗教一直是控制西方人思想的重要力量。

**4. 重求同与重求新**

重求同是中国早期管理思想的重要特点。中国地大物博、自给自足的地理及经济生活特点使得中国的管理活动获得了一个天然的"隔离机制",管理体制和思维方式一直保持着自己的特色,没有发生过大的断层、交融与更新现象,长期以来一直稳定地延续下来,使中国的传统管理思想凸显出求同性。中国的早期思想家在政治上始终强调统一稳定,主张协同,追求和谐的境界;在思维方式上重求同、重继承,反对离经叛道、排斥标新立异,非常强调思想行为的统一和继承祖宗的规矩与习俗。与此不同，西方早期管理思想十分强调开拓创新。标新立异是希腊文化的一个特征，一方面，它表现为对知识和智慧的追求，形成了求知的科学方法（如形式逻辑）。科学方法对管理的影响是十分明显的。这种探究知识的榜样以后成为泰勒、吉尔布雷思和其他许多著名管理学者的最终目标。另一方面，在经济社会管理方面进行过多种形式的试验，特别是城邦形式的复杂的奴隶制民主管理制度，这种"城邦提供了自由讨论的实践经验，并证明了我们称之为协商式管理的价值"。苏美尔人创造出一种类似当代"公司"的组织；古罗马人创造了类似工厂的生产方式，创造了股份有限公司；意大利人在10世纪就组建了行会。

**5. 重整体与重个体**

以人为本是中外早期管理思想中的共同点。然而，对这里的"人"的理解是不同的。中国早期管理思想家对为本之"人"指的是民，主要是相对国家、君主而言的，即整体的人。中国早期管理思想家的以"人"为本实为以"民"为本，是对整体的人而言的。至于个体的人应该"存天理，灭人欲"，与君与国相比个体的人必须"忘我"，把国家和整体的利益放在首位。西方早期管理思想家对"人"的理解主要是指个体的人，或者说是指每一个人。文艺复兴给西方社会带来了民主、自由、创新的气息，人的个性得到了一定的发挥，无论是在政治、法律还是经济等社会生活的各个方面都充满了新的生机。以人为本的思想主要体现在对人的个体的尊重和个性的认可，个人主义成为西方道德的核心。人们普遍重个人利益，轻整体利益，淡化情感影响。

**资料来源：** 赵瀚清. 中外早期管理思想比较与借鉴[J]. 社会科学战线，2011（1）：281-282.

# 第二部分

# 计划

谷浩二集

四下

# 计划基础

## 知识目标

1. 理解计划的概念与内容；
2. 理解计划的类型与作用；
3. 掌握计划编制的程序与方法。

## 能力目标

1. 能够解释计划层次体系的基本内容；
2. 能够区分不同类型的计划；
3. 能够应用典型的目标管理方法；
4. 能够利用SWOT进行战略分析；
5. 能够根据具体情况，列出计划编制的阶段。

## 情感目标

1. 萌发对计划学习的兴趣；
2. 养成对相关事项做计划的习惯。

## 项目导入

### 人类登月

"休斯顿，川奎特基地，'鹰号'已经着陆了。"这句话永远铭刻在全世界所有在1969年7月20日观看第一次人类登月的人们的记忆里。这一成功盛举背后的场面是令人难以置信的。因为看起来十分理想的顺利飞行，实际上，按照计划几乎面临着一场巨大的灾难。

把三个宇航员送入太空，其中两个驾驶太空飞船，然后着陆在月球上，这需要非常详细而周密的计划。从能量巨大的 Slaturn V 火箭倒计时和起飞，到太空飞船的精密操作，每个细节都做了周密计划。当尼尔·阿姆斯特朗和巴兹·阿尔顿开始驾驶小型极易损坏的"鹰号"太空飞船向月球表面降落的时候出了差错。突然警报响了——一个"1202"的报警声音。在指挥中心从地球上监控"鹰号"下降的一个人回忆说，"我不太清楚'1202'到底是什么。"离月球表面着陆只剩下 8 分钟的时候，除了史蒂夫·比尔斯，一个 26 岁的技术专家，指挥中心没有一个人知道"1202"意味着什么。整个太空项目组只能等待，看比尔斯是否放弃月球着陆。比尔斯最后决定，问题是由于飞船上的计算机信息太多不能处理而引起的，只要计算机不完全关闭，他们就能成功地在月球上着陆。尽管响了警报，指挥中心还是按计划向"鹰号"发出了继续着陆的信号。

当"鹰号"离月球表面只有 5 000 英尺[①]，且以 100 英尺/秒的速度飞向月球时，另一个问题发生了。指挥中心的计算机引导飞船进入着陆区，但是，当尼尔·阿姆斯特朗从飞船窗口看月球表面的时候，他没有看到任何事先研究月球表面时所能认出的东西。计算机制导系统正引导他们进入一个岩石地带——与事先计划的完全不同。着陆在像大众汽车那么大的岩石上，精密的月球着陆器将会粉身碎骨。在离月球表面 350 英尺时，尼尔·阿姆斯特朗没有与休斯顿指挥部说一句话，就直接手动操纵飞船寻找着陆点。指挥中心的工程师和技术人员只是坐着而不能给以任何帮助。当阿姆斯特朗离月球越来越近时，他能看到的还是岩石。

同时，在休斯顿，计算机显示"鹰号"着陆油箱里的燃料已经很少了。那天，指挥中心的一个成员回忆说，"从那时起，我们什么忙也帮不上。我们能做的只是告诉他们还剩下多少燃料。"指挥中心的决定是，如果"鹰号"不能在 60 秒之内着陆，登月行动即告失败。25 秒，20 秒，阿姆斯特朗离月球表面只有 100 英尺了，这时他找到了一个着陆点，如果他能及时降落到那里的话似乎是安全的。那时，指挥中心异常寂静，什么声音都听不到。紧接着，通信系统中传来尼尔·阿姆斯特朗平静、镇定、冷静的声音："休斯顿，川奎特基地，'鹰号'已经着陆了。"

资料来源：https://baike.baidu.com/item/%E4%BA%BA%E7%B1%BB%E7%AC%AC%E4%B8%80%E6%AC%A1%E7%99%BB%E6%9C%88/6092265

问题：在人类登月的太空行动中，计划起了什么样的作用？

## 任务一　计划的概念与性质

### 任务情境

### ERP 简介

　　ERP（Enterprise Resource Plan）是将企业所有资源进行整合集成管理。简单地说，ERP 系统是将企业的三大流——物流、资金流和信息流进行全面一体化管理的管理信息系统。在制造业企业中，一般的管理主要包括三方面的内容：生产控制、物流管理和财务管理。

　　其中，物流管理模块包括订单管理、库存控制、物料采购管理等方面的内容，也就是 ERP

---

[①] 1 英尺≈0.305 米。

最早的雏形 MRP（Material Requirement Planning）的主要功能。订单管理是从企业接到客户订单开始，ERP 根据订单的交期，制订物料的 MRP 计划，并对物料成本、订单数量及金额进行全面的分析。库存控制用来控制物料的存储数量。物料采购管理既能保证企业的正常生产，又能最小限度地占用资本，并能准时递交客户产品。

例如，某学生在 ERP 系统经营过程中由于疏忽操作，忘记购买原材料的运货期，致使在开始生产时，由于原料不足当季不能生产。在交货时不能按订单生产出相应数量的产品导致违约，造成一定损失并对信誉产生不良影响。

**资料来源**：王欢. 企业资源计划（ERP）浅析［C］.//2013 年中国航空学会管理科学分会学术会议论文集. 2013：5.

**问题**：根据上述案例，分析企业资源计划对改善管理的价值。

## 任务内容

### 一、计划的概念

无论是个体还是组织，要想更好地实现生活或工作的目标，都需要计划。国家政府制订五年计划，是为了确保未来经济发展；企业制订新产品开发和销售计划，是为了保证某种新产品的成功上市；即使个人，对于工作或生活也需要有未来的计划。计划是管理的首要职能，贯穿管理的全过程，计划包括哪些内容呢？

汉语中，"计划"一词既可以是名词，也可以是动词。从名词意义上讲，计划是指用文字或数字指标表示出来的工作或行动的具体步骤，以及组织成员在未来一定时期内关于行动方向、内容和方式安排的管理文件。从动词意义上讲，计划是指事前确定必要的工作方针，以期在未来的发展中能够实现目标的工作过程。本书采用斯蒂芬·P·罗宾斯在《管理学》中的概念，计划指的是定义组织目标，确定战略以实现这些目标，以及制订方案以整合和协调工作活动。

正如哈罗德·孔茨所言，"计划工作是一座桥梁，它把我们所处的这岸和我们要去的对岸连接起来，以克服这一天堑。"

一项完整的计划应包括的内容为 5W1H：做什么（What）、为什么做（Why）、何时做（When）、何地做（Where）、谁去做（Who）和怎么做（How），如表 3-1 所示。

表 3-1 计划的内容

| 项目 | 具体内容 |
| --- | --- |
| 做什么（What） | 即需要什么样的行动。这是要明确进行的活动及其要求，如企业生产计划就要明确所生产产品的种类、数量、进度、费用等，以保证充分利用企业的生产能力，按质、按量、按期完成生产计划，并提供考核依据 |
| 为什么做（Why） | 即为什么需要这项行动。这是要明确计划的目的和原因，使计划执行者了解、接受和支持这项计划，把"要我做"变成"我要做"，以充分发挥下属的积极性、主动性和创造性，实现预期目标 |
| 何时做（When） | 即何时行动。这是要规定计划中各项工作的开始和结束时间，以便进行有效的控制，并对组织的资源进行平衡 |

续表

| 项目 | 具体内容 |
|---|---|
| 何地做（Where） | 即在何处采取这项行动。这是要规定计划实施的地点，了解计划实施的环境条件及限制因素，以便合理地安排计划实施的空间 |
| 谁去做（Who） | 即由谁负责这项行动。这需要划分各部门和组织单位的任务，规定由哪些部门和人员负责实施计划，包括每一阶段的责任者、协助者，各阶段交接时由谁鉴定、审核等 |
| 怎么做（How） | 即如何行动。这需要制订实现计划的措施以及相应的政策、规则，对资源进行合理分配和集中使用，对生产能力进行平衡，对各种引申计划进行综合平衡等 |

资料来源：曹勇. 现代管理学[M]. 北京：科学出版社，2010：112.

## 知识介绍

### 非正式计划

计划工作既可以是正式的，也可以是非正式的。所有管理者都在某种程度上参与了计划工作，但是，他们的计划工作可能是非正式的。在非正式的计划工作中，从来不把事情写下来，也很少或者几乎不与组织的其他成员讨论目标，这种类型的计划工作通常是在一些小企业中才这样做。在这些小企业中，只是担当所有者兼管理者的人才对企业的愿景以及如何实现愿景有所了解。非正式的计划工作通常缺乏连续性，虽然它在小企业中很普遍，但也存在于某些大型组织中。当然，小企业也编制非常复杂的正式计划。

资料来源：http://www.doc88.com/p-9773645516638.html

### 二、计划的性质

#### （一）目的性

任何计划，无论是政府计划，还是企业计划，都有明确的目的性，即通过计划对组织发展目的和行动步骤做出安排，以促使组织总目标的顺利实现。

#### （二）首位性

把计划放在管理职能的首位，不仅因为从管理过程的角度看，计划先行于其他管理职能，而且因为在某些场合，计划是付诸实施的唯一管理职能。计划的结果可能得出一个决策，即无须进行随后的组织、领导、协调及控制等。例如，对于一个是否建立新工厂的计划研究工作来说，如果得出的结论是新工厂在经济上是不合算的，也就没有筹建、组织、领导和控制一个新工厂的问题了。

#### （三）普遍性

一是指社会各部门、各环节、各单位、各岗位，为有效实现管理目标，都必须具有相应的计划。上至国家，下至一个班组，甚至个人，无不如此。二是指所有管理者，从最高管理人员到第一线的基层管理人员都必须从事计划工作。

#### （四）有效性

计划工作的任务不仅要确保实现组织的目标，而且要在实现目标的途径中选择比较好的行动方案，以减少组织活动的无序和浪费，提高组织工作的绩效。也就是说，既要"做正确的事"，又要"正确地做事"。因而，计划工作本身具有讲求效率的内在要求。

（五）科学性

无论做什么计划都必须遵循客观要求，符合事物本身发展的规律，不能脱离现实条件任意杜撰，随意想象。从事计划工作，就是通过管理者的精心规划和主观能动作用的发挥，使那些本来不可能发生的事成为可能，使那些可能发生的事成为现实。因此，从事计划工作，一是必须有求实的科学态度，一切从实际出发，量力而行；二是必须有可靠的科学依据，包括准确的信息、完整的数据资料等；三是必须有正确的科学方法，如科学预测、系统分析、综合平衡、方案优化等。这样才能使整体计划建立在科学的基础上，既富有创造性，又具有可行性。

### 课堂练习

波音公司把自己新型的787客机称为"梦幻飞机"，但是，该项目最终成为管理者的梦魇。这种新飞机曾经是波音公司最受欢迎的产品，主要是因为它的创新性，尤其是它的燃油利用率。然而，该飞机比预定进程延迟了两年半。按照原定进程，第一批飞机应该在2010年第四季度供应给全日本航空公司（ANA）。波音公司承认，虽然该公司非常细致地规划了每一个细节，但是，该项目的时间表确实太过雄心勃勃。有些客户（预定该机型的航空公司）——全球大约60家航空公司，要么厌倦了苦苦等待，要么为应对不断变化的经济环境而取消了自己的订单。

**资料来源：**［美］罗宾斯，等. 管理学［M］. 第11版. 李原，等，译. 北京：中国人民大学出版社，2012：200.

**问题：**根据计划的性质，你认为管理者如何能够更好地制订计划？

## 任务二　计划的类型与作用

### 任务情境

#### 海地救援计划

2010年1月12日，海地发生强烈地震，损失惨重。动员全部的人员和物质资源以实施救援，需要大量的计划工作。世界上最大的人道主义救援组织——联合国世界粮食计划署（WFP），立即动员海、陆、空各种资源运送成千上万吨的紧急救援物资。

乔达国际货运公司负责联合国世界粮食计划署的物流管理。一开始联系该公司的执行副总裁卢·波利卡斯特罗时，他立即想到的是马丁·路德·金纪念日假期，这个时候"没有一个商家开门营业"。该公司花了4天时间来调拨和装运食品物资并把它们运送到迈阿密，在这里有一艘船负责运输这些物资。联合国世界粮食计划署直接通过波音747飞机以及各种小型飞机运送了400多吨紧急救援食品，但因为各种各样的紧急救援航班在太子港机场遭遇延迟。联合国世界粮食计划署在海地地震后的第一天就发放了将近300万份套餐——这足够太子港的全部人口吃一整天。卢·波利卡斯特罗说道:"这是联合国世界粮食计划署有史以来实施的最复杂的救援行动。海地面临一个特殊的问题:它已经成为一座孤岛,而且大部分人口都集中在地震破坏最严重的地区。"

**资料来源:**[美]罗宾斯,等. 管理学[M]. 第11版. 李原,等,译. 北京:中国人民大学出版社,2012:200.

**问题:**你认为什么类型的计划能确保继续实施有效率、有效果的救援行动?

## 任务内容

### 一、计划的类型

由于计划工作的普遍性,计划工作在计划的主体、目标、内容、应用情况等方面千差万别,使计划的具体表现形式多种多样。按照不同的标准,可以将计划分为不同的类型。在实践中,由于一些管理人员认识不到计划的多样性,使得其在编制计划时常常忽视某些重要的方面,因而降低了计划的有效性。

#### (一)按计划的时间划分

根据计划的时间,可以把计划分为长期计划、中期计划和短期计划。一般来说,长期计划应在5年以上;中期计划应在1~5年;短期计划应在1年以内。长期计划较为笼统、粗糙;短期计划较为详细;中期计划介于二者之间。人们常常重视短期计划而忽视长期计划,导致了急功近利的行为发生,"人无远虑,必有近忧",说的就是这个道理。

#### (二)按计划内容的明确性划分

根据计划内容的明确性,可以把计划分为具体性计划和指导性计划。具体性计划具有明确规定的目标,不存在模棱两可。例如,企业销售部经理打算使企业销售额在未来8个月内增长20%,他就需要制订明确的程序、预算方案以及日程进度表,这便是具体性计划;指导性计划只规定某些一般的方针和行动原则,给予行动者较大的自由处置权。

#### (三)按计划的性质和范围划分

根据计划的性质和范围,可以把计划分为战略计划和战术计划。战略计划,也叫战略规划,指由高层管理者制订的,为组织设立总体目标和寻求组织战略方案的计划。战术计划,指为了实现企业的总体目标,组织的具体部门与职能部门在未来各个较短时期内制订的行动方案。

## 知识介绍

### 战略与战术的区别

从范围上讲,战略是国家或一方势力根据形势需要,在整体范围内为经营和发展自己的势力或能力而制订的一种全局性的有指导意义的规划和策略。而战术是指在特定的局部地区,为维持和发展本地区的作用和能力,扫除已经或将要出现的威胁而采取的手段。

从时间上讲，战略是依据形式需求制定的长期方略，往往可以维持几年或几十年。战术则相对时间较短，一般在一年以内。

从形式上讲，战略是全局的，是指导战术形成的总体构思。而战术是局部的，是围绕战略思想、地区环境而制订的有效的方法，是战略思想的特殊体现。

资料来源：https://zhidao.baidu.com/question/1540240 3954053 6574 7.html

### （四）按计划的层次体系划分

哈罗德·孔茨和海因·韦里克从抽象到具体，把计划划分为：使命、目标、战略、政策、程序、规则、方案和预算，如图3-1所示。

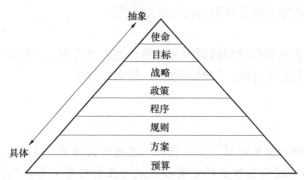

**图3-1 计划的层次体系**

资料来源：[美] 哈罗德·孔茨，海因茨·韦里克. 管理学 [M]. 北京：经济科学出版社，1993：70.

**1. 使命**

使命是组织存在的意义和根本任务，它决定组织的性质，告诉人们该组织是干什么的。例如：微软公司致力于帮助全球的个人用户和企业展现他们所有的潜力；百度公司让人们最便捷地获取信息，找到所求；壳牌石油公司满足人类的能源需要。

**2. 目标**

目标是组织活动所要达到的结果，它是在组织目的或使命的指引下确立的。虽然教书育人和科学研究是一所大学的使命，但一所大学在完成自己使命时会进一步具体化不同时期的目标和各院系的目标，如近两年来培养多少人才、发表多少论文。

**3. 战略**

战略是为实现组织目标所确定的发展方向、行动方针、行为原则、资源分配而确定的总体规划。目标指明了组织要干什么，战略则回答了实现目标在将来应该怎么干。战略是指导全局和长远发展的方针，战略的成功执行对企业目标的实现有着重要意义。例如，海尔集团在成功实施了名牌战略、多元化战略、国际化战略以及全球化战略后，终于成长为世界知名企业。

**4. 政策**

政策是组织在决策或解决问题时用来指导和沟通思想与行动方针的规定或行为规范，其为管理者提供了一个广泛的指导方针，指明了行动方向和界限。

**5. 程序**

程序是完成未来某项活动的方法和步骤，是将一系列行为按照某种顺序进行安排。程序通过对大量日常工作过程及工作方法的总结而逐渐形成,对组织的例行活动具有重要的指导作用。例如,公司的财务流程是在凭证—账簿—报表的标准流程指导下,结合公司具体的财务事项制订的指导日常财务工作的规范性文件。

**6. 规则**

规则是一种最简单的计划,是对在具体场合和具体情况下,允许或禁止采取某种特定行动的规定。规则不同于政策,因为规则一般不给执行人员留有自由处置权;规则也不同于程序,程序强调时间顺序,规则没有时间顺序的规定。

**7. 方案**

方案是一个综合性的计划,包括目标、政策、程序、规则、任务分配、执行过程、资源保障要求以及为完成既定行动方针所需的其他要求等。

**8. 预算**

预算是使用数字表示预期结果或资源分配的计划,也可看成"数字化的"计划,是组织各类各项可支配资源的使用计划,如财务预算、利润计划等。

### 课堂练习

海尔集团在首席执行官张瑞敏"名牌战略"思想的引领下,经过十八年的艰苦奋斗和卓越创新,从一个濒临倒闭的集体小厂发展壮大成为在国内外享有较高美誉的跨国企业。在1998年至今的国际化战略阶段,别的企业认为海尔走出去是"不在国内吃肉,偏要到国外喝汤";而海尔坚持"先难后易""出口创牌"的战略,搭建起了一个国际化企业的框架。

**资料来源**:张汉华. 海尔国家化战略浅析[J]. 企业改革与管理,2003(7):30-31.

**问题**:根据案例,请分析海尔集团的计划属于什么类型的计划?对你有什么启示?

## 二、计划的作用

在管理实践中,计划是其他管理职能的前提和基础,并且渗透到其他管理职能之中。列宁指出过:"任何计划都是尺度、准则、灯塔、路标。"它是管理过程的中心环节,因此,计划在管理活动中具有特殊重要的地位和作用。

(一)计划是组织有效应对不确定性和风险的保障

当今,组织处在一个高度变化的时代,变化就意味着有风险,通过计划工作,不断地预测环境变化的趋势与影响,适时地把握未来的机会,确定适当的发展方向与目标,避开或降低风险,从而做到趋利避害。

(二)计划是合理配置资源的重要手段

计划强调经营的效率和一贯性,能细致地组织经营活动,有利于改善组织运行的效率。良好的计划能使人力、物力、财力得到有效的利用,从而减少重复和浪费性的活动。

(三)计划是控制活动的依据

计划为各种复杂的管理活动确定了数据、尺度和标准,它不仅为控制指明了方向,而且为控制活动提供了依据。经验告诉我们,未经计划的活动是无法控制的,也无所谓控制。因为控制本身就是通过纠正偏离计划的偏差,使管理活动保持与目标的要求一致。

## 课堂练习

诸葛亮的"隆中策"是我国最早、最大的成功计划工作案例之一。

隆中策的第一步是确定组织目标：兴汉室，图中原，统一天下。

隆中策的第二步是制订分步实施方案，即确定分步计划的阶段目标：第一，先取荆州为家，形成"三分天下"之势；第二，再取西川建立基业，壮大实力，以成鼎足之状；第三，"待天下有变，命一上将将荆州之兵以向宛、洛，将军身率益州之众以出秦川"，这样，"大业可成，汉室可兴矣"。

隆中策的第三步是确定实现目标的指导方针："北让曹操占天时，南让孙权占地利，将军可占人和。"内修政理，外结孙权，西和诸戎，南抚彝、越，等待良机。隆中策又进一步对敌、我、友、天、地、人做了极为细致透彻的分析，论证了确定这些指导方针的原因。

资料来源：陈向东. 诸葛亮联吴抗曹方略新解 [J]. 今日世界，2004：7.

问题：根据上述资料，你认为诸葛亮的隆中策是一项完整的计划工作吗？蜀汉之所以被晋灭掉，是隆中决策之失，还是执行计划有误？

# 任务三 目标管理与战略管理

## 任务情境

### 费罗伦丝·查德威克的失败

1952年7月4日清晨，加州海岸下起了浓雾。在海岸以西21英里[①]的卡塔林纳岛上，一个43岁的女人准备从太平洋游向加州海岸。她叫费罗伦丝·查德威克。

那天早晨，雾很大，海水冻得她身体发麻，她几乎看不到护送她的船。时间一个小时一个小时过去，千千万万人在电视上看着。有几次，鲨鱼靠近她了，被人开枪吓跑了。

15个小时之后，她又累，又冻得发麻。她知道自己不能再游了，就叫人拉她上船。她的母亲和教练在另一条船上。他们都告诉她海岸很近了，叫她不要放弃。但她朝加州海岸望去，除了浓雾什么也没看到……

人们拉她上船的地点，离加州海岸只有半英里！后来她说，令她半途而废的不是疲劳，也不是寒冷，而是因为她在浓雾中看不到目标。查德威克女士一生中就只有这一次没有坚持到底。

资料来源：http://www.ipc.me/manage-your-target-is-important.html

问题：分析上述材料，请你谈谈如何设定合适的目标？顺利完成目标需要什么？

## 任务内容

### 一、目标管理

目标管理是美国管理学家彼得·德鲁克在1954年提出的。我国企业于20世纪80年代初

---

[①] 1英里≈1.61千米。

开始引进目标管理法，并取得较好成绩。

### （一）目标管理基本思想

彼得·德鲁克在 1954 年的《管理实践》一书中提出了这一概念。他指出："企业的宗旨和任务必须转化为目标，管理者必须通过这些目标对下级进行领导并以此来保证企业总目标的完成。没有方向一致的分目标来指导个人的工作，则企业的规模越大，人员越多，发生冲突和浪费的可能性就越大。每个企业管理人员或工人的分目标就是企业总目标对他的要求，同时，也是他对企业总目标的贡献。只有每个企业管理人员或工人都完成了企业的分目标，整个企业总目标才有完成的希望。企业管理者对下级进行考核和奖惩也是依据这些分目标。"德鲁克的主张就是关于目标管理的基本思想——虽然是针对企业管理，但实际上适用于一切社会组织。

### （二）目标的性质

**1. 目标的层次性**

组织目标是组织目的或宗旨的具体表现。从纵向看，组织目标可分为组织的整体目标、不同层次的目标和组织成员的个人目标。

**2. 目标的多元性**

企业的组织目标可以分为社会责任、利润率、员工福利、产品质量、效率、财务稳定性等多重目标。如果只追求单一目标，就会造成许多方面的遗憾，严重者会危害组织的存在和发展。

**3. 目标的明确性**

组织目标越明确、具体，对组织成员的引导作用越大，管理绩效评估越容易。明确的组织目标多为定量目标，如企业年利润要达到 2 000 万元。而政府和非营利组织的目标多为定性目标，如 2017 年两会提出的政府工作主要预期"三、四线城市要支持居民自住和进城人员购房需求，适当降低'五险一金'有关缴费比例"等就是定性目标。

**4. 目标的可接受性**

根据美国管理心理学家维克多·弗鲁姆的期望理论，人们在工作中的积极性或努力程度是效价和期望值的乘积，其中效价指一个人对某项工作及其结果能够给自己带来满足程度的评价；期望值指人们对自己能够顺利完成这项工作可能性的估计。因此，一个目标对其接收者如果要产生激励作用的话，那么，对于接收者来说，这个目标必须是可接受的、可完成的。

### （三）目标管理的过程

**1. 建立整体目标**

企业在制订组织的战略时，一般要区分长期发展目标和短期发展目标，这将有利于企业的发展。战略过于远大，可能会使员工失去信心。要根据环境、竞争对手的情况，量力而行。一个好的目标会给企业带来竞争力。企业在制订组织整体目标时，要有创意，有活动的余地，因为环境是一个不可控制的因素，如特别国家政策的变化、科学技术的日新月异等。因此，整体目标的确定要有前瞻性。

**2. 明确组织的作用**

理想的情况是，每个目标和子目标都应有每一个人的明确责任。然而，几乎不可能去建立一个完美的组织结构以致每一特定的目标都成为某个个人的责任。例如，在制订一种新产品投入的目标中，研发、销售和生产等部门的主管人员必须仔细地协调他们的工作。

**3. 组织实施**

组织中各层次和部门的成员为达成分目标，必须从事一定的活动，活动中必须利用一定的资源。为保证企业有条件组织目标活动，必须授予其相应的权力，使之有能力调动和利用必要的资源。

**4. 考核与反馈**

对各级目标的完成情况，要根据目标完成期限定期检查、考核，其依据就是各级目标。这可以采用自检、互检、责成专门的部门进行检查等多样化的方法，及时将结果反馈给组织成员，以激励组织成员及时调整自己的不当行为。对高质量按期完成目标者给予奖励；反之，予以批评和处罚。经过反复考核和反馈，使目标管理向新的阶段发展。

### 课堂练习

一名同学举手问老师："老师，我的目标是在一年内赚 100 万元！请问我应该如何计划我的目标呢？"

老师便问他："你相不相信你能达成？"他说："我相信！"老师又问："那你知不知道要通过哪行来达成？"他说："我现在从事保险行业。"老师接着又问他："你认为保险业能不能帮你达成这个目标？"他说："只要我努力，就一定能达成。"

老师说："我们来看看，你要为自己的目标做出多大的努力，根据我们的提成比例，100 万元的佣金大概要做 300 万元的业绩。一年：300 万元业绩。一个月：25 万业绩。每一天：8 300 元业绩。大概要拜访多少客户？"

老师接着问他："那么一天要 50 人，一个月要 1 500 人，一年呢？就需要拜访 18 000 个客户。"

这时老师又问他："请问你现在有没有 18 000 个 A 类客户？"他说："没有。""如果没有的话，就要靠陌生拜访。你平均一个人要谈上多长时间呢？"他说："至少 20 分钟。"老师说："每个人要谈 20 分钟，一天要谈 50 个人，也就是说，你每天要花 16 个多小时与客户交谈，还不算路途时间。请问你能不能做到？"他说："不能。老师我懂了，这个目标不是凭空想象的，是需要凭着一个能达成的计划而订的。"

资料来源：http://www.managershare.com/post/189149

问题：根据上述案例，分析计划对实现目标有什么样的影响？

## 二、战略管理

### （一）战略管理的概念

"战略"一词的希腊语是"Strategos"，意思是"将军指挥军队的艺术"，原是一个军事术语。20 世纪 60 年代，战略思想开始运用于商业领域，并与达尔文"物竞天择"的生物进化思想共同成为战略管理学科的两大思想源流。

从企业未来发展的角度来看，战略表现为一种计划（Plan）；而从企业过去发展历程的角度来看，战略则表现为一种模式（Pattern）；如果从产业层次来看，战略表现为一种定位

（Position）；从企业层次来看，战略则表现为一种观念（Perspective）；此外，战略也表现为企业在竞争中采用的一种计谋（Ploy）。这是关于企业战略比较全面的看法，即著名的5P模型。什么是战略管理？本书采用斯蒂芬·P·罗宾斯《管理学》中的定义，即战略管理是管理者为制订组织的战略而做的工作。它是一项重要的任务，涵盖所有的基本管理职能——计划、组织、领导和控制。什么是组织战略？组织战略是关于该组织如何经营、如何在竞争中获得成功以及如何吸引和满足顾客以实现组织目标的各种方案。

（二）战略管理的特点

**1. 全局性**

企业的战略管理是以企业的全局为对象，根据企业总体发展的需要而制订的。它所管理的是企业的总体活动，所追求的是企业的总体效果。虽然这种管理也包括企业的局部活动，但是这些局部活动是作为总体活动的有机组成在战略管理中出现的。具体地说，战略管理不是强调企业某一事业部或某一职能部门的重要性，而是通过制订企业的使命、目标和战略来协调企业各部门自身的表现，具体为它们对实现企业使命、目标、战略的贡献大小。

**2. 长远性**

战略管理中的战略决策指企业在未来较长时期（5年以上）内，就企业如何生存和发展等进行统筹规划。虽然这种决策以企业外部环境和内部条件的当前情况为出发点，并且对企业当前的生产经营活动有指导、限制作用，但是，这一切是为了更长远的发展，是长期发展的起步。从这一点上来说，战略管理也是面向未来的管理，战略决策要以经理人员所期望或预测将要发生的情况为基础。在迅速变化和竞争性的环境中，企业要取得成功必须对未来的变化采取预应性的态势，这就需要企业做出长期性的战略计划。

**3. 应变性**

现今的企业都存在于一个开放的系统中，它们影响着这些因素，但通常也受这些不能由企业自身控制的因素所影响。因此，在未来竞争的环境中，企业要使自己占据有利地位并取得竞争优势，就必须考虑与其相关的因素，这包括竞争者、顾客、资金供给者、政府等外部因素，以使企业的行为适应不断变化的外部力量，企业能够继续生存下去。

（三）战略管理的过程

战略管理的过程是战略制订的程序，它包括：识别和鉴定组织的目标和战略、分析组织外部环境、测定和评估组织自身素质、制订战略、评价和比较战略方案、确定战略方案，等等，如图3-2所示。

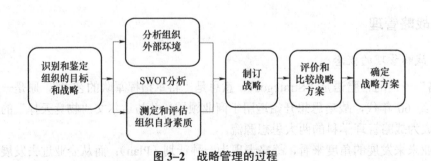

图3-2 战略管理的过程

**1. 识别和鉴定组织的目标和战略**

在组织运行的过程中，随着外部环境的变化和自身的发展，组织的战略也应该做相应的调整和转换。然而，要制订新的战略，首先必须识别组织现有战略是否适应形势。因此，识别和鉴定组织现有的战略是制订新战略的前提。只有确认现有战略已经不适用时，才有必要制订新的战略。同时，也只有在认清现有战略缺陷的基础上，才能制订出较为适宜的新战略方针。

**2. 分析组织外部环境**

分析组织外部环境是战略管理过程中的一个关键步骤。通过分析，管理者可以了解到各种相关信息。例如，竞争对手运营情况、有哪些即将生效的法律可能会对组织产生影响、组织所在地区的劳动力市场状况如何，等等。在外部环境分析中，管理者应该考察经济、人口、政治、法律、社会文化、技术和全球化等方面的因素以发现有关的发展趋势和变化。

**3. 测定和评估组织自身素质**

组织可以通过内部分析来测定和评估自身所具有的资源，如人力资源、物力资源、有形资源和无形资源等。通过对以上内容进行分析，管理者可以识别组织的优势和劣势。组织外部环境分析和组织内部分析结合起来称为SWOT分析，即对组织的优势、劣势、机遇和威胁的分析。在完成SWOT分析之后，管理者应该准备制订合适的战略——也就是说，所制订的战略应该充分利用组织的优势和外部机遇，减少或避免组织的外部威胁，弥补或纠正组织最主要的劣势。

## 知识介绍

## SWOT分析法

SWOT分析法又称态势分析法，20世纪80年代初由美国旧金山大学的管理学教授韦里克提出，是将与研究对象密切相关的各种主要内部优势、劣势和外部的机会和威胁等，通过调查列举出来，并依照矩阵形式排列，然后用系统分析的思想，把各种因素相互匹配起来加以分析，从中得出一系列相应的结论，而结论通常带有一定的决策性。

运用这种方法，可以对研究对象所处的情景进行全面、系统、准确的研究，从而根据研究结果制订相应的发展战略、计划以及对策等。SWOT分析法常常被用于制订集团发展战略和分析竞争对手情况。

S（Strengths）是优势，是组织机构的内部因素，指组织或企业最擅长的业务。这包括有利的竞争态势、充足的财政来源、良好的企业形象、技术力量、规模经济、产品质量、市场份额、成本优势、广告攻势等。

W（Weaknesses）是劣势，也是组织机构的内部因素，指组织不擅长的业务。这包括设备老化、管理混乱、缺少关键技术、研究开发落后、资金短缺、经营不善、产品积压、竞争力差等。

O（Opportunities）是机会，是组织机构的外部因素，指组织外部发生的事情可能为其提供一些机遇。这包括新产品、新市场、新需求、外国市场壁垒解除、竞争对手失误等。

T（Threats）是威胁，也是组织机构的外部因素，指组织外部发生的事情可能威胁到组织。这包括新的竞争对手、替代产品增多、市场紧缩、行业政策变化、经济衰退、客户偏好改变、突发事件等。

SWOT 分析有四种不同类型的组合。

优势——机会（SO）战略是一种发展企业内部优势与利用外部机会的战略，是一种理想的战略模式。当企业具有特定方面的优势，而外部环境为发挥这种优势提供有利机会时，可以采取该战略。

劣势——机会（WO）战略是利用外部机会来弥补内部弱点，使企业改劣势而获取优势的战略。存在外部机会，但由于企业存在一些内部弱点而妨碍其利用机会，可采取措施先克服这些弱点。

优势——威胁（ST）战略是指企业利用自身优势，回避或减轻外部威胁所造成的影响。

劣势——威胁（WT）战略是一种旨在减少内部弱点，回避外部环境威胁的防御性技术。这就是 SWOT 分析矩阵，如表 3–2 所示。

表 3–2　SWOT 分析矩阵

| 外部＼内部 | 优势（S） | 劣势（W） |
|---|---|---|
| 机会（O） | 优势——机会（SO）战略 | 劣势——机会（WO）战略 |
| 威胁（T） | 优势——威胁（ST）战略 | 劣势——威胁（WT）战略 |

资料来源：乔纳森·萨瑟兰德. 英汉帕尔格雷夫管理词典 [M]. 北京：中国金融出版社，2007：253–254.

**4. 制订战略**

当管理者制订战略时，依据组织的发展要求和组织所面临的机遇，列出所有可能达到的经营目标的战略方案。

**5. 评价和比较战略方案**

组织根据管理人员及其他利益相关团体的价值观和期望目标，确定战略方案的评价标准，并依照标准对各项备选方案加以评价和比较。

**6. 确定战略方案**

在评价和比较方案的基础上，企业选择一个最满意的战略方案。有时，为了增强企业的战略适应性，企业往往还选择一个或多个方案作为后备的战略方案。

## 课堂练习

对自己进行一次 SWOT 分析。评估你的个人优势和劣势（技能、天赋和能力），你擅长什么？你不擅长什么？你喜欢做什么？你不喜欢做什么？然后，通过研究你感兴趣的行业的就业前景，识别职业发展机遇和威胁。

（四）战略管理的层次

不同性质的组织有不同的战略管理，从企业的角度可以划分为三个层次：总体层战略、业务层战略、职能层战略。

### 1. 总体层战略

总体层战略，又称公司战略，是企业最高层次的战略，是企业整体的战略总纲。在存在多个经营单位或多种经营业务的情况下，企业总体层战略主要是指集团总公司的战略。总体层战略的目标是确定企业未来一段时间的总体发展方向，协调企业下属的各个业务单位和职能部门之间的关系，合理配置企业资源，培育企业核心能力，实现企业总体目标。它主要强调两个方面的问题：一是"应该做什么业务"，即从公司全局出发，根据外部环境的变化及企业的内部条件，确定企业的使命与任务、产品与市场领域；二是"怎样管理这些业务"，即在企业不同的战略事业单位之间如何分配资源以及采取何种成长方向等，以实现公司整体的战略意图。

### 2. 业务层战略

业务层战略又称经营单位战略。现代大型企业一般都同时从事多种经营业务，或者生产多种不同的产品，有若干个相对独立的产品或市场部门，这些部门即事业部或战略经营单位。由于各个业务部门的产品或服务不同，所面对的外部环境也不相同，企业能够对各项业务提供的资源支持也不同，因此，各部门在参与经营过程中所采取的战略也不尽相同，各经营单位有必要制订指导本部门产品或服务经营活动的战略，即业务层战略。

### 3. 职能层战略

职能层战略是为贯彻、实施和支持总体层战略与业务层战略而在企业特定的职能管理领域制订的战略。职能层战略主要回答某职能的相关部门如何卓有成效地开展工作的问题，重点是提高企业资源的利用效率，使企业资源的利用效率最大化。其内容比业务层战略更为详细、具体，其作用是使总体层战略与业务层战略的内容得到具体落实，并使各项职能之间协调一致，通常包括营销战略、人事战略、财务战略、生产战略、研发战略等。总体层战略倾向于总体价值取向，以抽象概念为基础，主要由企业高层管理者制订；业务层战略主要就本业务部门的某一具体业务进行战略规划，主要由业务部门领导层负责；职能层战略主要涉及具体执行和操作问题。

总体层战略、业务层战略与职能层战略一起构成了企业战略体系。在企业内部，企业战略管理各个层次之间是相互联系、相互配合的。企业每一层次的战略都为下一层次战略提供方向，并构成下一层次的战略环境，同时，每层战略又为上一级战略目标的实现提供保障和支持。所以，企业要实现其总体战略目标，必须将三个层次的战略有效地结合起来。

### 课堂练习

方基集团是北京一家大型粮油公司，近十几年来一直致力于从田间到餐桌的产业链建设。2014年，公司收购了生产"好味道"牌方便面的公司，并全面更换了该公司的整个管理层。2015年，"好味道"牌方便面市场份额下降。为了从竞争激烈的方便面市场上重新获得原有市场份额，2016年年初，公司需要制订新的方便面竞争战略。

问题：通过阅读以上材料，你认为该竞争战略属于哪种层次的战略？

（五）战略管理的类型

三种主要的企业战略管理类型为成长战略、稳定战略和更新战略。

### 1. 成长战略

成长战略指的是组织通过现有业务或新业务来扩大它所服务的市场数量或提供的产品数量。由于自己的成长战略，一个组织可能会提高收入、员工数量或市场份额。组织可采用集中化、多元化、纵向一体化或横向一体化等方式获得成长。代表性企业是沃尔玛公司。

### 2. 稳定战略

稳定战略指的是使组织继续从事当前各种业务的企业战略。它包括提供相同的产品或服务、继续服务相同的顾客、维持市场份额等。代表性企业是吉百利·史威士公司。

### 3. 更新战略

更新战略指的是管理者需要制订用来解决问题的战略，它包括紧缩战略和扭转战略。紧缩战略，是用来解决轻微绩效问题的短期更新战略。这种战略可帮助组织稳定业务经营，更好地激活组织的资源和能力，以使组织重新恢复竞争能力。扭转战略，适用于当组织的问题更加严重时，需要采取更重大的行动。

## 课堂练习

可口可乐公司成立于 1892 年。目前，可口可乐公司总部设在美国佐治亚州的亚特兰大，是全球最大的饮料公司，拥有全球 48% 市场占有率以及全球前三大饮料的两项（可口可乐排名第一、百事可乐第二、低热量可口可乐第三）。其年营业收入达 20 092 百万美元，普通股股东权益则为 11 351 百万美元。可口可乐在 200 个国家拥有 160 种饮料品牌，包括汽水、运动饮料、乳类饮品、果汁、茶和咖啡，亦是全球最大的果汁饮料经销商（包括 Minute Maid 品牌）。在美国排名第一的可口可乐为其取得超过 40% 的市场占有率，而雪碧（Sprite）则是成长最快的饮料，其他品牌包括伯克的沙士（Root Beer）、水果国度（Fruitopia）以及大浪（Surge）。

它的经营宗旨是：完善销售网络，建立互赢关系，满足顾客需求，实现产品的全球化和本土化，从而提升企业价值。

它的战略目标是：可口可乐在全球拥有 400 个品牌，2 400 多个包装，所推出的每种产品都是为了方便消费者在不同时期的不同需求。

资料来源：https://wenku.baidu.com/view/2a67901d58fafab069dc2e9.html

问题：根据以上内容分析，可口可乐公司的战略属于哪一种类型？

## 任务四 计划的编制过程与方法

## 任务情境

### 10 分钟提高效率

美国某钢铁公司总裁舒瓦普向一位名为利的效率专家请教如何更好地执行计划的方法。利声称可以给舒瓦普一样东西，在 10 分钟内能把他公司的业绩提高 50%。接着，利递给舒瓦普一张白纸，说："请在这张纸上写下你明天要做的 6 件最重要的事。"舒瓦普用了约 5 分钟时间写完。利接着说："现在用数字标明每件事情对于你和公司的重要性次序。"舒瓦普又花了约5分钟做完。利说:"好了,现在这张纸就是我要给你的。明天早上第一件事是把纸条拿出来,做第一项最重要的。不看其他的,只做第一项直到完成为止。然后用同样的办法对待第2项、第3项……直到下班为止。即使只做完一件事,那也不要紧,因为你总在做最重要的事。你可以试着每天这样,直到你相信这个方法有价值时,请将你认为的价值给我寄支票。"

一个月后,舒瓦普给利寄去一张 2.5 万美元的支票,并在他的员工中普及这种方法。5年后,当年这个不为人知的小钢铁公司成为世界最大的钢铁公司之一。

资料来源:https://zhidao.baidu.com/question/277448885.html

问题:你认为为什么总裁舒瓦普有计划却难以执行?效率专家利的方法的关键在哪里?效率专家利认为"即使只做完一件事,那也不要紧,因为你总在做最重要的事"。你认为制订计划光是做最重要的事够吗?

## 任务内容

### 一、编制计划的过程

凡事预则立,不预则废,计划编制本身也是一个过程。为了保证编制的计划合理,确保能实现决策的组织落实,计划编制过程中必须采用科学的方法。虽然可以用不同标准把计划分成各种类型,计划的形式也多种多样,但管理人员在编制任何完整的计划时,实质上都遵循相同的逻辑和步骤。

(一)机会分析

这是计划工作的第一步,在制订计划工作时,要对组织的内外部管理环境因素进行分析,以确定组织面临的风险、存在的问题及可利用的机会。机会分析的目的就是根据自己的实际情况,找到内外结合的最佳点,制订出正确的计划方案。

(二)确定目标

这是计划工作的第二步,在估量机会的基础上为组织及其所属的下级单位确定计划工作的目标,以及组织在一段时期内所要达到的效果。要说明基本的方针和要达到的目标,说明制订战略、政策、规则、程序、规划和预算的任务,指出工作的重点。

(三)确定前提条件

计划工作的第三步是确定一些关键性的计划前提条件,并使设计人员对此取得共识。前提是指计划工作的假定条件,即执行计划时的预期环境。预期环境是靠预测得来的,预测的范围应尽量广泛。负责计划工作的人员对计划前提了解得越透彻,计划工作将做得越协调。

(四)拟定备选方案

计划工作的第四步是调查和提出可供选择的备选方案。计划的前提条件确定之后,就要围绕组织目标,尽可能提出各种可行方案,要顾及全面,吸收各级管理者、专家、技术人员、基层员工代表参与方案的制订,也可通过专门的咨询机构提出方案,做到群力群策、集思广益。

(五)评价备选方案

计划工作的第五步是对各种方案进行考察并明确各自的利弊,根据确定的前提和目标来权衡各种因素，看哪种方案能够提供最佳机会，能以最低的成本实现最大的利润。

（六）选择最佳方案

这是计划工作的第六步，是做出决策的一步，即选出组织将采取的行动方针。选择时应考虑这样两个方面：一是可行性、满意性和可能性结合最好的方案；二是投入产出比率最高的方案。此外，还可以多选择一个或几个备用。

（七）拟订派生计划

基本计划肯定需要派生计划的支持。例如，一家航空公司制订了"购买一个飞行编队"的计划，这一计划会派生出很多辅助计划，如拟订招聘计划、培训人员计划、扩建维修设施计划，编制飞行时刻表计划等。

（八）编制预算

计划工作的最后一步，把计划变成预算，使计划数字化。编制预算，一方面是为了使计划的指标体系更加明确，另一方面是使企业更易于对计划执行进行控制。

### 课堂练习

某毛纺厂受金融危机的影响，产品销售不好，资金十分紧张，销售旺季的11—12月份出现"旺季不旺"。面对这一形势，厂长压力很大。该怎么做才好？厂长认为应该把工作的重点放在营销上。他提出以下几个方案。

第一方案，正当国内毛纺织品价格居高不下，并且继续酝酿上调之时，降低产品价格，分品种下降5%～8%，个别品种下降10%以上，使产品价格处于较低水平。用这种方法可以减少产品积压带来的贷款利息和罚息损失。这样做，预计第一季度可收回货款2 088万元，其中3月份可回收1 200万元，但这种方式的降价，经计算将会减少销售收入800万元。

第二方案，企业过去基本上是做大宗买卖的，现在要改变经营战略，重点改为向中小城市、农村、国家重点工矿组织推销产品，这样大宗和小笔生意都不放过，双管齐下。预计年底销售、回收货款可达1 086万元，约占同期货款回收额的42%，2009年上半年预计销售实现回收货款1 250万元，占同期货款回收额的39%。但是，这样做存在销售人员（商品推销员和售货员）严重缺乏的问题。

第三方案，为提高市场占有率，还可以组成由产品设计人员、经销人员参加的调研队伍，深入市场，走访用户和销售网点，研究消费者习惯及心理变化，筛选和处理产品需求信息，及时开发和生产适销对路的产品，提高市场占有率。另外，还可以在生产中做到从原料到产品及售后服务道道工序把住质量关，做到不合格的半成品不流入下道工序、不合格产品不出厂。这样做可以提高产品在市场上的信誉，从而扩大市场占有率，多售产品，回收货款。但是，由于重点技术力量薄弱，迅速开发新产品还存在一定难度。另外，从新产品开发到投放市场还需要一个过程。恐怕采取这种方法明年年底才能产生效果，远水解不了近渴。因此，这种做法的资金回收效果并不明显，仍不能很好地解决资金紧张这一问题。

上述三种方案各有利弊，究竟怎样做才好呢？

资料来源：https://baike.baidu.com/item/%E4%BA%BA%E7%B1%BB%E7

问题：厂长制订的方案是什么类型的计划？假如你是厂长，你将如何选择计划的备选方案？为什么？

## 二、编制计划的方法

（一）滚动计划法

滚动计划法是根据一定时期计划的执行情况，考虑企业内外环境条件的变化，调整和修订出来的计划，并相应地将计划期顺延一个时期，把近期计划和长期计划结合起来的一种编制计划的方法。在计划编制过程中，尤其是在编制长期计划时，为了能准确地预测影响计划执行的各种因素，可以采取近细远粗的办法，即近期计划订得较细、较具体，远期计划订得较粗、较概略。在一个计划期终了时，根据上期计划执行的结果和产生条件、市场需求的变化，对原订计划进行必要的调整和修订，并将计划期顺序向前推进一期，如此不断滚动、不断延伸。

例如，某企业在2000年年底制订了2001—2005年的五年计划，如采用滚动计划法，到2001年年底，根据当年计划完成的实际情况和客观条件的变化，对原订的五年计划进行必要的调整，在此基础上再编制2002—2006年的五年计划。其后依此类推，如图3-3所示。

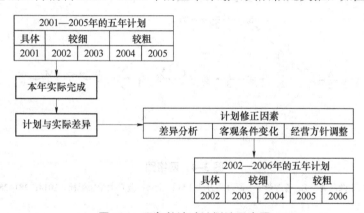

图3-3　五年的滚动计划法示意图

资料来源：苏照新. 管理学教程［M］. 广州：暨南大学出版社，2005：55.

### 课堂练习

H公司是中国东部地区的一家知名企业，原有的计划管理水平低下，粗放管理，计划管理与公司实际运营情况长期脱节。为实现企业计划制订与计划执行的良性互动，在管理咨询公司顾问的参与下，H公司逐步开始推行全面滚动计划管理。

H公司以全面协同量化指标为基础，将各年度分解为四个独立的、相对完整的季度计划，并将其与年度计划紧密衔接。每年对计划本身进行一次定期调整，第一季度的计划执行完毕后，就立即对该季度的计划执行情况与原计划进行比较分析。同时研究、判断企业内外环境的变化情况，根据统一得出的结论对后三季度的计划和整个跨年度计划进行相应调整。本年度四个季度计划全部都执行完毕后，下年度计划的周期即时开始，如此周而复始、循环往复。

问题：分析以上内容，指出该企业选择滚动计划方法需要注意什么？

## (二)网络计划法

### 1. 网络计划法内容

网络计划法也称计划评审技术,是一种计划编制和控制的技术。它是在甘特图基础上演变而来的。20世纪早期,亨利·L·甘特发明了生产进度图,并用他的名字命名为甘特图。它的作用表现在三个方面:第一,计划产量与计划时间的对应关系;第二,每日的实际产量与预定计划产量的对比关系;第三,一定时间内实际累计产量与同时期计划累计产量的对比关系。

美国海军特别项目局把甘特图技术方法应用于北极星武器系统和控制工作,促进了整个项目的提前完成。多年来,这种技术一直受到军事部门的青睐,而且成为军火工业和航天工业中各大承包商所使用的一种必要工具。虽然现在国防和航天工业合同中不再大量提到它,但它仍是计划和控制中至关重要的手段。

### 2. 网络图

网络图是网络计划法的基础。任何一项任务都可以分解成许多步骤的工作,根据这些工作在时间上的衔接关系,用箭线表示它们的先后顺序,画出一个使各项工作相互衔接并标明所需时间的箭线图,即为网络图,如图3-4所示。

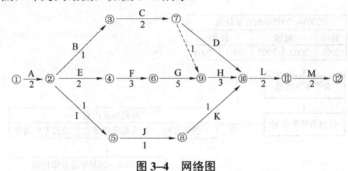

图 3-4 网络图

资料来源:周三多. 管理学——原理与方法 [M]. 上海:复旦大学出版社,2014:281-282.

(1)"→"工序,是一项工作的过程,有人力、物力参加,经过一段时间才能完成。图中箭线下的数字便是完成该项工作所需的时间。此外,还有一些工序既不占用时间,也不消耗资源,是虚设的,叫虚设工序,在图中用"--→"表示。网络图中应用虚工序的目的也是避免工序之间关系的含混不清,以正确表明工序之间先后衔接的逻辑关系。

(2)"○"事项,是两个工序间的连接点。事项既不消耗资源,也不占用时间,只表示前道工序结束、后道工序开始的瞬间。一个网络图中只有一个始点事项、一个终点事项。

(3)路线,是网络图中由始点事项出发,沿箭线方向前进,连续不断地到达终点事项为止的一条通道。一个网络图中往往存在多条路线,如图3-4中从始点①连续不断地走到终点⑫的路线有4条,即:

路线Ⅰ:①→②→③→⑦→⑩→⑪→⑫
路线Ⅱ:①→②→③→⑦→⑨→⑩→⑪→⑫
路线Ⅲ:①→②→④→⑥→⑨→⑩→⑪→⑫
路线Ⅳ:①→②→⑤→⑧→⑩→⑪→⑫

比较各路线的路长,可以找出一条或几条最长的路线。这种路线被称为关键路线。关键路线上的工序被称为关键工序。关键路线的路长决定了整个计划任务所需的时间。关键路线上各个工序完工时间提前或推迟都直接影响着整个活动能否按时完工。确定关键路线,据此合理地安排各种资源,对各工序活动进行进度控制,是利用网络计划法的主要目的。

**知识介绍**

## 甘 特 图

甘特图也称为条状图(Bar Chart),1917年由亨利·甘特开发,其内在思想简单,基本是一条线条图,横轴表示时间,纵轴表示活动(项目),线条表示在整个期间计划和实际活动的完成情况。它直观地表明任务计划在什么时候进行及实际进展与计划要求的对比。

管理者由此极为便利地弄清一项任务(项目)还剩下哪些工作要做,并可评估工作是提前还是滞后,抑或正常进行,是一种理想的控制工具。

绘制甘特图的主要步骤如下。

(1)明确项目牵涉的各项活动、项目。内容包括项目名称(包括顺序)、开始时间、工期、任务类型(依赖/决定性)和依赖于哪一项任务。

(2)创建甘特图草图。将所有的项目按照开始时间、工期标注到甘特图上。

(3)确定项目活动依赖关系及时序进度。使用草图,按照项目的类型将项目联系起来并安排。

此步骤将保证在未来计划有所调整的情况下,各项活动仍然能够按照正确的时序进行。也就是确保所有依赖性活动能并且只能在决定性活动完成之后按计划展开。同时,避免关键性路径过长。关键性路径是由贯穿项目始终的关键性任务所决定的,它既表示了项目的最长耗时,也表示了完成项目的最短可能时间。请注意,关键性路径会由于单项活动进度的提前或延期而发生变化。而且,要注意不要滥用项目资源,同时,对于进度表上的不可预知事件要安排适当的富裕时间。但是,富裕时间不适用于关键性任务,因为作为关键性路径的一部分,它们的时序进度对整个项目至关重要。

(4)计算单项活动任务的工时量。

(5)确定活动任务的执行人员及适时按需调整工时。

(6)计算整个项目时间。

甘特图的主要优点如下。

(1)图形化概要,通用技术,易于理解。

(2)中小型项目一般不超过30项活动。

(3)有专业软件支持,无须担心复杂计算和分析。

甘特图的局限性如下。

(1)甘特图事实上仅仅部分地反映了项目管理的三重约束(时间、成本和范围),因为它主要关注进程管理(时间)。

(2)软件的不足。尽管能够通过项目管理软件描绘出项目活动的内在关系,但是如果关系过多,纷繁芜杂的线图必将增加甘特图的阅读难度。

(3)为了不至于转移阅读者的注意力,最好避免使用栅格。

**资料来源:** http://wiki.mbalib.com/wiki/%E7%94%98%E7%89%B9%E5%9B%BE

### 课堂练习

问题：根据下表资料绘制网络计划图。

| 工作代号 | 紧前工作 | 工作持续时间 |
|---|---|---|
| A | — | 15 |
| B | A | 15 |
| C | A | 14 |
| D | B、C | 10 |
| E | B | 6 |
| F | D | 6 |
| G | D | 1 |
| H | E、G | 30 |
| I | F、H | 8 |

注：紧前工作——在网络图中，相对于某工作而言，紧排在该工作之前的工作称为该工作的紧前工作。

## 任务五 实训任务

### 一、制订一份大学生校园创业计划

计划内容要求：
(1) 创业目标。
(2) 产品介绍。
(3) 市场调查。
(4) 生产计划。
(5) 销售计划。
(6) 财务预算管理。

### 二、角色扮演

李奕曾经在一家有名的外企中担任过销售部经理，成绩卓著。几年前，他离开了这家企业，自己开了一家建材贸易公司。由于有经验和客户，所以生意很不错。年初，他准备进一步扩大业务，在若干个城市设立经销处，同时，扩大经营范围，增加花色品种。面对众多要处理的问题，李奕决定将部分权力授予下属的各部门经理并分配目标。其中，他给采购部经理定下的目标是：保证每一个经销处所需货物的及时供应；所采购到的货物的合格率需保持在 96%以上；采购成本保持在采购额的 7%以内。采购部经理杨忠当即提出异议，认为有的指标不合理。李奕回答说："可能吧，你尽力而为就是了。"

到年终考核时发现，采购部达到了李奕给他们规定的前两个目标，但采购成本大大超出，约占当年采购额的 10%。李奕问杨忠原因，杨忠解释说："有的事情也只能如此，就目前而言，我认为，保证及时供应和货物质量比我们在采购时花掉多少钱更重要。"

请两位同学扮演李奕和杨忠，情景再现案例，分小组讨论李奕在实施目标管理过程中有问题吗？他应如何改进？

## 课外学习

### 一、分析题

通过阅读以下案例，分析大庄地板是如何将 ERP 与企业的经营活动相结合的？对其他企业有何借鉴之处？

杭州大庄地板有限公司成立于 1993 年，是一家专业生产销售竹制地板和竹制装饰板材的企业。公司现有员工 1 000 余人，产品以卓越的品质远销美国、日本、俄罗斯等国，是一家名副其实的外贸出口型企业。大庄地板使用杭州新中大软件公司开发的财务软件时间较久，到 2007 年开始使用该软件公司为其专门开发的 ERP 管理软件。

大庄地板之所以会决定更大规模地对公司管理实施信息化，主要考虑到以下两个原因。第一，大庄地板的规模越来越大，业务范围越来越广，所处的商业环境越来越复杂，加上产品主销海外，因此，国内外经济环境的任何细微变化都有可能对公司的业务产生重大的影响。公司规模的扩大和所处环境的多变使得公司管理成本骤增。如何减少管理成本的投入，采用信息化管理似乎是一种最佳的选择。第二，同行业的同类型竞争的公司已经纷纷开始自己的信息化，因此，考虑到未来的市场竞争情况和产品的销售准则，对公司实施信息化管理以增强公司的竞争力也成为一种必然的趋势。事实上，公司之所以实施全面的信息化，还有一个重要原因，就是公司的高层希望可以借此更好地掌握和控制公司。

初始阶段，大庄地板经过一次又一次的需求分析和设计讨论，最后，终于将公司信息化管理推上了正轨。这种不断的讨论和反复，成功地换来了大庄地板在金融危机期间的安全。尽管 ERP 能够给企业的管理带来创新和活力，但是，仅仅依靠 ERP 一个系统并不能从根本上解决企业面临的难题。伴随 ERP 而来的应该是企业方方面面的革新，如生产、供销、财务等。只有在各方面改进和创新管理，才能最大限度地发挥 ERP 的效用。而这一点，正是目前国内中小型企业盲目推行企业信息化、实施 ERP 时所没有认识到的。大庄地板深谙这一道理，因此，在推行信息化管理的过程中，并没有捡了芝麻丢了西瓜。

为了保证产品质量，公司一方面狠抓日常管理，另一方面也充分借助信息技术来推动质量控制。例如，大庄对进场的竹片采取严格的分级抽检，并将每次抽检的结果录入公司的 ERP 系统，形成专门的原材料供应商信息库，根据信息库中供应商的历次竹片质量记录，对供应商采取优质优价的管理，以此鼓励供应商提供最优质的原材料。除了固定的 30 多家供应商以外，大庄还拥有自己独立的林场，进行原材料毛竹的种植，目的就是确保在优质货源紧缺的情况下照样能够保证产品的正常供应。另外，大庄对原料毛竹的年限、颜色、形状等都有明确的要求。这一切都是为了让公司能够生产出客户真正满意的产品，因此，当全球金融危机使得竞争企业普遍遭遇需求下滑而危及生存时，大庄反而能在绝处杀出重围，赢得稳定的客户和市场。在这一过程中，ERP 发挥了重要的作用，利用 ERP 对企业的供应商和原材料进行管理，使得公司的管理更加高效简洁。

确保产品长期具有竞争优势，是每一个制造型企业的领导应该解决的问题。同样，这也是大庄地板管理层最为关心的一个话题。公司充分利用自身的技术优势，进行大胆的创新，并将每次创新的结果和产品的市场表现储存到管理系统中，通过对以往资料的数据挖掘，了解市场的偏好，进而确定技术创新的方向。例如，大庄开创性地在竹地板中做出精准的槽，创新的设计和精良的品质成功地制造了产品壁垒和差异，从而确保了大庄地板在市场上同类产品中绝对的竞争优势。这种优势在欧美市场上更加明显，加之健康、环保、时尚的产品理念，国外许多大型建筑工程，如马德里机场的天花板工程、荷兰环境部大楼和澳大利亚BTV会议室，以及一些著名企业（比如德国宝马X5系列内饰、比利时TOYOTA汽车展示中心和英国The Body Shop健康及美容产品连锁店等）都在争相使用大庄地板的产品。通过ERP对市场的反馈做出及时的调整，坚持技术创新和产品创新，公司在扩大产品竞争优势上愈行愈远。纵然遭遇金融危机，强大的竞争优势也确保大庄能够维持稳定的市场，打赢这场至关重要的硬仗。

　　依靠卓越的产品质量和良好的服务口碑，大庄正在将自己打造成为地板行业中的明星级品牌。利用ERP系统记录每一种产品的销售记录和客户的反馈意见，通过对这些信息的深入研究，准确把握市场的需求和客户的偏好，据此对生产计划做出适当的调整并进行有针对性的营销和服务。事实上，市场已经对地板公司的这种努力做出了反应，虽然大庄没有像其竞争对手那样通过降低成本、压低价格来争夺市场，但是客户仍然更愿意购买大庄的产品，在某种程度上这就是品牌的力量。品牌效应为企业带来客户，赢得客户则能赢得市场，市场表现又能催生品牌效应，大庄地板也深知这一良性循环的重要性。金融危机期间，竞争者们的销量纷纷大幅下滑，但是，大庄地板并没有。通过ERP对公司的销售数据进行深入的挖掘和研究，了解了市场的需求，使大庄地板成功地走出了创造明星品牌的第一步。

**资料来源**：王蔷，李丽萍.管理学教程习题与案例集[M].上海：上海财经大学出版社，2011：53—54.

### 二、讨论题

通过阅读以下案例讨论为什么"埃德塞尔"计划没有成功？

　　早在1957年9月，埃德塞尔汽车——福特汽车公司打入中等价格市场的唯一项目，就作为1958年的新型汽车公开亮相了。这使那些按照传统在10月和11月推出下年度新型汽车的竞争者大吃一惊。福特汽车公司委员会主席欧内斯特·里奇为埃德塞尔分部摊派的1958年的生产任务占该公司全部汽车市场的3.3%～3.5%，大约20万辆（当时的年产量为600万辆）。然而，公司董事们仍然认为这是非常保守的策略，期望胆子更大一些。埃德塞尔汽车的准备、计划和研究工作长达10年之久，看来福特汽车公司一定要生产这种汽车了。在引进该车之前和引进过程之中，就耗费了公司大约5 000万美元。到1957年夏末，这种冒险似乎已稳操胜券。公司计划直到第三年才收回2.5亿美元的开发费用，但估计这种汽车在1958年就会在业务上有利可图。制造埃德塞尔汽车的理论根据似乎是无懈可击的。因为，数年以来，汽车市场上日益增长着一股偏好中档汽车的倾向。像庞蒂亚克、奥尔兹莫比勒、比克、道奇、迪索托和默库里这样的中档汽车，到20世纪50年代中期，已占全部汽车销售量的1/3，而从前它们只占1/5。

　　为了激起公众对新汽车的爱好，在"埃德塞尔"实际问世前一年就大肆进行了广告宣传。根据福特公司的一位高级经理所说，在第一年中，计划是生产20万辆。但在两年后，也就是在实际生产了 11 万辆"埃德塞尔"之后，福特公司无可奈何地宣布，它犯了一个代价昂贵的错误。在花了几乎 2.5 亿美元进入市场之后，"埃德塞尔"在问世两年内估计还亏损了 2 亿多美元。

福特公司的战略是想利用"埃德塞尔"同通用汽车公司和克莱斯勒汽车公司在较高价格的汽车市场进行竞争。在制造分别适合美国社会的各种经济水平的不同类型的汽车方面，通用公司一直是非常成功的。在福特公司决定从大众化"福特"牌车型转向生产比较昂贵的汽车时，福特公司实际上已经失去了很大一部分市场。

有很多理由可以说明为什么"埃德塞尔"未能实现计划目标。其一，"埃德塞尔"是在经济衰退时期较高价格汽车市场收缩的情况下进入市场的。其二，当时国外经济型小汽车正开始赢得顾客的赞许。其三，"埃德塞尔"的车型和性能没有达到其他同样价格汽车的标准。福特公司竭尽全力想出各种办法来防止全面的失败。他们以向经销商提供折价出售"埃德塞尔"的方法作为销售额外分红，组织了一个有关车型、颜色、大小等方面的经销经验交流系统，并对全国性的广告预算增加了 2 000 万美元。折价出售"埃德塞尔"给州公路局官员，为了使人们能在公路上看到这种汽车。为了招揽顾客，他们还发动了一次规模巨大的驾车游行的推销规划，让有可能成为顾客的 50 万人参加。

资料来源：https://wenku.baidu.com/view/256913cff524ccbff12184df.html

### 三、讨论题

阅读以下材料，讨论如何才能使"成为一个主要代理人"的目标更加具体化。你认为格拉斯纳在处理公司主要计划与派生目标之间的关系上存在哪些问题？在开设新的办事处中，格拉斯纳忽略了制订计划中的哪一个步骤？

艾琳·格拉斯纳曾在一家全国性大公司里当过地区部经理，工作能力是一流的，管理着 250 多个上门推销的推销员。当她离开这家大公司之后，便开始经营自己的化妆品公司。她从意大利的小型香水厂得到一套化妆品配制流水线，租用了一座旧仓库，并且安装了一套小型的化妆品灌瓶与包装生产线。三年快过去了，艾琳化妆品公司初见成效，格拉斯纳打算拓展她的产品线，建立分销网络。以下是她所采取的步骤。

第一步，她准备了一份使命报告，"艾琳化妆品公司准备生产一套化妆品，在美国东北部通过百货商店与专业商店分销上市。"她建立的长期目标是成为意大利香水在美国市场上的主要代理人，只销售高级化妆品，以高收入顾客为主要销售对象。

第二步，格拉斯纳特别想达到的一个目标是在美国东部的 5 座大城市里，开设自己的经销办事处。她巡视了 10 座城市，寻找最佳落脚点，选中了 5 座城市，并和她的律师和销售部经理一起为那些落脚点办理租约设立了一套程序，然后确定了最后期限，即明年 6 月 1 日，这些办事处开张营业。他们都强调在开张之前，一切事宜必须协调好，如签署租约、添置办公设备、安装电话、雇用办事员、招聘或续聘推销员、通知客户们准备新的办事处专用信笺等。

第三步，格拉斯纳为艾琳化妆品公司设计的另一个目标是在下一年度，销售额应达到 300 万美元。她的销售部经理说，"这个目标不现实"。格拉斯纳问艾琳公司的生产部经理，"如果所有的生产线都上马，当年工厂是否能完成 300 万美元的订单任务"。他回答说，"这要等他核准生产能力的各项数字后，才能给她一个答复。"

第四步，面对那么多要完成的目标，格拉斯纳决定把她的一些职权委派给那些主要部门的经理们。她逐一与他们碰头，一一落实要达到的目标。她给生产部经理定下的目标是，增强生产能力，每个月生产 1 万件产品，破损率降低到 5%，把工薪支出保持在预算的 50 万美元之内。那位经理也提出了异议，认为有的目标不合理。到了年终，生产部经理完成了两个目标，可是工薪支出超出预算 10 万美元。

资料来源：http://www.doc88.com/p-101556688391.html

# 决 策

### 知识目标

1. 了解决策的概念及其在管理中的作用;
2. 掌握决策的分类与特点;
3. 掌握决策的程序与方法。

### 能力目标

1. 能够采用一定的方法进行简单的决策;
2. 能够科学地确定决策的目标与拟定决策方案;
3. 能够具体使用定量决策方法。

### 情感目标

1. 萌发学生学习决策的兴趣;
2. 养成在确定目标后,进行必要决策的态度。

### 项目导入

#### 娃哈哈的一步险棋

1994年,长江三峡开始施工,但同时也产生了一个难题,就是百万移民如何安置,这是全国瞩目乃至举世瞩目的难题。

1994年8月的一天,娃哈哈集团的老总宗庆后和一支由浙江省副省长带队的浙江省政府及企业对口支援代表团来到了三峡库区——有着2 000多年历史的涪陵市①。在三天考察时间

---

① 涪陵市:今为涪陵区。

里，宗庆后天天忙碌于考察涪陵工厂，调查了解涪陵的交通、工业生产能力等。三天后，宗庆后提出了一份计划：娃哈哈同意在涪陵合并三家当地特困企业，投资4 000万元组建娃哈哈涪陵分公司，初步决定上矿泉水、果奶、罐头食品和保健酒四个项目。

为增加杭州干部对涪陵公司的感性认识，宗庆后回杭州后组织了有近20名中层干部参加的队伍考察了涪陵。涪陵自然条件恶劣，崎岖的公路，湿漉漉的空气，生产条件艰苦，配套生产落后，而且当地人的思想观念很落后，还停留在计划经济阶段，所有这些都令前往考察的干部们大为踌躇。回到杭州后，大部分干部都反对这个项目，"到穷地方来背个大包袱，风险太大""弄不好前功尽弃，也拖累整个集团的发展"。反对意见充斥在宗庆后的耳边。

宗庆后知道干部们的反对有一定道理：涪陵境内的运输不畅；劳动力虽然便宜，但是就业观念、纪律观念淡薄，对现代企业的快节奏、高效率还不适应；三家特困企业厂房破落，恢复生产代价很大。更大的问题在于杭州与涪陵相隔千里，指挥协调极其不便，而公司干部没有在外独立工作的经验。总体来说，风险确实很大。

然而，宗庆后认为这个项目有很多有利条件，主要理由如下。

（1）政策优势。对口支援，对口扶贫，是我国的国策，政府一定会给予有力支持。贫困地区发展经济的愿望比发达地区更强烈，国家也会给予贫困地区十分优惠的政策扶持。涪陵政府尤其有合作的诚意。

（2）企业发展的需要。在涪陵建厂，可以实现地产地销，进一步占领西南大市场，实现跨省经营，为将来形成跨国集团公司打好基础。

（3）可以培养出一支能够独当一面的干部队伍。

（4）可以树立良好的企业形象。

权衡利弊，宗庆后最终决定上涪陵公司这个项目。

资料来源：https://zhidao.baidu.com/question/148228908.html

问题：宗庆后所做的决策是什么性质的决策？为什么？他的决策依据是什么？

## 任务一　决策的概念与原则

### 任务情境

#### 大荣百货公司：顾客至上

号称日本两大百货公司之一的大荣百货公司创建于1957年。初创时的大荣公司只是大阪的一家小百货商店，职工13人，营业面积不过50平方米，全部资金仅有8 400美元，开始只经营药品，后来扩展到经营糖果、饼干等食品和百货。大荣公司的经营决策是：一切以顾客为中心。由此，大荣走上了成功的道路。

大荣公司认为，一切以顾客为中心，基本含义是更好地满足顾客对商品的需要。其中，重要的一点是满足顾客（消费者）对价格的要求。为了满足顾客（消费者）对价格的要求，他们打破通常意义上的进货价格加上利润和其他管理费作为零售价格的观念，在深入调查顾客（消费者）需要哪些商品的基础上，着重了解顾客（消费者）认为合适并可以接受的价格，以此为采购和进货的基础。他们认为，凡是顾客所需要的商品，只要做到物美价廉、供货及时，总是可以卖出去的。

依据一切以顾客为中心的决策，大荣公司把所经营的商品整理归类，按合理的计划和适宜的方法进行批发和零售。以衬衫为例，其他商店基本上是统一样式分为大、中、小三种规格，不同规格具有不同价格，而大荣公司则不同，他们和生产厂方协调一致，确定一个顾客（消费者）满意、产销双方又有利可图的采购价格，从而深受顾客（消费者）的欢迎，销售量扩大，销售额剧增。一切以顾客为中心的决策，使大荣公司在顾客（消费者）心目中树立起美好的形象，声誉日隆。

大荣公司和生产者相互配合，采取了联合标名的方式。对质优价廉、深受顾客欢迎商品的生产厂家，大荣公司就和他们联合标名，即商品标有生产厂和大荣公司双方的名称。此外，大荣公司在从这些厂家进货时，一律采取现金结算方式以支持这些工厂的生产。这样，生产者和消费者以及作为中间商的大荣公司都互得好处。到 1970 年，大荣公司的营业额达到了 30 亿日元，成为日本首家包括 47 个商店的集团百货公司。1980 年营业额增加到 1 200 兆日元，名列日本百货行业前茅。

资料来源：http://auto.hx2car.com/kanche/20140903/508345_1.html

问题：大荣百货公司决策成功的秘诀是什么？

## 任务内容

### 一、决策的概念

1978 年，获得诺贝尔经济学奖的美国著名经济学家赫伯特·西蒙提出"管理就是决策""决策贯穿于管理的全过程"，可见，决策在管理活动中占有非常重要的地位。有研究表明："世界上每 100 家破产倒闭的大型企业中，85%是因为企业管理者的决策失误造成的。"决策作为人们行动之前的选择，对管理的效能和组织的发展至关重要。

何谓决策？其定义众说纷纭，狭义的决策是指"从两个以上的备选方案中选择一个的过程"。广义的决策是指"组织或个人为了实现某种目标而对未来一段时期内有关活动的方向、内容及方式的选择或调整的过程"。本书采用周三多《管理学——原理与方法》中的概念，即决策就是管理者识别并解决问题以及利用机会的过程。决策的概念包含五个方面：一是决策的主体是管理者；二是决策要有两个以上可行的备选方案；三是决策的重点在于对多个方案进行科学的分析、判断与选择；四是决策的结果在于选择"满意"的方案，而非"最优"方案；五是决策是面向未来的，要做出正确的决策，就要进行科学的预测。

## 知识介绍

### 决策理论学派

决策理论学派是在第二次世界大战后发展起来的，随着现代生产和科学技术的高度分化与高度综合，企业的规模越来越大，特别是跨国公司不断地发展，这种企业不仅经济规模庞大，而且管理十分复杂。同时，这些大企业的经营活动范围超越了国界，使企业的外部环境发生了很大的变化，面临着更加动荡不安和难以预料的政治、经济、文化和社会环境。在这种情况下，对企业整体的活动进行统一管理就显得格外重要了。

对组织活动进行统一管理的研究从两个方面展开，其中一个就是以西蒙为代表的决策理论。它继承了巴纳德的社会组织理论，着重研究为了达到既定目标所应采取的组织活动过程和方法。

西蒙虽然是决策学派的代表人物，但他的许多思想是从巴纳德中吸取来的，发展了巴纳德的社会系统学派，并提出了决策理论，建立了决策理论学派，形成了一门有关决策过程、准则、类型及方法的较完整的理论体系。其主要著作有《管理行为》《组织》《管理决策的新科学》等。其理论要点可以归纳如下。

（1）决策贯穿管理的全过程，决策是管理的核心。西蒙指出组织中经理人员的重要职能就是做决策。他认为，任何作业开始之前都要先做决策，制订计划就是决策，组织、领导和控制也都离不开决策。

（2）系统阐述了决策原理。西蒙对决策的程序、准则、程序化决策和非程序化决策的异同及其决策技术等做了分析。西蒙提出决策过程包括四个阶段：搜集情况阶段；拟订计划阶段；选定计划阶段；评价计划阶段。这四个阶段中的每一个阶段本身就是一个复杂的决策过程。

（3）在决策标准上，用"令人满意"的准则代替"最优化"准则。以往的管理学家往往把人看成以"绝对的理性"为指导，按最优化准则行动的理性人。西蒙认为，事实上这是做不到的，应该用"管理人"假设代替"理性人"假设，"管理人"不考虑一切可能的复杂情况，只考虑与问题有关的情况，采用"令人满意"的决策准则，从而可以做出令人满意的决策。

（4）根据其活动是否反复出现，一个组织的决策可分为程序化决策和非程序化决策。经常性的活动的决策应程序化以降低决策过程的成本，只有非经常性的活动，才需要进行非程序化的决策。

资料来源：https://baike.baidu.com/view/532750.htm

## 二、决策的原则

决策遵循的是满意原则，而不是最优原则。对于决策者来说，要想使决策达到最优，必须做到以下三点。

（1）容易获得与决策有关的全部信息。

（2）了解全部信息的价值所在，并据此制订所有方案。

（3）准确预期到每个方案在未来的执行结果。

现实中上述这些条件往往得不到满足，具体情况如下。

（1）组织内外存在的一切，对组织的现在和未来都会直接或间接地产生某种程度的影响，但决策者很难收集到反映这一切情况的信息。

（2）对于收集到的有限信息，决策者的利用能力也是有限的，从而决策者只能制订数量有限的方案。

（3）任何方案都要在未来实施，而人们对未来的认识是不全面的，对未来的影响也是有限的，从而决策时所预测的未来状况可能与实际的未来状况有出入。

**课堂练习**

万科公司组建于1984年，最初从事录像机进口贸易，接着"什么赚钱就干什么"。到1991

年年底，万科的业务已包括进出口、零售、房地产、投资、影视、广告、饮料、机械加工、电气工程等13大类。在企业发展方向上，其创始人王石曾提出，把万科建成一个具有信息、交易、投资、融资、制造等多种功能的大型"综合商社"。从1993年开始，万科的经营战略发生了重大改变，主要表现为以下四个方面。

（1）在涉足的多个领域中，万科于1993年提出以房地产为主业，从而改变了过去"摊子平铺、主业不突出"的局面。

（2）在房地产的经营品种上，万科于1994年提出以城市中档民居为主，从而改变了过去"公寓、别墅、商场、写字楼什么都干"的做法。

（3）在房地产的投资地域分布上，万科于1995年提出回师深圳，由全国13个城市转为重点经营京、津、沪、深四个城市，其中以深圳为重中之重。

（4）在股权投资上，万科从1994年开始，对在全国30多家企业持有的股份进行分期转让。

**资料来源：** 王石.道路与梦想——我与万科的20年［M］.北京：中信出版社，2006：36.

**问题：** 万科集团的多元化经营是成功的，但是，为什么万科集团要从多元化经营向单一领域经营回归呢？你如何看待万科集团的决策？

## 任务二　决策的类型

### 任务情境

#### 袁经理的管理决策

袁经理从20世纪90年代以来，一直担任A农机公司的总裁，这家公司是一家生产和销售农业机械的企业。1995年，产品销售额达到4 000万元；1996年，达到4 200万元；1999年，达到4 450万元。袁经理每当坐在办公桌旁，翻看这些统计数字和报表时，常常为这些业绩感到颇为自豪。

一天下午，又是办公会议时间，袁经理召集了公司在各地的经销负责人，分析目前和今后的销售形势。在会上，有些经销负责人指出：总体看来，农业机械产品尚有一定的市场潜力，但消费者的需求和趋向已经发生了重要的改变，公司应针对用户的需求，增加和改进新产品，淘汰一些老化产品，以满足现在用户和潜在用户的新需求。

身为机械工程师出身的袁经理，对新产品的研制、开发工作应当说是行家能手。因此，他听完了各地经销负责人的意见之后，心里很快就做出了盘算，新产品的开发首先需要增加研究与投资，之后，又要花钱改造公司现有的自动化生产线，这两项工作耗时3~6个月。增加生产品种的同时意味着必须储备更多的备用零件，并根据需要对工作进行新技术培训，投资还会进一步增加。

袁经理一直有这样一种看法：从事经销工作的人总是喜欢以自己的业务方便来考虑，不断提出对各种新产品的要求，却不考虑品种更新以及开发新产品必须投入的成本情况，这些意见不足以作为决策的依据。袁经理还认为，公司目前的这几种产品，经营的效果还不错。经过认真的盘算，他决定暂不考虑新品种开发的建议。目前的市场策略仍然是确保现有产品品种的地位和稳步发展。袁经理认为，只要不断提高现有产品的质量并通过改进产品的成本，开出具有吸引力的价格,不怕用户不走上门来。并且,他坚信质量是产品制胜的法宝,用户实际上也是这样考虑的。

袁经理虽然按照自己的想法做出了决策,但是仍然表示听一听下级人员和专家顾问的意见,这对自己是有益的。

**资料来源:** https://wenku.baidu.com/view/4735ee15c281e53a5802ff68.html

**问题:** 袁经理的最终决策结果,最有可能的是什么?如果你是顾问专家,你会对袁经理的决策如何评价?

## 任务内容

### 一、战略决策、管理决策与业务决策

根据决策重要程度的不同,决策可分为战略决策、管理决策和业务决策。

#### (一)战略决策

战略决策对组织最重要,通常包括组织目标、方针的确定,组织机构的调整,企业产品的更新换代,技术改造,等等,这些决策关系组织的方方面面,具有长期性和方向性。战略决策主要由组织内高层管理人员负责进行。

#### (二)管理决策

管理决策,又称战术决策,重点是解决如何组织动员内部资源,提高经济效益与管理效率的具体问题。例如,企业的营销计划、生产计划、资金筹措、设备更新等各方面的决策。管理决策大多由组织的中层管理人员来负责进行。

#### (三)业务决策

业务决策,又称执行性决策,大多由基层管理者负责进行,是日常工作中为提高生产效率、工作效率而做出的决策,牵涉范围较窄,只对组织局部产生影响。例如,每日生产额的分配和检查、生产进度的安排和监督、岗位责任制的制订和执行、库存的控制以及材料的采购等。

这三种决策是决策体系中具有从属关系的不同层次的三种不同类型的决策。这三种决策相互依存又相互影响,上下两个层次之间没有绝对界限,与企业组织三个不同的管理层次也不一定完全具有一一对应的关系。为了提高领导的积极性从而提高决策质量,三种不同的决策在组织管理的三个不同层次上可以做适当的交叉,如图4-1所示。

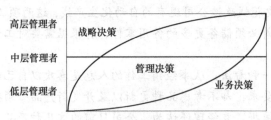

图4-1 管理层次与决策

资料来源:曹勇. 现代管理学[M]. 北京:科学出版社,2010:76.

## 二、程序化决策与非程序化决策

赫伯特·西蒙根据问题性质的不同,把决策可分为程序化决策和非程序化决策。程序化决策涉及的是例行问题,而非程序化决策涉及的是例外问题。

### (一)程序化决策

在管理活动中,经常产生两类性质的决策问题:一是重复出现的、日常的管理问题,称之为例行问题,如产品质量、员工工资等问题;另一类则是与之相反,即偶然发生,没有一定规律可循、对组织有重大影响的问题,称之为例外问题,如新产品开发、组织结构变革等。因例行问题经常重复出现,因而可以把决策过程标准化、程序化,如建立制度、规则或制定政策来处理,而不必每次都决策。

### (二)非程序化决策

非程序化决策是针对例外问题的非重复性决策,具有极大的偶然性和随机性,无先例可循,要求决策者具有创造性思维,勿照章办事。

## 三、集体决策与个人决策

根据决策主体的不同,决策可分为集体决策和个人决策。

### (一)集体决策

集体决策是指由集体共同掌握的决策,这种决策受个人影响较小,受集体影响较大,如花费更多的时间,也容易产生"从众"现象。

### (二)个人决策

个人决策是指在最后选择决策方案时,由最高领导者做出的决策。这种决策责任明确,花费时间少,也受领导者个人因素的制约。

### 课堂练习

美国通用电气公司是一家集团公司,1981年杰克·韦尔奇接任总裁后,认为公司管理得太多,而领导得太少,"工人们对自己的工作比老板清楚得多,经理们最好不要横加干涉",为此,他实行了"全员决策"制度,使那些平时没有机会互相交流的员工、中层管理人员都能出席决策讨论会。"全员决策"的展开,打击了公司中官僚主义的弊端,减少了烦琐程序。"全员决策"使公司在经济不景气的情况下取得了巨大进展。他本人被誉为全美最优秀的企业家之一。

资料来源:崔卫国.管理学故事会[M].北京:中华工商联合出版社,2005:81.
问题:"全员决策"是什么类型的决策?杰克·韦尔奇为什么会选择集体决策?

## 四、确定型决策、风险型决策与不确定型决策

根据决策对环境因素的可控程度不同,可以将决策分为确定型决策、风险型决策和不确定型决策。

### （一）确定型决策

确定型决策指每种备选方案只有一种确定的结果，即决策事件未来的自然状态明显，比较各方案的结果就能选出最优方案。

### （二）风险型决策

风险型决策指每种备选方案有各种自然状态，但是，未来发生哪种自然状态不能预先肯定，但要知道有多少自然状态及每种自然状态发生的概率，可以通过比较各方案的期望值来进行决策。

### （三）不确定型决策

不确定型决策指决策事件未来的各种自然状态完全未知，各种状态出现的概率也无法估计，只能凭决策者的主观经验、感觉和估计做出决策。

## 五、长期决策与短期决策

根据决策规划时期的长短不同，可以将决策分为长期决策和短期决策。

### （一）长期决策

长期决策是指有关组织今后发展方向的长远性、全局性的重大决策，如人力资源的开发、组织规模的确定和投资方向的选择等。

### （二）短期决策

短期决策是指为实现长期战略目标而采取的短期策略手段，如组织生产中的资源配置和日常营销等。

### 课堂练习

1995 年，美泰玩具公司创办人之一，"芭比娃娃"的创意者露丝·汉德勒接到 ABC 公司一个电话，问她是否愿意赞助"米老鼠俱乐部"的表演，并问她美泰玩具公司是否愿意花 50 万美元在电视台播放一年的电视广告。

这并不是个小数目，它相当于美泰公司当时的资本净值。并且，当时电视广告的效应还不被人所知，也没有得到充分的利用。那时的玩具业也几乎根本不做广告宣传，只满足于圣诞节之前在一些大城市做一些促销活动。

然而，在接到电话之后的一个小时内，汉德勒和她的丈夫埃利奥特给了 ABC 公司一个肯定的答案。从此，他们在电视媒体上打广告销售玩具产品。汉德勒在自传中写道，在做电视广告之前，80%的玩具是在圣诞节前六周内售出的，而电视广告的播出刺激了孩子们整年对玩具的需求。

**资料来源：** http://www.docin.com/p-1066859354.html

**问题：** 分析上述案例，指出美泰公司的决策属于哪种决策？正确的决策对企业有什么影响？

## 任务三　决策的程序

### 任务情境

#### 格里亨德运输公司

人人都认为格里亨德运输公司遇到了麻烦。这家公司的利润少得可怜，需求却非常旺盛，但公司没有钱安排空车或买新车雇用司机满足这些需求。为了削减经营成本，提高顾客服务质量，公司的高层领导制订了一个重组计划。根据该项计划，要大幅度减员，减少服务线路和服务内容，而且，从顾客订票到车次安排全都实行计算机管理。但是，中层管理人员反对这项计划。很多中层经理认为，大幅度减员将使本来很差的顾客服务变得更加糟糕。负责计算机项目的经理敦促引进新的计算机系统，以解决高度复杂的软件中所存在的一些小问题。

人力资源部门指出，总站员工的受教育程度太低，连高中毕业的都为数不多。因此，为使他们能够有效地使用这个系统，必须对他们进行大规模的培训。并且，警告说，格里亨德运输公司的乘客中有许多是低收入者，他们没有信用卡或者是电话，这样他们就无法接受公司计算机订票系统的服务。

面对这些分歧，公司高层还是运用了新的系统，他们强调说，研究得到的数据表明，新系统将改善顾客服务质量，使顾客买票更加方便，而且，顾客可以为将来的特殊旅行预定位置。灾难降临了，订票的电话剧增，但由于新的接线系统存在机械问题，很多电话根本打不进来。许多顾客还像往常一样，到总站直接买票上车，计算机仿佛陷入了泥潭，击一下键需要45秒，打印一张车票需要5分钟。

这个系统经常瘫痪，售票员不得不经常用手写票。顾客排着长队等候买票。人员减少使得售票人员不得不穷于应付他们并不熟悉的计算机系统，对顾客不礼貌的事情时有发生。乘坐公司车辆的顾客也急剧减少，竞争对手更是趁机抢夺那些对格里亨德公司不满意的顾客。

资料来源：https://wenku.baidu.com/view/4735ee15c281e53a5802ff68.html

问题：格里亨德公司管理者面临的是程序化决策还是非程序化决策？利用管理决策制订过程的步骤分析格里亨德公司的案例。

### 任务内容

#### 一、发现问题，分析原因

企业的团队功能紊乱，公司的客户逐渐减少，或者计划无法按期实施。每一项决策都始于一个问题，实际现状与目标的偏差提醒管理者潜在机会或问题的存在。例如，一位销售经理的下属因为笔记本电脑太旧而无法正常工作。而增加电脑内存不划算，而且，公司的政策是购买不是租赁，现在有一个问题——销售员现在使用的电脑与他们需要更有效率的电脑之间的不一致。因此，销售经理需要做一项决策。

管理者何时以及如何发现问题呢？在上面的案例中，当销售员抱怨他们的电脑时，管理者就可以确认自己是否需要做决策了。但问题不是都如此明显,在复杂的组织结构中,管理者需要吸收大量的高质量信息,尽可能精确地评估问题和机会。

## 二、确定决策目标

目标是决策的出发点和归宿,明确目标需要完成以下内容。

决策目标必须明确而具体。目标的含义必须明确,决策目标的表达应当是单一的,并使执行者能够明确地领会。

决策目标要有明确的约束条件。例如,制订了利润目标,但没有一定的品种、质量、成本利润等附加条件,就可能完成或超额完成了利润目标,但品种结构不合理,产品质量低下。

决策目标要数量化,即给决策目标规定出明确的数量界限。有些目标本身就是数量指标,如产值、产量、利润等。在订立决策目标时,要避免使用"较大进步""明显下降"之类含义不确定的词句来表达决策目标。对于不能直接用数量指标表示的无形目标,应采用分级评分法间接使其量化。

决策要处理好多目标的关系。一项决策常常有多个目标,因此,抓住首要目标,把各个目标按重要性划分,并归类相似的目标。将一些必须达到的目标作为约束条件。例如,在购买面包车选型决策时,如果以"既能运输又能拉载货物"作为必须达到的目标,把"购价低"作为希望达到的目标,那么,前者就是约束条件。

## 三、拟定备选方案

一旦机会或问题被正确地识别出来,管理者就要提出达到目标和解决问题的各种方案。这一步骤需要创造力和想象力,在提出备选方案时,管理者必须把其试图达到的目标牢记在心,而且,要提出尽可能多的方案。

管理者常常依据个人经验、经历和对有关情况的把握来提出方案。为了提出更多、更好的方案,需要从多种角度审视问题,这意味着管理者要善于征询他人的意见。

## 四、评估备选方案

确定所有备选方案后,决策者就必须对每一个备选方案进行评估。要了解各种方案的优势和劣势,从以下几个方面进行评估:其一是方案实施所需的条件能否具备,筹备和利用这些条件需要的成本,也就是方案是否具有可行性;其二是方案实施能够给企业带来的利益,实施方案能够给企业各部门带来的影响;其三是方案实施中可能遇到的风险或者失败的可能性。

## 五、选择备选方案

在决策过程中,决策者要选择最佳的备选方案。尽管选择一个方案看起来很简单,但需要考虑全部可行方案并从中挑选一个能最好解决问题的方案,是很困难的。由于最好的决定通常建立在仔细判断的基础上,所以,决策者要想做出一个好的选择,必须考虑全部事实、确定是否可以获取足够的信息以及最终选择最好的方案。

## 六、实施方案

把决策方案传递给有关人员并得到他们的认同,从而将该决策付诸实施。在决策的实施过程中,管理者同时需要对环境进行重新评估以发现是否存在任何变化。

## 七、监督和评估

决策程序的最后一个步骤是评估该项决策的结果以检查问题是否得到了解决。如果评估表明该问题仍然存在,管理者需要判断哪里出错了,在决策程序的哪一个步骤出现了问题。确定之后,可能会使管理者重新实施过程或者重新开始整个过程。

### 课堂练习

刘基的《郁离子》中有一个寓言:有个赵国人忧愁老鼠危害,就到中山国去要猫,中山国的人给了他一只。这只猫善于捉老鼠,也喜欢捉鸡吃。一个多月之后,赵国人家里的老鼠被逮了不少,可鸡也被猫吃光了。赵国人的儿子颇感忧虑,便向父亲请求把这只猫送走。父亲回答:"我们家里的祸患在于老鼠,而不在于没有鸡,家中有老鼠会偷吃我们的粮食、衣物,穿透我们的墙壁,毁坏我们的农业,让我们挨饿受冻,而没有鸡只不过不吃鸡和鸡蛋而已,离挨饿受冻还远着呢!我们为什么要把这只猫送走呢?"

资料来源:http://dushu.qq.com/read.html?bid=629289&cid=3

问题:分析案例中父亲权衡之下为什么选择留下猫?

## 任务四 决策的方法

### 任务情境

#### 直升机扫雪

有一年,美国北方格外严寒,大雪纷飞,电线上积满冰雪,大跨度的电线常被积雪压断,严重影响通信。过去,许多人试图解决这一问题,但都未能如愿以偿。后来,电信公司经理应用奥斯本发明的头脑风暴法,尝试解决这一难题。参加会议的是不同专业的技术人员,要求他们必须遵守四个原则:自由思考,延迟评判,以量求质,结合改善。

大家七嘴八舌地议论开来,有人提出设计一种专用的电线清雪机;有人想到用电热来化解冰雪;也有人建议用振荡技术来清除积雪;还有人提出能否带上几把大扫帚,乘直升机去扫电线上的积雪。对于这种"坐飞机扫雪"的想法,大家心里尽管觉得滑稽可笑,但在会上也无人提出批评。相反,有一位工程师在百思不得其解时,听到用飞机扫雪的想法后,大脑突然受到冲击,一种简单可行且高效率的清雪方法冒了出来。他想,每当大雪过后,出动直升机沿积雪严重的电线飞行,依靠调整旋转的螺旋桨即可将电线上的积雪迅速扇落。他马上提出"用直升机扇雪"的新设想,顿时又引起其他与会者的联想,有关用飞机除雪的主意一下子又多了七八条。不到一小时,与会的 10 名技术人员共提出 90 多条新设想。

会后，公司组织专家对设想进行分类论证。专家们认为，设计专用清雪机，采用电热或电磁振荡等方法清除电线上的积雪，在技术上虽然可行，但研制费用高、周期长，一时难以见效。那种因"坐飞机扫雪"激发出来的几种设想，倒是一种大胆的新方案，如果可行，将是一种既简单又高效的好办法。经过现场试验，发现用直升机扇雪真能奏效，一个久悬未决的难题，终于在头脑风暴会中得到了巧妙的解决。

资料来源：https://wenku.baidu.com/view/8a31a88d4431b90d6c85c7c2.html

问题：从决策角度看，这个故事给你什么启示？

# 任务内容

## 一、定性决策方法

### （一）头脑风暴法

头脑风暴法是比较常用的集体决策方法，用于发表创造性意见，因此，主要用于收集新设想。这种方法将对解决某一问题有兴趣的人集合在一起，在完全不受约束的条件下，敞开思路，畅所欲言。头脑风暴法的创始人英国心理学家奥斯本为该决策方法的实施提出以下四项原则。

（1）对别人的建议不做任何评价，将相互讨论限制在最低限度内。

（2）建议越多越好，在这个阶段，参与者不要考虑自己建议的质量，想到什么就应该说出来。

（3）鼓励每个人独立思考，广开思路，想法越新颖、越奇异越好。

（4）可以补充和完善已有的建议以使它具有说服力。

# 知识介绍

## 头脑风暴法

头脑风暴（Brain Storming），最早是精神病理学上的用语，指精神病患者的精神错乱状态。而现在，则成为无限制的自由联想和讨论的代名词，其目的在于产生新观念或激发创新设想。

头脑风暴法由美国创造学家A·F·奥斯本于1939年首次提出。在群体决策中，由于群体成员心理相互作用影响，易屈于权威或大多数人的意见，形成所谓的"群体思维"。群体思维削弱了群体的批判精神和创造力，损害了决策的质量。为了保证群体决策的创造性，提高决策质量，管理上发展了一系列改善群体决策的方法，头脑风暴法是较为典型的一个。

头脑风暴法可分为直接头脑风暴法（通常简称为头脑风暴法）和质疑头脑风暴法（也称为反头脑风暴法）。前者是在专家群体决策中尽可能激发创造性，产生尽可能多的设想的方法；后者则是对前者提出的设想、方案逐一质疑，分析其现实可行性的方法。

采用头脑风暴法组织群体决策时，要集中有关专家召开专题会议，主持者以明确的方式向所有参与者阐明问题，说明会议的规则，尽力创造融洽轻松的会议气氛。主持者一般不发表意见，以免影响会议的自由气氛，由专家们"自由"提出尽可能多的方案。

资料来源：http://wiki.mbalib.com/wiki/%E5%A4%B4%E8%84%91%

(二) 德尔菲法

此方法是由美国兰德公司提出的，它已成为一种非常普及的技术预测方法。它既可以由群体成员来完成，也可以由分散的成员来完成。这种方法是就某一个问题或事项运用函询的方法，征求专家的意见，主要过程如下。

(1) 组成专家小组。按照课题所需要的知识范围，确定专家。专家的数量，可根据预测课题的大小和涉及面的宽窄而定，一般不超过 20 人。

(2) 向所有专家提出所要预测的问题及有关要求，并附上有关这个问题的所有背景材料，同时，请专家提出所需。然后，由专家做书面答复。

(3) 各个专家根据他们所收到的材料，提出自己的预测意见，并说明自己是怎样利用这些材料并提出预测值的。

(4) 将各位专家第一次判断意见汇总，列成图表，进行对比，再分发给各位专家，让专家比较自己同他人的不同意见，修改自己的意见和判断。也可以把各位专家的意见加以整理，或请身份更高的其他专家加以评论，然后把这些意见再分送给各位专家，以便他们参考后修改自己的意见。

(5) 将所有专家的修改意见收集起来汇总，再次分发给各位专家，以便做第二次修改。逐轮收集意见并为专家反馈信息是德尔菲法的主要环节。收集意见和信息反馈一般要经过三四轮。在向专家进行反馈的时候，只给出各种意见，但并不说明发表各种意见的专家的具体姓名。这一过程重复进行，直到每一个专家不再改变自己的意见为止。

(6) 对专家的意见进行综合处理。

### 知识介绍

## 德 尔 菲 法

德尔菲法是在 20 世纪 40 年代由赫尔默和戈登首创的。1946 年，美国兰德公司为避免集体讨论存在的屈从于权威或盲目服从多数的缺陷，首次用这种方法进行定性预测，后来该方法被迅速广泛采用。20 世纪中期，当美国政府执意发动朝鲜战争的时候，兰德公司又提交了一份预测报告，预告这场战争必败。政府完全没有采纳，结果一败涂地。从此以后，德尔菲法得到广泛认可。

德尔菲是古希腊地名。相传太阳神阿波罗在德尔菲杀死了一条巨蟒，成了德尔菲主人。在德尔菲有座阿波罗神殿，是一个预卜未来的神谕之地，于是人们就借用此名，作为这种方法的名字。

德尔菲法最初产生于科技领域，后来逐渐被应用于任何领域的预测，如军事预测、人口预测、医疗保健预测、经营和需求预测、教育预测等。此外，还用来进行评价、决策、管理沟通和规划工作。

德尔菲法依据系统的程序，采用匿名发表意见的方式，即专家之间不得互相讨论，不发生横向联系，只能与调查人员联系，通过多轮次调查专家对问卷所提问题的看法，经过反复征询、归纳、修改，最后汇总成专家基本一致的看法，作为预测的结果。这种方法具有广泛的代表性，较为可靠。

资料来源：http://wiki.mbalib.com/wiki/%E5%BE%B7%E5%B0%94%E8%8F%B2%

## 二、定量决策方法

### （一）确定型决策方法

**1. 盈亏平衡分析法**

盈亏平衡分析法，又称量—本—利分析法或保本分析法。它是根据企业产量（或销售量）、成本和利润之间的关系，以及盈亏变化的规律，建立数学模型，计算、分析和选择决策方案的方法。

将企业生产成本分为固定成本和变动成本两部分。这里所指的固定成本就是在一定时期、一定范围内不随产量的变动而变动的费用，如管理人员的工资、按年限法计提的固定资产折旧、租赁费等。而变动成本就是随着产量的变动而变动的费用，如原材料费用、计件工资等。需要注意的是，这里的固定和变动只是相对的概念。从长期来看，企业的生产规模和生产能力是不断变化的，所以各种费用都会发生变化；从短期来看，单位产品的变动成本是固定的，而单位产品的固定成本则随着产量的增加而减少。

研究产（销）量、成本和利润之间的关系。特定时期企业利润、销售收入（价格与销售量的乘积）和生产成本（固定成本和变动成本）之间的关系，如图4-2所示。

企业利润＝销售收入－产品成本
　　　　＝产（销）量×产品单价－（固定成本＋变动成本）
　　　　＝产（销）量×产品单价－固定成本－单位变动成本×产（销）量

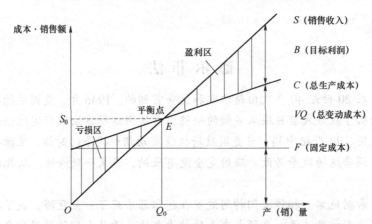

图4-2　利润、销售收入和生产成本三者之间的关系图

资料来源：钟金霞，谭谊，黄慧. 管理学基础［M］. 长沙：湖南大学出版社，2007.

由图4-2可知，企业利润的前提是生产经营过程中的各种消耗（生产成本 $C$）均能从销售收入（$S$）中获得补偿，即销售收入大于或至少等于生产成本（$S \geq C$）。因此，要求企业的生产规模足够大，即大于或等于盈亏平衡点产量水平。

因此，企业需要确定盈亏平衡点的产量或收入。由图 4-2 所示，销售收入曲线 $S$ 和总生产成本曲线 $C$ 相交于 $E$ 点，该点所对应的产（销）量（$Q_0$）即为盈亏平衡点产（销）量，$E$ 点对应的销售收入 $S_0$ 即为盈亏平衡收入。当企业产量低于 $Q_0$ 时，此时总成本高于总收入，企业处于亏损状态；当企业产量高于 $Q_0$ 时，此时总收入高于总成本，企业处于盈利状态。

盈亏平衡分析法的计算方法如下。

在 $E$ 点，总成本和总收入线相交，对应的产量为 $Q_0$，此时有如下等式：

$$销售收入=固定成本+变动成本$$

$$Q_0 \times P = F + VQ_0$$

$$Q_0 = \frac{F}{P-V}$$

式中，$Q_0$ 为盈亏平衡点产量（销量）；

$F$ 为固定成本；

$P$ 为产品价格；

$V$ 为单位变动成本。

当要获得一定的目标利润时，其公式为：

$$B = QP - F - VQ$$
$$= Q(P-V) - F$$
$$B + F = Q(P-V)$$
$$Q = \frac{F+B}{P-V}$$

式中，$B$ 为目标利润额；

$Q$ 为实现目标利润 $B$ 时的产量或销量。

**2. 盈亏平衡分析法应用**

例如：某企业生产一种产品，其年固定成本为 150 000 元，单位产品变动成本为 20 元，产品销售价为 25 元。

（1）该厂的盈亏平衡点产量应为多少？该企业如采用某生产方案，预计年产量为 28 000 件，问是否可行？

$$Q_0 = \frac{F}{P-V}$$
$$=150\ 000/(25-20)$$
$$=30\ 000（件）$$

即盈亏平衡点产量为 30 000 件，由于拟采用生产方案年产量仅为 28 000 件，低于盈亏平衡点产量，企业处于亏损状态，故不可行。

（2）如果每年要实现利润 30 000 元，其年产量应为多少？

$$Q = \frac{F+B}{P-V}$$
$$=(150\ 000+30\ 000)/(25-20)$$
$$=36\ 000（件）$$

即当年生产量为 36 000 件时，企业可获利 30 000 元。

计算保本收入 $S_0=Q_0 \times P$ 或盈亏平衡收入的基本公式为：

由 $Q_0 = \dfrac{F}{P-V}$ 两边同时乘以 $P$，可得，$Q_0 \times P = \dfrac{F}{P-V} \times P$，

整理上式，可得到：$S_0 = \dfrac{F}{1-\dfrac{V}{P}}$

式中，$P-V$ 表示企业的边际贡献，为每生产单位产品所得到的销售收入在扣除变动成本后的剩余；$1-\dfrac{V}{P}$ 表示单位销售收入可以帮助企业吸收固定成本或实现企业利润的系数，叫作边际贡献率。如果边际贡献或边际贡献率大于零，则表示企业生产该种产品除了可以收回变动成本外，还有一部分收入可以用来补偿已经支付的固定成本。因此，有时候当企业面临固定资产限制，或未能充分利用等情况时，产品单价即使低于成本，但只要大于变动费用，企业生产这种产品就有好处，可补偿部分固定资产费用支出，减少企业损失。

当要获得一定的目标利润时，其公式为：

$$S = \dfrac{F+B}{1-\dfrac{V}{P}}$$

式中，$B$ 为预期的目标利润额，$S$ 为获得目标利润时的销售额。

盈亏平衡分析法虽被广泛运用，但也有缺点，即只注意了盈亏平衡点的分析，没有考虑资金的时间价值。因为用来支付固定成本和变动成本的资金是可以用来进行投资的，如果一个组织只注意盈亏平衡，就有可能失去在其他方面取得更大利润的机会。故在很多情况下，采用盈亏平衡分析之后，应采用诸如资金回收率、现值折算的分析等，以帮助决策者考虑是否有必要继续原来的生产，还是投资转向其他更有利可图的方面。

（二）风险型决策方法

**1. 期望值决策法**

期望值决策法（Expected Monetary Value，EMV）是通过计算不同备选方案在不同自然状态下的收益期望值的综合值——期望收益值，进而选择期望收益值的最大值为最佳方案。

例如，某公司计划在未来三年内生产某种产品，需要确定产品批量。根据预测估计，这种产品市场状况的概率是畅销为 20%，一般为 50%，滞销为 30%。提出大、中、小三种批量的生产方案，有关数据如表 4-1 所示。思考如何决策才能为企业带来最大的经济效益。

表 4-1 损益值表

| 市场状况及概率<br>损益值<br>方案 | 畅销（20%） | 一般（50%） | 滞销（30%） |
|---|---|---|---|
| 大批量 | 40 | 30 | -10 |
| 中批量 | 30 | 20 | 8 |
| 小批量 | 20 | 18 | 14 |

资料来源：李立新. 管理学［M］. 北京：北京理工大学出版社，2011：132-133.

解：首先计算各个方案的每年期望收益值。

EMV（大批量）=40×0.2+30×0.5+（-10）×0.3=20（万元）
EMV（中批量）=30×0.2+20×0.5+8×0.3=18.4（万元）
EMV（小批量）=20×0.2+18×0.5+14×0.3=17.2（万元）

然后比较各个方案期望收益值的大小，确定最佳方案。

EMV（小批量）＜EMV（中批量）＜EMV（大批量），按照最优值原则，应该选择大批量的生产方案，因其给企业带来的经济效益最大。

**2. 决策树法**

决策树法和期望值决策法基本相似，一般都是自上而下生成的。每个决策或事件（即自然状态）都可能引出两个或多个事件，导致不同的结果，把这种决策分支画成图形很像一棵树的枝干，故称决策树。

决策树的构成有四个要素：决策结点、方案枝、状态结点和概率枝，如图4-3所示。

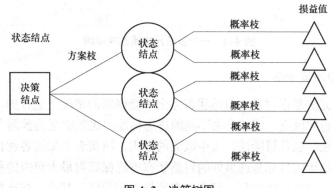

图4-3 决策树图

ERP沙盘模拟某企业为增加销售额，计划通过建设新厂扩大生产。据市场预测，产品销路好的概率为70%，销路差的概率为30%。现有三种备选方案。

方案①，新建大厂，需投资300万元。据初步估计，销路好时，每年可获利100万元；销路差时，每年亏损20万元。服务期为10年。

方案②，新建小厂，需投资140万元。销路好时，每年可获利40万元；销路差时，每年仍可获利30万元。服务期为10年。

方案③，先建小厂，三年后销路好时再扩建，需追加投资200万元，服务期为7年，估计每年获利95万元。

问题：哪种方案好？

画出三种方案的决策树图，如图4-4所示。

方案①（结点①）的期望收益为：[0.7×100+0.3×（-20）]×10-300=340（万元）
方案②（结点②）的期望收益为：(0.7×40+0.3×30)×10-140=230（万元）
方案③（结点④）的期望收益为：95×7-200=465（万元）
方案③（结点⑤）的期望收益为：40×7=280（万元）

所以销路好时，扩建比不扩建好。

方案③（结点③）的期望收益为：(0.7×40×3+0.7×465+0.3×30×10)-140=359.5（万元）

计算结果表明,在三种方案中,方案③最好。

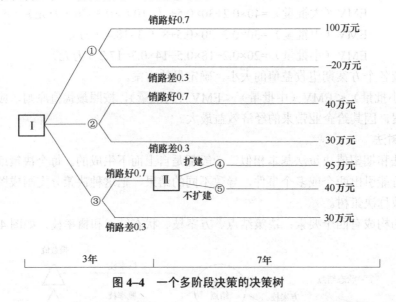

图4-4 一个多阶段决策的决策树

### (三)不确定型决策方法

不确定型决策方法是在对未来自然状态完全不能确定的情况下进行的。由于决策主要靠决策者的经验、智慧和风格,便能产生不同的评选标准,比较常见的预测方法有以下四种。

(1)乐观决策法,也称冒险法,大中取大的准则。决策者不知道各种自然状态中任一种可能发生的概率,决策的目标是选最好的自然状态下确保获得最大可能的利润。冒险法在决策中的具体运用是:首先,确定每一可选方案的最大利润值;其次,在这些方案的最大利润中选出一个最大值,与该最大值相对应的那个可选方案便是决策选择的方案。由于根据这种准则决策也能有最大亏损的结果,因而称为冒险投机的准则。

(2)悲观法,也称保守法或瓦尔德决策准则,小中取大的准则。采用这种方法的管理者对未来持悲观的看法,认为未来会出现最差的自然状态。决策时,对各种方案都按它带来的最低收益考虑,然后比较哪种方案的最低收益最高,简称小中取大法。

(3)乐观系数法,也称折中决策法或赫威斯决策准则。决策者确定一个乐观系数 $\varepsilon$(0.5或1),运用乐观系数计算出各方案的乐观期望值,并选择期望值最大的方案。

(4)最小最大后悔值法,也称萨凡奇决策准则。决策者不知道各种自然状态中任一种发生的概率,决策目标是确保避免较大的机会损失。运用最小最大后悔值法时,首先,要将决策矩阵从利润矩阵转变为机会损失矩阵;其次,确定每一可选方案的最大机会损失;最后,在这些方案的最大机会损失中,选出一个最小值,与该最小值对应的可选方案便是决策选择的方案。

## 任务五 实训任务

### 一、调查访问

课外,就本市某企业进行社会调查,访谈企业管理人员,熟悉企业面临的决策问题,掌握企业的决策程序及决策方法,理论联系实际,培养个人的决策能力。

## 二、角色扮演

安娜毕业后,10年来在某大城市里一家中等规模的电脑公司当程序设计员,她的年薪为50 000美元。她工作的这家公司,每年要增加4~6个部门。这样扩大下去,公司的前景还是很好的,也增加了很多新的管理职位。其中,有些职位包括优厚的年终分红在内,公司每年要支付90 000美元。

安娜的父亲雷森先生自己开了一家电脑维修公司,主要是维修计算机硬件。最近,由于健康和年龄的原因,雷森先生不得不退休。他雇了位刚从大学毕业的大学生来临时经营电脑维修公司,店里的其他部门继续由安娜的母亲经营。雷森先生建立了良好的信誉,不断有大的电脑公司委托其做该城市的售后维修中心,维修公司现在一年的营业额大约为400 000美元,而毛利润差不多是170 000美元。由于雷森先生的退休,他和他的太太可提支工资80 000美元。雷森夫人得到的年薪为35 000美元,雷森先生自己已不再从维修公司支取薪金。如果安娜决定管理维修公司,将获得50 000美元的年薪及维修公司经营所得利润的25%分红,两年后可增加到50%。此外,需再雇一个办事员,费用大约需16 000美元。雷森先生已知有人试图出600 000美元购买他的公司,如出售,这笔款项的大部分将由安娜在不久的将来继承。

**要求:** 请你扮演安娜,列出有哪些行动方案可选择,你会采用哪种方案?

资料来源:黄雁芳,宋克勤.管理学教程案例集[M].上海:上海财经大学出版社,2005:40.

## 课外学习

### 一、分析题

科学的经营决策能使企业充满活力、兴旺发达,而错误的经营决策会使企业陷入被动,濒临险境。纵观世界各国,经营决策失败的有之,当然,也不乏成功的案例。通过分析以下案例我们能得到什么启示?

**案例1:** 1985年,由马来西亚国营重工业公司和日本三菱汽车公司合资2.8亿美元生产的新款汽车"沙格型"隆重推出市场。马来西亚政府视之为马来西亚工业的"光荣产品",而产品在推出后,销售量很快跌至低潮。经济学家们经过研究,认为"沙格型"汽车的一切配件都从日本运来,由于日元升值,使它的生产成本急涨,再加上马来西亚本身的经济不景气,所以,汽车的销售量很少。此外,最重要的因素是政府在决定引进这种车型时,主要考虑到满足国内的需要。因此,技术上未达到先进国家的标准,无法出口。由于在目标市场决策中出现失误,"沙格型"汽车为马来西亚工业带来的好梦,只是昙花一现而已。

资料来源:高超.现代企业管理基础知识[M].北京:中国社会劳动保障出版社,2012:87.

**案例2:** 1962年,英法航空公司开始合作研制"协和"式超音速民航客机,其特点是快速、豪华、舒适。经过十多年的研制,耗资上亿英镑,终于在1975年研制成功。十几年时间的流逝,情况发生了很大变化。能源危机、生态危机威胁着西方世界,乘客和许多航空公司都因此而改变了对在航客机的要求。乘客的要求是票价不要太贵,航空公司的要求是节省能源、多载乘客、噪声小。但"协和"式飞机不能满足消费者的这些要求。首先是噪声大，飞行时会产生极大的声响，有时甚至会震碎建筑物上的玻璃。其次是由于燃料价格增长快，运行费用也相应大大提高。这些情况表明，消费者对这种飞机的需求量不会很大。因此，不应大批量投入生产。但是，由于公司没有决策运行控制计划，也没有重新进行评审，而且飞机是由两国合作研制的，雇用了大量人员参加这项工作，如果中途下马，就要大量解雇人员。上述情况使得飞机的研制生产决策不易中断，后来两国对是否要继续协作研制生产这种飞机发生了争论，但由于缺乏决策运行控制机制，只能勉强将决策继续实施下去。结果，飞机生产出来后卖不出去，原来的宠儿变成了弃儿。

资料来源：http://www.doc88.com/p-2317081831631.html

**案例3**：美国国际商用机器公司为了从规模上占领市场，大胆决策购买股权。1982年用2.5亿美元从美国英特尔公司手中买下了12%的股权，从而足以对付国内外电脑界的挑战；另一次是1983年，又以2.28亿美元收购了美国一家专门生产电讯设备的企业罗姆公司15%的股权，从而维持了办公室自动化设备方面的"霸王"地位。又如，早在1965年，美国的一家公司发明了盒式电视录像装置。可是，美国公司只用它来生产一种非常昂贵的广播电台专用设备。而日本索尼的经营者通过分析论证，看到了电视录像装置一旦形成大批量生产，其价格势必降低，许多家庭可以购买得起此种录像装置。这样一来，家用电子产品这个市场就会扩大，如果马上开发研究家用电视录像装置，肯定会获得很好的经济效益和社会效益。由于这一决策的成功，家用电视录像装置的市场一度被日本占去了90%多，而美国则长期处于劣势。

资料来源：http://wiki.mbalib.com/wiki/%E5%86%B3%E7%AD%96

## 二、讨论题

阅读案例，讨论郁美净的发展对中国本土品牌的借鉴意义。郁美净面对外界消费者舆论的变化，是如何制订决策使品牌重获关注的？

## 郁美净如何出发

郁美净是中国本土化妆品中的老品牌。从2004年开始，经过努力和经营，在没有丝毫广告投放的同时，赢得了众多女性消费者的关注。

天津郁美净集团的前身是天津市第二日化厂，从1979年开始转产化妆品。和许多老品牌一样，其有一段光荣的历史：在儿童护肤品市场上，郁美净集团有限公司有这三个引以为豪的成绩——连续25年保持行业内产销量全国第一；郁美净品牌囊括了国优、中国驰名商标、中国名牌、国家免检产品四项国家级最高质量奖项；销售收入连续10年以20%的速度递增，仅郁美净儿童霜这一产品的年产销量就超过了1亿袋（盒）。然而，随着外资企业的攻入，这样的辉煌受到了严重的挑战。外资企业依靠雄厚的资金实力在全国范围内开始地毯式或全方位地投放广告，以强生为例，强生月均广告费用高达600万元。强大的广告宣传阵势使得强生进入中国不久，其产品就迅速占领了我国儿童护肤品的中高端市场。

资金成为制约郁美净等一批国产品牌发展中的最大短板，没有资金，就没有办法做广告，品牌的宣传成为一个难题。然而，从2004年开始，由于消费者慢慢成熟，对于化妆品的消费趋于理性，同时，也由于开始频频被曝光的国外化妆品中出现的问题，女性消费者中已经开始形成一股对国产护肤品的热议口碑。消费者心态的微妙变化已经发生，而这正是郁美净借势而起的最好机会。外部舆论所提供的机会更有可能稍纵即逝，郁美净开始努力抓住这一时机。

**1. 挖掘品牌核心价值**

从国产化妆品的热潮来看，除了涌动着的民族主义情感和怀旧情感，还有个重要的核心要素，就是对护肤品的理念已经更加趋于成熟。郁美净儿童霜是郁美净集团的金字招牌，其销售额一直高居公司总销售额的 50%～60%。而其在全国范围内最早研发出的鲜奶系列也有着大量的忠诚消费者。作为核心产品，郁美净将其产品中富含营养牛奶的诉求进行了有效的传递，而这可以说是郁美净最大的一块消费者利益提供点。

除了消费者利益这一基本的品牌支持点，品牌在消费者心中的地位和其与消费者的情感联系密切相关。作为老国货品牌，郁美净拥有许多的支持者，童年时期使用的回忆、充满怀旧感的形象，都让许多消费者提到郁美净，就会联想到温馨、亲和力等积极的字眼。这都是郁美净品牌价值中的重要组成因素。

**2. 公关为品牌开路**

对于消费者的拥戴已经慢慢形成外部议题的郁美净来说，公关更加能够有效地与这场讨论对话和沟通。相对于广告而言，公关更加能够有效地抓住舆论中的热点，引导这种热点，同时，向传统媒体施加影响力。

而郁美净选择的网上消费者社区则包括百度"郁美净贴吧"以及官网上建立的美容论坛。通过这两个主要的社区，郁美净可以有效地了解消费者，并且与之进行沟通。在稳定消费者忠诚度的举措中，消费者自身的社区发挥着重要的作用，无论是信息的可信度，还是增加消费者之间的共鸣，共同社区能够激发消费者之间的交流，同时，增加品牌与消费者之间的互动。而在信息的选择上，主要通过消费者身份的发言。这些信息中，有来自消费者使用中的感受，也有来自企业的适度引导。这种方式容纳了多种角度的产品信息，更加有助于增加品牌的亲切感和说服力，而郁美净通过这样的载体有效地传达了品牌所引发的消费者的亲切感和信任度。同时，通过在官网上对消费者的意见调查，如对郁美净研发的意见等，也有助于有效地搜集消费者意见。更加重要的是，这些举措都有效地让郁美净亲和力的形象深入人心。这种互动性对于消费者意见和观点的把握，有效地凝聚了消费者的忠诚度，从而使得品牌的情感因素以及产品所提供的具体利益，在消费者的现身说法下显得更加具有说服力。可以说，郁美净在市场中有个最直接的竞争对手，就是在其核心产品中与其竞争最为激烈的强生系列。在宣传自身安全性的过程中，郁美净突出强调了自己的原料基地，在网络上纷纷转载着郁美净厂每天都会开进一辆鲜奶车的信息，这种形象化的联想有力地强化了郁美净品牌的天然特性。

郁美净成功的最重要的原因在于其通过有效的方式借助了消费者舆论变化的东风。在外部已经形成有利的消费舆论时，对于老国货企业而言，在品牌复兴的道路中，必须明确的是：到底什么方式最适合本企业，企业本身又有哪些优势。

**资料来源**：王蔷，李丽萍. 管理学教程习题与案例集［M］. 上海：上海财经大学出版社，2011：77–78.

# 第三部分

## 组 织

# 组织基础

### 知识目标

1. 掌握组织结构的概念,理解几种常用的组织结构类型及其优缺点;
2. 了解组织设计的概念及其关键要素,掌握组织设计的程序;
3. 理解组织文化的概念,掌握组织文化的功能和影响要素;
4. 理解组织变革的类型与程序,掌握组织变革的动因。

### 能力目标

1. 能够运用组织结构基本理论,进行简单的组织结构设计;
2. 能够利用组织文化来塑造企业文化;
3. 能够较为灵活地分析、解决组织变革中出现的问题。

### 情感目标

1. 萌发学生的组织文化意识;
2. 培养学生进行组织变革的意识。

### 项目导入

#### 奥帝康公司

奥帝康公司是世界第三大助听器生产厂家。1987 年,据公司下属的坦尼斯工厂厂长拉斯·考德林说:"奥帝康公司是世界上最保守又充满贵族气息的公司,我们的办公室墙壁是硬木镶板墙,车库里有美洲虎汽车,公司等级制度森严。"但是,这种保守和僵化的组织结构导致了公司的衰落。仅 1987 年,奥帝康公司损失了 4 000 万 DKK(货币单位)。

奥帝康公司的竞争对手则实力雄厚,咄咄逼人。公司一位高级主管认为:"我们很难造出比索尼公司的数字式音响集成电路块更好的竞争产品，但我们必须创造出一些更好的东西。"管理层决定，这些所谓"更好的东西"是指开发一种独特的组织结构，能给奥帝康提供其竞争对手不具备的灵活性。所推行的改革包括工作再设计、缩减部门、创造灵活方便的工作空间等。

今天，奥帝康公司的员工不再承担单一工作，他们可以从一系列不断变化的工作中自己选择。例如，一个工程师的基本职责是设计新颖的集成电路，同时，他们还可以签约参加市场调查或编辑公司的业务通信。现在，公司由于实行兼职制，所以能够更充分地利用员工的多种技能，而这在旧的组织结构中是做不到的。

奥帝康公司废除了公司总部一级的所有职能部门，废除了各种头衔，创立了一种没有上司和管理者的结构。取代部门和上司位置的是团队，他们为了共同的目标而努力工作。为了避免混乱，管理层保证使公司中每一位员工都了解公司的计划与战略安排。由于公司员工拥有共识，团结协作，管理层认为，公司员工的活动，虽然是独立进行的，但他们保持一致和相互支持的机会大大增加了。

奥帝康公司的办公摆设发生了彻底的变化。现在，每个人的工作空间完全相同，大家没有固定的办公桌，每个人拥有一个便携式工作台——装在车轮上，带有抽屉的文件柜。需要某些人在一起工作时，项目团队便找来一些相邻的桌子，每个项目成员把自己的工作台移动到一张桌子上，这张桌子就成为他的办公桌。每张桌子上都配有一台计算机，其中储备着一些必要的人事资料，并且能够提供电子邮件通信服务和公司的数据。由于每位员工都持有移动电话，因此，联系非常方便。

奥帝康公司总部分布着许多咖啡厅，柜台处是站着开会的场所，其原因如一位公司高级经营人员所说，"人站着的时候，不管是思考还是工作都能更好、更快、更灵活"。新型的组织结构给公司带来了极大的灵活性。例如，它使新产品上市的时间缩短了一半，销售额逐年攀升，而且员工很喜欢这种新的组织结构。尽管员工数量下降了15%，但态度调查表明，员工满意度居历史最高水平。

资料来源：[美]罗宾斯. 组织行为学[M]. 孙建敏, 李原, 等, 译. 北京：中国人民大学出版社, 1997：422–423.

问题：通过阅读奥帝康公司的例子，谈谈你对组织及组织结构的认识。

## 任务一　组织结构与组织设计

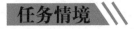
任务情境

### 巴恩斯医院

10月的某一天，产科护士长黛安娜给巴恩斯医院的院长戴维斯博士打来电话，要求立即做出一项新的人事安排。从戴安娜急切的声音中，院长感觉到一定发生了什么事情，因此，要她立即到办公室来。5分钟后，戴安娜递给院长一封辞职信。

"戴维斯博士，我再也干不下去了，"她接着申述，"我在产科当护士已经四个月了，我简直干不下去了。我怎么能干得了这份工作呢？我有两三个上司，每人都有不同的要求，都要求优先处理。要知道我是一个凡人。我已经尽了最大努力来适应这份工作，但看来这是不可能的。让我举个例子吧，请相信我，这是一件平平常常的事情，像这样的事情，每天都在发生。"

"昨天早上 7:45，我来到办公室就发现桌上留有一张纸条，是杰克逊（医院的主任护士）给我的。她告诉我，她上午 10 点需要一份床位利用情况报告，供她下午向董事会做汇报时用。我知道这样的一份报告至少要花一个半小时才能写出来。30 分钟后，乔伊斯（戴安娜的直接主管，基层护士监督员）走进来质问我，'为什么我的两个护士都不在班上'。我告诉她，'雷诺兹医生（外科主任）从我这要走了她们两位，说是急诊外科手术正缺人手，需要借用一下。'我告诉她，'我也反对过，但雷诺兹医生坚持说只能这么办'。你猜，乔伊斯说什么？她叫我立即让两位护士回到产科部。她还说，'一个小时后，她会回来检查我是否把这件事办好了！'我跟你说，戴维斯博士，这种事情每天都要发生好几次。一家医院就只能这样运作吗？"

资料来源：[美] 斯蒂芬·P·罗宾斯，等. 管理学 [M]. 黄卫伟，等，译. 北京：中国人民大学出版社，1997：250–251.

问题：你认为这家医院的问题出在哪里？应该怎样做来改变这种状况？

## 任务内容

### 一、组织结构与组织设计的概念

组织结构是指组织中正式确定的使工作任务得以分解、组合和协调的框架体系。组织结构描述组织的框架体系，是对完成组织目标的要素所做的制度安排，影响和制约着组织内部人员、资金、物资、信息的流程。组织结构通常根据组织的任务目标、工作流程、权责分工以及信息沟通的具体情况来确定。

管理者在发展或变革一个组织的结构时，他们就在开展组织设计。组织设计是指以组织结构为核心的组织系统设计活动，是组织能够有效实施管理职能的重要前提。组织设计的目的是：能通过创构柔性灵活的组织，动态地反映外在环境变化的要求；能在组织演化成长的过程中，有效积聚新的组织资源要素；能协调好组织中部门间的人员与任务间的关系，使员工明确自己在组织中应有的权利和应负的责任；能有效地保证组织活动的开展，最终促成组织目标的实现。

### 二、组织结构的类型

组织结构是组织的骨架，包括纵、横两大系统：纵向是组织上下垂直机构或人员之间的联系，是一种领导隶属关系；横向是平行机构或人员之间的联系，是一种分工与协作的关系。组织结构的基本类型有以下几种：

（一）直线制组织结构

直线制组织结构是最早使用，也是最为简单的一种结构，是一种低度部门化、宽管理跨度、集权式的组织结构形式。其特点是：组织中各职位按照垂直系统直线排列，各级行政领导人执行统一指挥和管理职能，不设专门的机构，组织中只有一套纵向的行政指挥系统。直线制组织结构如图 5-1 所示。

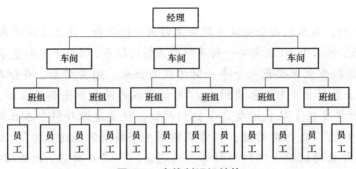

图 5-1　直线制组织结构

这种组织结构的优点是结构简单，管理人员少，职责权力明确，上下级关系清楚。缺点是组织结构缺乏弹性，同一层次之间缺乏必要的联系，主管人员独揽大权、任务繁重，一旦决策失误将会给组织造成重大损失。因此，这就要求管理人员掌握多种专业知识和管理知识，能较好地处理多种业务。这种结构只适用于规模不大、职工较少、业务比较简单的组织。

（二）职能制组织结构

职能制组织结构，又称"U 型"结构，是一种以职能分工为基础的分级管理结构，即将管理按专业进行划分，由职能管理机构分别领导业务机构。其特点是：通过工作专门化，制订非常正规的制度和规则；以职能部门划分工作任务；实行集权式决策，管理跨度狭窄；通过命令链进行决策，来维持组织经营活动的顺利运转。职能制组织结构如图 5-2 所示。

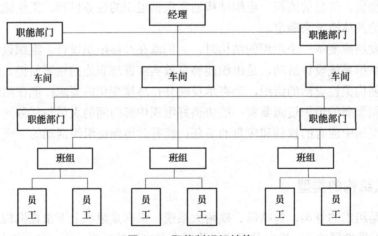

图 5-2　职能制组织结构

这种组织结构的优点是专业分工明确，组织具有很强的稳定性，提高了管理的专业化程度，减轻了各级行政领导人员的工作负担。缺点是多头领导，容易造成管理上的混乱，不利于明确划分职责和职权，弹性较差，在调整、改革时容易出现自发的抗拒倾向。其最早是由泰勒提出的，但由于上述缺点，在现实中这种组织结构基本没有实行。

### （三）直线职能制组织结构

直线职能制组织结构是把直线制和职能制结合起来形成的。其特点是：以直线制为基础，在各级行政负责人之下设置相应的职能部门分别从事专业管理，作为该级领导者的参谋，实行主管统一指挥与职能部门参谋、指导相结合的组织结构形式。职能部门拟订的计划、方案以及有关指令，统一由直线领导者批准下达。职能部门无权直接下达命令或进行指挥，只起业务指导作用。各级行政领导人实行逐级负责制，具有高度的集权特征。直线职能制组织结构如图 5-3 所示。

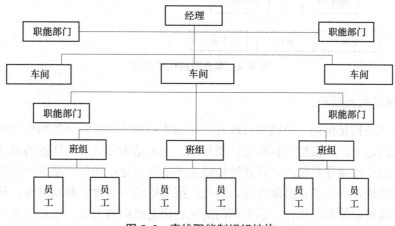

**图 5-3 直线职能制组织结构**

这种组织结构的优点是既保持了直线制结构的集中统一指挥的优点，又吸收了职能制结构的专业分工管理的长处，从而极大提高了管理的效率。它具有较强的稳定性，在外部环境变化不大的情况下，易于发挥组织的集团效率。缺点是横向部门之间缺乏信息交流，各部门缺乏全局观念，职能机构之间、职能人员与直线指挥人员之间的目标不易统一，最高领导的协调工作量较大。这种结构是当前国内各类组织中最常见的一种组织结构，如企业、机关、学校、医院等均采用这种组织结构形式。

### （四）事业部制组织结构

事业部制组织结构，又称"M 型"结构，1924 年由美国通用汽车公司副总裁小阿尔弗雷德·P·斯隆制订。事业部制组织结构是指大型公司按产品的类型、地区、经营部门或顾客类别设计、建立若干自主经营的单位或事业部的组织结构。它的主要特点是集中决策、分散经营，即：在集权领导下实行分权管理；每个事业部都是独立核算单位，在经营管理和战略决策上拥有很大的自主权；各事业部经理对部门绩效全面负责。总公司只保留预算、人事任免和重大问题的决策等权力，并运用利润等指标对事业部进行控制。事业部制组织结构如图 5-4 所示。

这种组织结构的优点是有利于公司最高管理者摆脱日常行政事务，专心致力于公司的战略决策；充分调动各事业部的积极性，提高组织经营的灵活性和适应能力；有利于培养人才、发现人才、使用人才，便于考核。缺点在于整体性不强，内部沟通与交流不畅。这种组织结构主要适用于大型企业、跨国公司、多元化经营企业等。

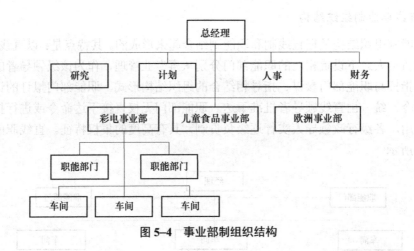

图 5-4 事业部制组织结构

## （五）矩阵式组织结构

矩阵式组织结构是指把一个以项目或者产品为中心构成的组织叠加到传统的、以职能来构成的纵向组织之上。该结构中有两套管理系统，一套是为完成某一任务的横向项目系统，另一套是纵向的职能领导系统。矩阵式结构最主要的特点是：能使产品事业部结构和职能制结构同时得到实现，创造了双重命令链。因此，组织中的人员也具有双重性：其一，他们仍然需要对其原属的职能部门负责，职能部门的主管仍是他们的上级，这是和纵向的职能领导系统相吻合的；其二，他们必须对项目经理负责，项目经理对他们拥有项目职权，这又是由横向的项目系统决定的。矩阵式组织结构如图 5-5 所示。

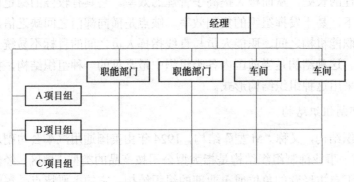

图 5-5 矩阵式组织结构

这种组织结构的优点是能够集中优势解决问题，资源共享，交流畅通。其缺点是组织复杂、双重领导，容易产生责权不清、管理混乱等现象。因此，主要适用于重大工程与项目、单项重大事务的临时性组织等。

## （六）多维立体组织结构

多维立体组织结构是矩阵式结构的进一步发展。若一个组织拥有三方面（三维）部门，即按专业分工的职能部门、按产品划分的事业部门、按地区划分的地区管理机构（以这三方面为坐标轴，形成一个三维坐标系），企业可以将三方面结合在一起，组成由不同职能部门、不同事业部门和不同地区管理机构的人员参加的组织，共同进行某种产品的开发、生产和销售等任务。多维立体组织结构如图 5-6 所示。

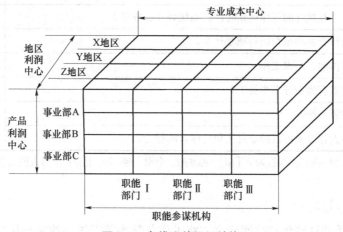

图 5-6　多维立体组织结构

这种组织结构由于决策过程周期过长、费用较高，比较适用于跨国公司或大型企业，也适用于大型体育活动或公关活动的组织。

（七）团队结构

团队结构是福特等国外一些大型汽车公司较早引入生产过程的一种结构。它是一种为了实现某一个目标而由相互协作的个体组成的正式群体。这种组织结构的主要特点是：不受部门限制，可以快速地组合、重组、解散，形成相对独立的、高效的、自我管理的，可以完整地完成某种产品的制造或服务团队。

小型公司可以将团队结构作为整个组织的形式；而对大型企业，团队可以作为原有组织结构的补充。这种组织结构的优点是加强了解决问题的能力，提高了生产效率，能够更有效地利用资源。其缺点是对团队的领导人要求较高，需要持续不断进行团队管理，相对来讲，稳定性较差。

（八）虚拟组织结构

虚拟组织结构是以合同为基础，依靠其他商业职能组织进行制造、分销、营销或其他关键业务的很小规模的核心组织结构。这是一种决策高度集权化的小型核心组织，其部门化程度很低，主要职能通过外包完成。虚拟组织结构的根本目的是追求最大程度的灵活性。这些虚拟组织结构建立了各种关系网络。如果其管理层觉得其他公司在生产、分销或其他方面比自己做得更好或成本更低，就可以把自己的有关业务外包给他们。

虚拟组织结构通过计算机网络与中间商、承包商、合作伙伴保持联络，把每个伙伴的优势集中起来，设计、制造和销售最好的产品。

## 三、组织设计的关键要素

组织设计是一个涉及六方面关键要素的过程，即：工作专门化、部门化、指挥链、管理幅度、集权与分权和正规化，如表 5-1 所示。

表 5-1 组织设计时管理者需要回答的六个关键问题

| 关键问题 | 由谁回答 |
|---|---|
| 1. 把任务分解成相互独立的工作单元时,应细化到什么程度? | 工作专门化 |
| 2. 对工作单元进行合并和组合的基础是什么? | 部门化 |
| 3. 员工个人和群体向谁汇报工作? | 指挥链 |
| 4. 一名管理者可以有效指导多少员工? | 管理幅度 |
| 5. 决策权应放在哪一级? | 集权与分权 |
| 6. 规章制度在多大程度上可以指导员工和管理者的行为? | 正规化 |

资料来源:[美]罗宾斯. 组织行为学[M]. 孙建敏,李原,等,译. 北京:中国人民大学出版社,1997:423.

## (一)工作专门化

工作专门化是通过动作和时间研究,将工作分解为若干很小的单一化、标准化及专业化的操作内容与操作程序,以达到提高工作效率的目的。工作专门化的实质是:不将整项任务交由某个人承担,而将其细分为若干步骤,每一步骤由不同的人单独完成。换言之,个人是专门从事活动的一部分,而不是全部活动。

## (二)部门化

部门化是将整个管理系统进行分解,并把若干职位组合成一些相互依存的基本管理单位的过程。图 5-7 显示了五种通用的部门化方式。职能部门化是依据所履行的职能来组合的工作。它可以在各类型组织中得以应用,具体的职能会有不同,因为各组织的目标和要开展的工作活动是有差异的。产品部门化是依据产品线来组合工作的。在这种方式下,每一主要产品领域都划归到主管人员的管辖之下,该主管人员不仅是所分管产品线的专家,而且对所开展的一切活动负责。区域部门化是按照地理区域进行工作的组合,如将在本国内运营的组织划分为南部、西北部等,将全球化的企业划分为美国部、加拿大部、欧洲部及亚太区部等。过程部门化是依据产品或顾客流来组合工作的,使各项工作活动沿着处理产品或为顾客提供服务的工艺过程的顺序来组织。顾客部门化是依据共同的顾客来组合工作的。这组顾客具有某类相同的需要或问题,要有相应的专家才能更好地予以满足。

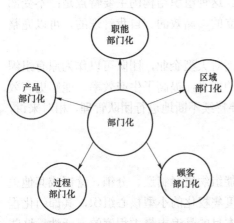

图 5-7 五种通用的部门化方式

## (三)指挥链

指挥链是指从组织高层延伸到基层的一条持续的职权线,界定了谁向谁报告。指挥链离不开三个相关联的概念:职权、职责和统一指挥。职权是指管理职务所固有的发布命令的权力,并且人们预计这种命令会被遵从和执行。职权基于组织中的职位,它与任职者没有任何关系。职责与职权具有对等的重要性,它是指对应职权应承担的相应责任。统一指挥原则是法约尔提出的 14 条管理原则之一，它使组织能保持一条持续的职权线，每个下属应当而且只能向一个上级主管直接负责。它包括两个方面的意思：一是一个下属只能接受一个上级指挥；二是一个下属只能向一个上级汇报工作。由于信息技术的发展及对员工授权的加大，指挥链等相关概念及传统思想越发淡出人们的视线。

（四）管理幅度

管理幅度是指一个管理人员所能有效地直接领导和控制的实际人员数，也就是一个主管可以有效地指导下属的数量。这种有关管理幅度的问题非常重要，因为在很大程度上，它决定着组织要设置多少层次，配备多少管理人员。在其他条件相同时，管理幅度越宽，组织效率越高。

通常情况下，影响管理幅度的因素包括：管理者及下属人员的素质、管理工作的性质、管理条件、管理环境等。

**1. 管理者及下属人员的素质**

如果管理者的综合能力、理解能力和表达能力很强，能够抓住关键，迅速解析问题，明确指示，并保证下属人员能够理解及迅速有效地执行，那么，管理幅度可以宽些；否则，就要适当缩小管理幅度。而如果下属人员的工作能力强，受过系统培训，经验丰富，可以很好地理解和执行上级的命令，这样，管理幅度也可以宽些。

**2. 管理工作的性质**

对于高层管理者来说，他们往往面对的是对组织有重大意义的复杂问题，因此，他们直接领导的人数应该少而精，以便集中最优秀的人才处理最复杂、最重要的问题；基层管理者主要是处理一些重复或相似的例行性工作，其下属在职能上有很高的类似程度，其管理的人数可以多些。

**3. 管理条件**

管理条件包括管理标准化程度、信息处理的效率以及助手的配备状况等。就管理标准化程度而言，如果标准化程度较高，管理幅度就可扩大；如果标准化程度较低，事事都要重新研究，管理幅度就要小一些。就信息处理的效率而言，如果信息传递的方式和渠道恰当，信息处理设备先进且功能发挥充分，上下左右沟通便捷，协调充分，则领导者可将主要精力用于决策，从而可以扩大管理幅度；反之，则要适当缩小管理幅度。就助手的配备状况而言，管理者如果有一个好助手，就可以不必亲自处理很多事务，从而节省了时间和精力，管理幅度则可以放宽些。

**4. 管理环境**

管理环境的变化速度、程度和组织的外部经营形势等无疑对管理幅度也有着一定的影响。如果管理环境变化速度快、程度高，管理者则需要花费较多的时间及精力来应付和处理变化态势，因此，管理幅度就不可能很宽。从组织的经营形势来看，当组织的经营形势困难的时候，为了集中力量渡过难关，则需要集权，在管理幅度上也要做出相应的调整。

### 知识介绍

## 苛希纳定律

西方管理学中有一条著名的苛希纳定律，即：如果实际管理人员比最佳人数多两倍，工作时间就要多两倍，工作成本就要多四倍；如果实际管理人员比最佳人数多三倍，工作时间就要多三倍，工作成本就要多六倍。苛希纳定律告诉我们，在管理上并不是人多力量大，管理人员越多，工作成本就越高。苛希纳定律要求我们要认真研究并找到一个最佳人数，以最大限度地减少工作时间、降低工作成本。

资料来源：http://china.toocle.com/cbna/item/2009-07-13/4684378.html

### （五）集权与分权

在有些组织中，有一种极端的情况是，高层管理者制订所有的决策，低层管理人员只需要执行高层管理者的指示；另一种极端情况是，组织把决策权下放到最基层管理人员手中。前者是高度集权式的组织，而后者则是高度分权式的组织。

### （六）正规化

正规化是指组织中的工作实行标准化的程度。如果一种工作的标准化程度较高，就意味着做这项工作的人对工作内容、工作时间、工作手段没有多大自主权。在高度标准化的组织中，有明确的工作说明书，有繁杂的组织规章制度，对于工作过程有详尽的规定。而标准化程度较低的工作，相对来说，工作执行者和日程安排就不是那么僵硬，员工对自己工作的处理许可权就比较宽。由于个人许可权与组织对员工行为的规定成反比，因此，工作标准化程度越高，员工决定自己工作方式的权力就越小。工作标准化不仅减少了员工选择工作行为的可能性，而且使员工无须考虑其他行为选择。

## 四、组织设计的程序

**1. 组织设计的时机**

一般而言，组织设计主要针对三种情况：一是新建的企业需要进行组织结构设计；二是原有组织结构出现较大的问题或企业的目标发生变化，原有组织结构需要进行重新评价和设计；三是组织结构需要进行局部的调整和完善。

**2. 组织设计的具体程序**

（1）要根据组织的宗旨、目标和主客观环境来确定组织机构设置的基本思路与原则。

（2）根据企业目标设置各项经营、管理职能，明确关键职能，并把公司总的管理职能分解为具体管理业务和工作等。

（3）选择总体结构模式，设计与建立组织结构的基本框架。

（4）要设计纵向与横向组织结构之间的联系与协调方式、信息沟通模式和控制手段，并且建立完善的制度规范体系。至此，组织结构设计的主体过程已完成。

（5）要为组织结构运行配备相应的管理人员和工作人员，并进行培训。

（6）反馈与修正。要在组织运行过程中，加强跟踪控制，适时进行修正，使其不断完善。

### 课堂练习

赛智公司是一家成立于1998年的民营高科技企业，公司创办初期的20名员工都是具有良好专业背景的科技人员，有很强的学习能力。这些人来公司后也都很快进入角色，各自独当一面，在工作中，既能与客户进行深入的探讨，充分了解客户需求，又能开发相关应用软件，适应客户企业的运营环境，在系统调试运行中为用户提供详尽的技术支持。公司的人员精干高效，公司的总经理事必亲为，从与客户沟通到软件开发再到售后服务样样操心，有时还忍不住自己亲自动手编写应用程序。赛智公司创业初期的组织结构如图5-8所示。

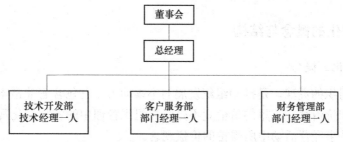

图 5-8　赛智公司创业初期的组织结构

赛智公司选择银行、海关、民航和税务作为主要的目标市场，凭着全体员工的共同努力和高质量的产品，赛智公司实现了超速成长。

**资料来源**：刘云鹏，雷达，廖彩霞. 管理学基础［M］. 武汉：武汉大学出版社，2015：108.

问题：赛智公司在创业初期的组织结构属于何种类型？其主要特点是什么？

## 任务二　组织文化

### 任务情境

#### 麦当劳的企业文化

20世纪六七十年代崛起的麦当劳，在80年代与汉堡王的竞争中胜出，到90年代末麦当劳的经济实力显著增强，已经成为颇具竞争力的公司。21世纪初，公司创始人雷·克罗克提出的"质量、服务、清洁、价值"的企业文化被麦当劳进一步整合和强化。团队合作、谦逊、以业绩为基础的奖励机制、创新和多样性成为这家快餐业巨头的文化核心。

尽管麦当劳是一家在全球119个国家拥有40万名员工的公司，但只要你走进任何一家麦当劳，你都可以清晰地感受和辨识出麦当劳的文化。在麦当劳就意味着，无论这个被招聘者是在哪个职级上工作，他首先要是整个团队中的一员。过于以自我为中心的人通常会在面试环节中被淘汰掉，即便进入公司，他们也会在以后的工作中被剔除。除了著名的麦当劳汉堡大学培训计划外，麦当劳的文化价值观还体现在公司的激励和奖惩结构设计中。对于麦当劳的员工来说，如果所在团队的营业收入没有达到上一年度的规定限额，所有的团队成员都不能获得奖励。如果团队的业绩达到或超过了规定限额，那么，团队成员的个人表现将决定其最终的收入。例如，如果一个团队的业绩超出了规定额度的120%，就意味着这个团队中表现最佳的员工可以拿到基准报酬的120%～150%的高薪，而表现不佳的员工或许只能拿到基准报酬的70%～80%的薪水。这种奖惩激励制度和薪酬结构设计，非常好地体现了麦当劳团队业绩第一、个人表现第二的公司核心价值观。

**资料来源**：http://www.hrsee.com/?id=396

**问题：** 通过阅读麦当劳的企业文化，请阐述一下你对组织文化的理解。

# 任务内容

## 一、组织文化的概念与结构

### （一）组织文化的概念

组织文化是组织的灵魂，是推动组织发展的不竭动力。它包含着非常丰富的内容，其核心是企业的精神和价值观。这里的价值观不是泛指组织管理中的各种文化现象，而是企业或企业中的员工在从事经营活动中所秉持的价值观念。

组织文化的内容可以分为两类：一是显性组织文化，指那些以精神的物化产品和精神行为为表现形式，通过直观的视听器官能感受到的，又符合组织文化实质的内容，包括组织的标志、工作环境、规章制度和经营管理行为等几部分；二是隐性组织文化，是组织文化的根本，是最重要的部分，包括组织哲学、价值观念、道德规范、组织精神等几个方面。

### （二）组织文化的结构

关于组织文化的结构划分有多种观点。这里我们将组织文化划分为四个层次，即物质层、行为层、制度层和精神层。

**1. 物质层**

物质层是组织文化的表层部分，是组织创造的物质文化，是一种以物质形态为主要研究对象的表层组织文化，是形成组织文化精神层和制度层的条件。优秀的组织文化是通过重视产品的开发、服务的质量、产品的信誉和组织的生产环境、生活环境、文化设施等物质现象来体现的。

**2. 行为层**

行为层是组织行为文化，是组织员工在生产经营、学习娱乐中产生的活动文化。它包括在组织经营活动、公共关系活动、人际关系活动、文娱体育活动中产生的文化现象。组织行为文化是组织经营作风、精神风貌、人际关系的动态体现，也是组织精神、核心价值观的折射。

**3. 制度层**

制度层是组织文化的中间层次，把组织物质文化和组织精神文化有机地结合成一个整体。它主要是指对组织和成员的行为产生规范性、约束性影响的部分，是具有组织特色的各种规章制度、道德规范和员工行为准则的总和。它集中体现了组织文化的物质层和精神层对成员和组织行为的要求。制度层规定了组织成员在共同的生产经营活动中应当遵守的行为准则，主要包括组织领导体制、组织机构和组织管理制度三个方面。

**4. 精神层**

精神层是组织精神文化，是组织在长期实践中所形成的员工群体心理定式和价值取向，是组织的道德观、价值观及组织哲学的综合体现和高度概括，反映全体员工的共同追求和共同认识。组织精神文化是组织价值观的核心，是组织优良传统的结晶，是维系组织生存发展的精神支柱。其主要是指组织的领导和成员共同信守的基本信念、价值标准、职业道德和精神风貌。精神层是组织文化的核心和灵魂。

## 知识介绍

### 国外学者对"组织文化"概念的界定

威廉·奥奇：公司文化由公司的传统风气所构成，它意味着一个公司的价值观，诸如进取、保守或灵活，这些价值观构成了公司员工的活动、意见和行为的规范，同时，也是指导企业制订职工和（或）顾客政策的宗旨。

迪尔和肯尼迪：组织文化描述成一种集意义、信仰、价值观、核心价值观在内的存在，是一个企业所信奉的价值观。

丹尼森：组织文化是指为组织成员所持有的基本的信念、价值观、假设以及表现出来的实践和行为。

霍夫斯塔德：组织文化是指组织成员所共有的并以此同其他组织相区别的心理程序，也就是说，组织文化是共有的价值观体系。

罗宾斯：组织文化是组织成员所共有的一套意义共享的体系，它使组织独具特色，区别于其他组织。

埃德加·沙因：组织文化是由一套基本的假设——由一个特定的组织在学习处理对外部环境的适应和内部整合问题时所创造、发现或发展起来的，是一种运行得很好且被证明是行之有效的，并被用来教育新成员正确感知、思考和感觉上述这些问题的基本假设。

### 二、组织文化的功能与影响因素

#### （一）组织文化的功能

**1. 凝聚功能**

良好的组织文化同时意味着良好的组织氛围，能够激发组织成员的士气，并且产生本职工作的自豪感、使命感、归属感，从而使组织产生强大的向心力和凝聚力。

**2. 导向功能**

组织文化一旦形成，就会产生一种定式，这种定式就自然而然地把职工引导到组织目标上来。组织提倡什么、抑制什么、摒弃什么，职工的注意力也就转向什么。当组织文化在整个组织内成为一种强文化时，其对员工的影响力也就越大，其职工的转向也就越自然。

**3. 约束功能**

组织文化的约束功能是通过职工自身感受而产生的认同心理过程实现的。它通过内省过程，产生自律意识，自觉遵守那些成文的规定，如法规、厂纪等。

**4. 激励功能**

组织文化以理解人、尊重人、合理满足人们各种需要为手段，以调动广大员工的积极性、创造性为目的。所以，组织文化从前提到目的都是激励人、鼓舞人。

**5. 辐射功能**

组织文化不仅对组织内部产生强烈的影响，通过自己的产品，通过组织职工的传播，也会把自己组织的经营理念、组织精神和组织形象昭示于社会，有的还会对社会产生强烈的影响。

#### 6. 调适功能

调适就是调整和适应。企业各部门之间、职工之间，由于各种原因难免会产生一些矛盾，解决这些矛盾需要各自进行自我调节；企业与环境、与顾客、与企业、与国家、与社会之间都会存在不协调、不适应之处，这也需要进行调整和适应。

### （二）组织文化的影响因素

#### 1. 社会文化背景

任何组织都存在于特定的社会环境中，组织文化是整个社会文化的一部分，在很多方面是一脉相承的。社会上所流行的价值观、道德取向都直接反映在组织文化的内容中。

#### 2. 组织创业者和领导者的素质

组织创业者或者现行的领导者个人素质对企业文化的形成具有相当重要的影响。组织创业者的风格形成了相应的企业文化类型，并通过各种形式得以延续和流传。

#### 3. 组织成员的素质

组织成员虽然是组织文化的受影响者，但反过来组织成员的素质状况也影响着组织文化的形成。组织成员的知识水平、文化素养决定了其工作的自觉程度和对参与决策的热情程度，这便形成了组织文化的重要内容。

#### 4. 组织对文化的传播力度

组织文化得以沉淀，还有赖于企业对其进行内外部宣传，这样可以使组织文化得以强化发展。

## 三、组织氛围建设

组织氛围指在某种环境中员工对一些事件、活动和程序以及那些可能会受到奖励、支持和期望的行为的认识，可以描述为同一组织中各成员的共享的认知。组织氛围是一种气氛，是在员工之间的不断交流和互动中逐渐形成的，并且对员工的各方面都形成了一定的影响。员工对企业日常事务、作业规程和奖励制度等的感受，将影响其工作表现。做好组织氛围的建设应该从以下三个方面着手。

（1）要从制度层面确定各个部门、工作岗位之间的明确分工。部门之间、岗位之间的合作是否顺利是组织氛围好坏与否的一个重要标志，保证明确的分工才能有良好的合作。各部门职责明确、权力明确，并不意味着互不相关，所有的事都是公司的事，都是大家的事。职务分工仅仅是说工作程序是由谁来具体执行而已，如此才不会发生互相推诿、推卸责任等影响组织氛围的情况。

（2）从企业文化建设着手，提高员工的工作激情，营造一个相互信任、相互理解、相互激励、相互关心的组织氛围，从而稳定工作情绪、激发工作热情，形成一个共同的工作价值观，进而产生合力，达成组织目标。

（3）建立畅通的沟通渠道。企业组织内的信息沟通存在两种形式：正式沟通和非正式沟通。正式沟通是组织通过建立有效的沟通制度和信息载体平台，并使之得到执行和保障的畅通，从而成为部门之间、员工之间实现协调统一、相互了解和理解的工具。非正式沟通是企业员工在彼此交往中自发形成的，存在于以传闻为特征的信息沟通网络中。若非正式沟通过于盛行，将会产生影响组织氛围的不良因素，严重的甚至会影响员工的正常工作秩序。

### 四、组织文化的变革

由于变革意味着引入与当下组织文化迥异的新鲜事物，文化创新往往比文化维系更为艰难。当创新发生时，新的事物就会覆盖或取代旧的事物，而人们常常会对此变化采取抵抗行为，当然，他们这么做有他们的充足原因。所以，文化变革或文化创新要想取得成功，就一定要让员工相信变革带来的收获比损失多。

哈里森·特赖斯和贾尼斯·拜尔在《工作组织文化》一书中，就组织文化变革需要考量的因素，提出了八项建议。

（1）选择有利时机，如财务表现极差时，让员工感到变革确有必要，势在必行。

（2）既谨慎又乐观，对变革前景要持有乐观态度。

（3）了解变革阻力，要从个体与组织两个层面来了解变革的阻力。个体层面的阻力有：对未知事物的恐惧感、利己主义、选择性注意力与保持力、旧有习惯、依赖感、安全感等。组织层面的阻力有：权力和影响力的威胁、诚信缺失、不同的认知与目标、社会分裂、资源有限、固定投资、跨组织合作等。

（4）大刀阔斧变革的同时，保持有关成分的连续性。原有的一些原则仍然有效实用的话，可以保持不变。

（5）充分认识贯彻执行的重要性。只有口头认同与满腔热情是远远不够的，推动变革必须有切实行动，如采取变革方案、贯彻执行方案等。

（6）选择、修改乃至创造适当的文化形式，如符号、语言、故事、神话、比喻、礼仪、礼节或庆典等。

（7）调整衍化策略。员工从进入企业的那一刻开始，就潜移默化地了解并学习企业文化，因此，如果这一学习过程发生了变化，企业文化也会做出相应变化。

（8）发现、培养创新型领导。员工往往不会主动放弃既有的稳定感和安全感，追随领导走向新的征途，除非领导有强有力的人格魅力与自信，并能够运用雄辩的口才和表演技巧，向他们展示变革的美好愿景。

#### 课堂练习

某君新到 A 公司，从入门的第一天起就下定决心好好干，一定要混出个人样来。进门的第一天，九点过后，同事们陆陆续续进来，一般的是迟到十几分钟，有的迟到近半个小时。中午吃饭一小时，一点二十分才有同事陆续从外面吃饭归来。以电话营销为主的部门几乎听不到打电话的声音，每个人坐在电脑前，聊 MSN、QQ 兴致正浓，还有的看股票的走势图、网上小说。这都在无形中给那位朋友很大影响。进公司第四天下班后，好心的同事把公司的历史、来龙去脉、人际关系等细枝末节给他描绘了一番，令这位本来准备好好干的朋友"一下子掉到了井底"，新人冲天的干劲消失了大半，只好随大流混。不知道公司和自己的前途在哪里，跟着迟到、聊天、打电话。

某君的工作热情很高，本来想做点事，然而受环境的影响，工作积极性大受打击，慢慢变"油"了。由此可见，一个公司的氛围有多重要，不同公司的不同氛围，给人的感觉差异很大。同时，在 B 公司，大家干得热火朝天，都是风风火火，加班的加班，拜访客户的拜访客户，开会的开会，紧紧张张、有条不紊，效率很高，对同样一个新人来讲又是不同的感觉。所以，想起一句经典的话："制度比人才重要，好的制度令人才辈出，不好的制度埋没人才"。

同样一个人在不同的环境下能创造出不同的价值，可见，公司的整体氛围对人的影响有多大。

资料来源：http://www.hrsee.com/?id=287

问题：A 公司都存在哪些不好的行为和习惯？请思考如何改善组织氛围？

## 任务三  组织变革

### 任务情境

#### 微软公司的组织变革

用外人的眼光来看，微软公司似乎是在以闪电般的速度发展着。然而，从内部来看，对发展太缓慢的指责与日俱增。微软公司有 3 000 名员工，生产 180 多种不同的产品，至少有 5 个管理层。公司的员工开始抱怨文案主义和决策迟缓的问题。日益明显的官僚化倾向甚至使公司失去了几个重要的人才。此外，微软公司还面临着一些新的挑战，如美国司法部对这个软件巨人的裁决，以及美国在线公司和时代华纳合并所形成的互联网竞争强敌。

在这种情况下，高层管理人员开始重建微软公司。为使公司能对软件行业中的快速变化做出更好的反应，他们建立了 8 个新事业部。其中，商用和企业事业部侧重向企业用户提供诸如 Windows2000 这样的软件；家用和零售事业部处理游戏软件、家庭应用软件、儿童软件及相关业务；商界生产率事业部以知识型工人为其目标市场，为他们开发诸如文字处理方面的应用软件；销售和客户支持事业部则主要集中于会计律师事务所、互联网服务提供商和小企业这样的顾客群。其他的事业部还包括开发者事业部（研制供企业编程人员使用的工具）、消费者和商务事业部（使商家与企业的 MSN 网络门户相联）、消费者视窗事业部（使个人电脑更易于消费者使用）。最后一个是开展各方面基础研究的微软研究事业部，包括语音识别和先进的网络技术。

真正使这一新结构对微软公司具有革命性意义的是，这 8 个新事业部的领导被授予了充分的自由和职权，只要能够实现销售收入和利润目标，他们就可以按照自己认为适当的方式经营其业务并支配各自的预算。而在以前，盖茨和鲍梅尔都卷入每个大大小小的决策中，包括 Windows2000 的主要性能、评价用户支持热线得来的反馈记录等。现在，事业部经理被授予了以前所没有的职权和责任。一个事业部经理这样说，他感觉"就像在经营自己的小企业"。"互联网使一切都发生了改变"，盖茨这样认为。正因为如此，他认识到了微软公司也必须改革。他希望新的结构是这一正确方向上的一个起点。

资料来源：孙元欣. 管理学——原理·方法·案例 [M]. 北京：科学出版社，2006：235.

问题：请思考微软公司进行变革的具体原因及其成功的关键是什么？

### 任务内容

#### 一、组织变革的概念

伯纳德·伯恩斯在《变革管理》中指出：每一个组织，不论是具有百年历史的跨国企业，还是各种政府机构，都需要不断地进行变革，才能保持旺盛的生命力，不断地取得胜利。

任何一个组织，无论过去如何成功，都必须随着环境的变化而不断地调整自我，并与之相适应。组织变革的根本目的就是提高组织的效能，特别是在动荡不定的环境条件下，要使组织顺利地成长和发展就必须自觉地研究组织变革的内容、类型、过程、程序，研究组织创新。

## 二、组织变革的原因

在全球化和信息化日益发展的今天，由于组织面对的是一个动态的、变化不定的环境，为了组织的生存和发展，就必须设法使其适应这样的环境。促使组织变革的原因可分为外部环境因素和内部环境因素两方面。

（一）外部环境因素

（1）整个宏观社会经济环境的变化，如政治、经济政策的调整，经济体制的改变，以及市场需求的变化，等等，都会引起组织内部深层的调整和变革。

（2）科技进步的影响。知识经济社会，科技发展日新月异，新产品、新工艺、新技术、新方法层出不穷，这都对组织的固有运行机制形成了强有力的挑战。

（3）资源变化的影响。组织发展所依赖的环境资源对组织具有重要的支持作用，如原材料、资金、能源、人力资源、专利使用权等。组织必须克服对环境资源的过度依赖，同时，要及时根据资源的变化，顺势变革组织。

（4）竞争观念的改变。基于全球化的市场竞争将会越来越激烈，竞争方式也将会多种多样，组织若想要适应未来竞争的要求，就必须在竞争观念上顺势调整，争取主动，才能在竞争中立于不败之地。

（二）内部环境因素

（1）组织机构适时调整的要求。组织机构的设置必须与组织的阶段性战略目标相一致，组织一旦需要根据环境的变化调整机构，新的组织职能必将得到充分的保障和体现。

（2）保障信息畅通的要求。随着外部不确定性因素增多，组织决策对信息的依赖性增强，为提高决策效率，必须通过变革保障信息沟通渠道的畅通。

（3）克服组织低效率的要求。组织长期一贯运行极可能会出现低效率现象。其原因既可能是机构重叠、权责不明，又可能是人浮于事、目标分歧。组织只有及时变革才能进一步制止组织效率的下降。

（4）快速决策的要求。决策的形成如果过于缓慢，组织往往会因决策的滞后或执行中的偏差而错失良机。为了提高决策效率，组织必须通过变革对决策过程中的各个环节进行梳理，以保证决策信息的真实、完整和迅速。

（5）提高组织整体管理水平的要求。组织整体管理水平的高低是竞争力的重要体现。组织在成长的每一个阶段都会出现新的发展矛盾，为了达到新的战略目标，组织必须在人员的素质、技术水平、价值观念、人际关系等各方面做出进一步的改善和提高。

## 三、组织变革的类型

依据不同的划分标准，组织变革可以有不同的类型。

## （一）按照变革的程度与速度不同，可分为激进式变革和渐进式变革

**1. 激进式变革**

激进式变革能够以较快的速度达到目的，因为这种变革模式对组织进行的调整是大幅度的、全面的，所以变革过程会较快；与此同时，这也会导致组织的平稳性差，严重的时候会导致组织崩溃。

**2. 渐进式变革**

渐进式变革依靠持续的小幅度变革来达到目的，但波动次数多，变革持续的时间长，这样有利于维持组织的稳定性。但是，小波动不足以打破初态的稳定性，也就很难达到目的。

## （二）按照工作的对象不同，可以分为以组织为重点的变革、以人为重点的变革和以技术与任务为重点的变革

**1. 以组织为重点的变革**

以组织为重点的变革侧重权力关系、协调机制、集权程度、职务与工作再设计等其他组织结构参数的变化。管理者的主要任务就是对如何选择组织设计模式、如何制订工作计划、如何授予权力以及授权程度等一系列行动做出决策。

**2. 以人为重点的变革**

以人为重点的变革强调员工在态度、技能、期望、认知和行为上的改变。人既可能是推动变革的力量也可能是反对变革的力量。变革的主要任务是组织成员之间在权力和利益等资源方面的重新分配。

**3. 以技术与任务为重点的变革**

技术与任务的改变不仅包括对作业流程与方法的重新设计、修正和组合，还包括更换机器设备，采用新工艺、新技术和新方法等。

## （三）按照组织所处经营环境状况不同，可以分为主动型变革和被动型变革

**1. 主动型变革**

主动型变革主要是指有计划的变革，是管理者洞察环境中可能给组织带来的机遇和挑战，考虑到未来发展趋势与变化，以长远发展的眼光，主动地制订对组织进行变革的计划并分阶段逐步实施。通常重要的、成功的变革都是主动的、有计划的变革。

**2. 被动型变革**

被动型变革是指管理者缺乏长远的战略观念，当环境发生变动时，要么变得束手无策，要么在环境的逼迫下被动地匆匆做出进行组织变革的决定。

## （四）按照组织变革的不同侧重可以分为战略性变革、结构性变革、流程主导性变革和以人为中心的组织变革

**1. 战略性变革**

战略性变革是指组织对其长期发展战略或使命所做的变革，如果组织决定进行业务收缩，就必须考虑如何剥离关联业务；如果组织决定进行战略扩张，就必须考虑购并的对象和方式、组织文化重构等问题。

**2. 结构性变革**

结构性变革是指组织需要根据环境的变化适时对组织的结构进行变革，并重新在组织中

进行权利和责任的分配，使组织变得更为柔性灵活、易于合作。

**3. 流程主导性变革**

流程主导性变革是指组织紧密围绕其关键目标和核心，充分应用现代信息技术对业务流程进行重新构造。这种变革将对组织结构、组织文化、用户服务、质量、成本等各个方面产生重大的变革。

**4. 以人为中心的组织变革**

以人为中心的变革是指组织必须通过对员工的培训、教育等方式，确保他们能够在观念、态度和行为方面与组织保持一致。组织中人的因素最为重要，组织若不能改变人的观念和态度，组织变革就无从谈起。

### 四、组织变革的过程与程序

（一）组织变革的过程

组织变革是一个过程。心理学家库尔特·勒温从变革的一般特征出发，总结出组织变革过程的三个基本阶段。

**1. 解冻**

解冻意味着人们认识到组织的某些状态是不适合的，因而有变革的需要。一般来说，如果没有特殊的情况，组织的原有状态是很难被改变的。只有当组织面临某种危机或紧张状况时，才有可能出现变革的要求。例如，一个企业销售额急剧下降，一个政府组织的社会支持率突然下降，这时，组织成员感觉到了危机形势，有了紧张感。人们开始认识到，组织目前的状况与应达到的状况之间存在较大差距，而且，这种差距已严重影响到组织利益。这时，在组织中就会形成一种要求变革的呼声，人们开始认识到，按照原样继续下去已不可能。过去的规则和模式因而不再神圣不可侵犯。组织的管理人员不仅自己，而且动员职工去寻求新的方法。原有的状态被打破，人们从既定的行为模式、思想观念和制度中解脱出来，准备进行变革。因此，解冻的过程总是伴随着对旧事物的批判和新事物的出现。正如毛泽东同志所说的：“不破不立，破字当头。”这是任何变革的首要一步。

**2. 改变**

在认识到变革需要的基础上，改变是新的方案和措施的实施。这个阶段是以行动为特征的，即将新的观念、行为和制度模式在组织内推行，这种实施很可能是强制性的。其实施过程应该包括这样四个方面：判定组织成员对新方式的赞成或反对情况，不同情况力量的大小；分析哪些力量可以变化，在什么程度改变，哪些力量必须改变；制订变革的策略，决定通过什么方式，在什么时间实施变革；评估变革的结果，总结经验教训。

**3. 再冻结**

在实施变革之后，再冻结是指将新的观念、行为和制度模式固定下来，使它们稳定在新的水平上，成为组织系统中一个较为固定的部分。尽管不存在绝对固定的东西，但相对稳定于组织来说是绝对必要的，否则，组织的持续活动无法得到保证。再冻结的过程，除了组织在制度上采取措施外，另外一个重要的机制是"内在化"。所谓"内在化"，是指将一些行为模式转变为职工个人的观念或信念的过程。组织变革的措施一般是由领导人推行的，对于职工来说，它们是外在的规定。当职工认为这些规定会给他们带来好处，并愿意自觉遵守时，这些外在规则就内化为自觉的行动。只有这时，某种变革才成为不可逆转，才算告一段落。

## 组织变革的四个阶段模型

勒温的变革过程模型是最早的关于组织变革的研究。从20世纪40年代开始，他就在美国开始了组织变革与组织发展的研究。这个模型后来成为人们讨论变革过程的基础。在此基础上，美国行为学家戴尔顿总结了变革过程中的四个阶段模型。

（1）制定目标，包括变革的总目标和具体目标，特别是具体目标。

（2）改变人际关系，逐渐消除适应旧状况的陈旧的人际关系，建立新的人际关系模式。不破除旧的人际关系，变革就无法进行。

（3）树立自我尊重意识，即树立职工的自我发展意识。如果职工的自我发展意识得以确立，他们愿意参与到组织变革之中，而且，组织中的每项变革都征求他们的意见，变革就成为全体组织成员努力的事情，变革就具有了广泛的支持基础。

（4）变革动机内在化，即将变革的措施转化为职工自觉的行动，转化为职工的思想观念和自觉信念。不论变革过程是分为三个阶段还是四个阶段，都不是一个简单的变化过程。变革是充满矛盾、冲突的过程。这是通常意义上的办法，如果企业要真正进行组织变革，要考虑的因素很多，可以根据实际情况自己操作，或者请第三方咨询机构协助。

资料来源：https://wenku.baidu.com/view/51da3d8 b3169a4517623 a320.h ml

### （二）组织变革的程序

**1. 通过组织诊断，发现变革征兆**

一个组织是否需要进行变革以及所有变革内容的确定，必须结合组织的实际情况予以考虑。如果组织需要变革，在日常管理实践中就会发现一些不适应的征兆。管理学家西斯克对组织变革的征兆进行了具体研究，并指出，当一个组织出现下列情况之一时，就表明该组织需要进行变革。第一，组织决策效率低下或经常做出错误的决策；第二，组织内部信息传递不灵活或失真，沟通渠道不畅；第三，组织的主要功能已无效率或不能发挥真正的作用；第四，组织缺乏创新。一旦出现上述征兆就表明组织的现状已经不尽如人意，如不进行及时改革，组织的发展将会受到严重的影响，因此，组织有必要对出现的征兆进行认真的分析，找出问题的原因，以确定组织变革的方向。

**2. 分析变革因素，制订改革方案**

这是对具体需要变革的因素进行分析，制订多个可行的改革方案以供决策者选择。

**3. 选择正确方案，实施变革计划**

选择变革方案，就是在提出的方案中选出一个比较满意的方案，然后制订包括时间安排、人员培训以及人、财、物等的具体实施计划，并予以实施。

**4. 评价变革效果，及时进行反馈**

评价效果就是检查计划实施后是否达到了变革的目的，是否解决了组织中存在的问题，是否提高了组织的效能。反馈是组织变革过程中关键的一个环节，也是一项经常性的工作，反馈的信息所揭示的问题较为严重时，需根据上述步骤再次循环，直到取得满意的结果为止。

### 五、组织创新

为了使组织整体、组织中的管理者以及组织中的员工对外部环境的特点及其变化更适应，组织需要进行变革。同时，还应该从根本上改变组织原有的形式与结构，以更加适应经济的发展和社会的进步。组织创新是管理创新的关键。

组织创新过程是一个系统，不仅会受到组织内部个体创新特征、群体创新特征和组织创新特征的影响，还要受到整个社会经济环境的制约；组织创新行为又会直接影响组织绩效，包括市场绩效、竞争能力、盈利情况、员工态度等。同时，组织创新是一个渐进过程，往往从技术与产品开发入手，逐步向生产系统、销售系统、人力资源、组织结构发展，从而进入战略与文化的创新，表现为一种渐进创新的过程。

**课堂练习**

1971年，通用电气的"战略事业单位"改革，是因为它遇上了威斯丁豪斯电气公司的激烈竞争。这时候企业所面对的最大问题就是"如何战胜竞争对手，巩固市场地位"。基于这样的一个战略重点，通用电气致力于提升企业对市场信息的反应速度和企业市场竞争策略的灵活性。此时，"战略事业单位"这种"特种部队"形式的组织单元就应运而生了。20世纪70年代中期，美国遭遇能源危机与通货膨胀，经济一片萧条。这种时刻并不适合继续扩大投资和再生产，"如何避免资源浪费和制订长期发展战略"成为通用电气的核心问题。在这样的情况下，琼斯推行了"执行部制"的组织改革，企业最高层的领导从繁忙的日常事务中解脱出来，把精力聚焦于长期战略的制订和资源在集团内的调控，为通用电气这条商界的巨轮驶出经济衰退的浅水区指明了方向。到了20世纪80年代，美国经济再度复兴加上世界经济一体化的发展，企业的经营环境日新月异，经常会出现"战略赶不上环境"的情况。在这种快速变化的经营环境下，琼斯当初的组织改革给通用电气带来的积极意义已经逐渐消失。同时，由于通用电气两次组织变革所走的方向是正好相反的——"战略事业部"的改革是放权，而"执行部"的改革是集权。这种相互制衡的结果使通用电气出现了明显的官僚化倾向。为了适应环境的变化，并消除组织内部的官僚习气，韦尔奇为通用电气开出了著名的"扁平化"药方。

资料来源：http://www.doc88.com/p-632728502744.html。
问题：通用电气三次变革针对何种不同的环境，着重解决的问题分别是什么？

## 任务四 实训任务

### 一、模拟组建一个公司

把全班分成若干小组，每组5~7人，以小组为单位模拟创建一个公司。

任务内容包括：公司的名称、地点、主营业务及基本业务流程；组织文化、组织结构；成员岗位及其岗位职责说明等。

要求：

1. 每组最后形成不少于1 000字的实训报告。

2. 制作 PPT 在课堂汇报交流。

## 二、访问调查

走访调查一家企业的组织文化或你所在院校的校园文化，运用所学的组织文化理论知识，分析其组织文化的特色或优劣之处，并根据组织文化的构成来为该企业或学校设计组织文化建设方案。

要求：每人提交一份不少于 1 500 字的组织文化调查分析报告。

## 课外学习

### 一、分析题

通过阅读以下案例，分析 M 公司出现问题的原因并提出其解决办法。

M 公司是一家大型集团企业，员工数量众多，业务范围广泛。但自 2009 年以来，公司的效益急剧下降，市场竞争力下降，员工离职率增加，2011 年度甚至出现了公司成立以来的首次亏损。公司某项目问题比较严重，于是总经理召集这个项目的相关负责人开会。

营销部经理 A 说："最近销售做得不好，我们有一定的责任，但最主要的责任不在我们，竞争对手纷纷推出新产品，比我们的好太多，所以我们销售很不好做，研发部门要想想办法了。"

研发部经理 B 说："我们最近推出的新产品是少，但是我们也有困难啊！我们的预算很少，而且就这些少得可怜的预算也被财务削减了！"

财务部经理 C 说："是，我是削减了你们的预算，但你们要知道，公司的成本不断提高，我们当然没有多少钱。"

这时采购部经理跳起来："我们的采购成本是上升了 10%，为什么？你们知道吗？爪哇国的一个生产铬的矿山爆炸了，导致不锈钢价格上升。"A、B、C 几乎异口同声："哦，原来如此呀！这样说，我们大家都没有多少责任了！"总经理说："这样说来，我只好去考核爪哇国的矿山了！"

### 二、讨论题

通过阅读以下案例，讨论一下如何针对"90 后"这一群体进行企业文化建设？

#### "90 后"员工当道下的企业文化建设

"90 后"富有活力与创造力，但是，不少以"90 后"为员工主体的公司或多或少也面临着一种困境：员工问题较多，士气忽高忽低，离职率高，加薪也起不到太大作用；公司组织了很多活动，却没什么实质性的改变。如何针对这一群体进行企业文化建设，显然，是不少公司必须面对的难题。时趣（Social Touch）作为中国的一家互联网企业，为了释放公司主力员工"90 后"的创造力与敬业精神，在充满乐趣的氛围中减缓快节奏工作的压力，时趣的人力资源（以下简称 HR）部有针对性地开展了一场企业文化"战役"。

时趣的 HR 部门，从营销的思路中获得启发，将这些"90 后"当作自己的客户，提出在为客户设计并提供产品之前，一定要先了解客户。因此，HR 部门通过无处不在的洞察与分析，如培训、沟通、趣味测试等，充分了解了这些"新新人类"。时趣 HR 部门归纳总结出公司"90后"洞察报告。报告指出,这群"90后"属于互联网尤其是移动互联网的原住民,喜欢游戏和美食,同时,思想成熟,有主见,乐于进行前沿消费,追求个性和自我主张。时趣的"90后"也是整个行业内"90后"的缩影。

时趣的 HR 部门随后将把这些"新新人类"当作客户,针对适合他们的企业文化建设开展了一场特定的营销活动。经过不断的实践—总结—复盘,HR 人员发现文化建设项目的设计也是有套路可寻的,并构建了时趣文化项目营销模型(以下简称 SCPM 模型),如图 5-9 所示。

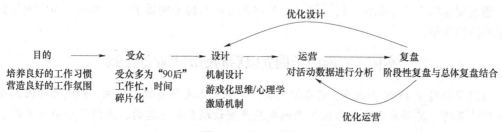

**图 5-9　SCPM 模型**

根据这一模型,在明确文化建设项目的目标后,HR 部门针对"新新人类"群体的特点,对相关系列活动进行合理设计安排,并在实施过程中对活动数据进行分析,根据项目进程做阶段性复盘和事后整体复盘,不断优化设计与运营,最终获得"客户成功"。

基于 SCPM 模型,HR 部门把"时趣新新人类文化搭建方法论"的营销策略分为六大模块:周边类、环境类、分享类、主题类、节日类和管理类。六大模块针对"新新人类"的十大特质又做了细化,以吸引更多"新新人类",给予他们更细致、更具体的体验与收获。

策略一:周边类。满足"新新人类"的特质:猎奇晒——酷、美。
策略二:环境类。满足"新新人类"的特质:对生活品质有更高追求,非常有主见。
策略三:分享类。满足"新新人类"的特质:关注个人发展,做事有目的性。
策略四:主题类。满足"新新人类"的特质:看重被尊重,崇尚平等和自由。
策略五:节日类。满足"新新人类"的特质:自我,更看重过程的感受。
策略六:管理类。基于"新新人类"的十大特质,时趣的 HR 设计了以上五大类模块;当 HR 实施第六大"管理类"模块时,发现员工没有任何排斥,充分认可公司的文化——认真、靠谱、专业。大家的配合度和参与度远胜从前,并且,由被动接受变成了主动传播。值得一提的是,这三项组织文化元素都有对应的具体行动,都能准确向员工进行传达。例如,"认真"对应的是:送书活动,发现小伙伴错别字,指出并抄送"认真邮箱(renzhen@social-touch.com)",即可向对方索要一本价值 50 元内的书。"靠谱"体现在:时趣人要守时,开会、培训迟到的话要在群里发红包(50 元)。"专业"体现在:展现专业技能也能赚钱,发现身边小伙伴的"专业"之处后,扫码分享给大家,获赞的小伙伴即可收到微信红包。

在快速变化的中国市场,优秀人才往往面临很多外部诱惑,他们在决定去留的时候除了在意薪资和职业发展,企业内部沟通、文化氛围也成为愈加重要的因素。"时趣新新人类文化搭建方法论"正式亮相以来,用"90后"的语言表达,可谓"亮瞎眼球"。虽然时趣也经历了新生事物诞生过程中的阵痛,但更多的是说不尽、道不完的惊喜和欣慰。时趣自 2012 年开始快速发展，员工队伍不断扩大，人员流失率居高不下，不少负责人反映带团队难、实现业绩难。2014 年以后，公司开始推行"时趣新新人类文化搭建方法论"，惊喜地发现员工对公司认同度显著提升，人员流失得以控制，工作效率也大幅提升，并得到了市场赞誉和客户认可，荣获了近百个奖项与荣誉。时趣将继续关注这一方法和流程的总结与萃取，提高其可复制性，释放出更多"新新人类"的创造力与幸福感。

资料来源：http://www.hrsee.com/?id=530

### 三、讨论题

通过阅读以下三个案例，讨论这三家公司的组织结构分别属于什么类型？他们为什么进行组织结构变革？

## 案例一：西门子确立以后的德国事业部体制

西门子公司于 1874 年成立，它在德国电气工业史上发挥着核心作用，并成为德国工业最具声望的品牌。其早期历史与德国工业的发展是密切联系在一起的，西门子公司是多国多分部管理最初的代表之一。

第二次世界大战后该公司经历了两次重大的结构变化，两次的目的都是加强分权化和运营的灵活性，同时，保持利用和发展组织协调的能力。第一次结构变化发生在 1966—1969 年，起初组建了 6 个事业部，后来增加到了 7 个。公司组建了 5 个总部职能部门，分别是计划/组织、财务、人事、RD 和分配。这一结构实行到 1989 年，由于规模的扩张以及电气和电子市场的快速变化，西门子于 1989 年采纳了一种修正结构，即引入更小、更为专业化的"事业部"。值得注意的是，和许多其他组织（如奔驰）不同的是，这种事业部大多数不具有独立的法律地位。

## 案例二：联合利华公司的组织结构

联合利华是一家国际食品和家庭及个人卫生用品集团。该集团在 1990 年经过了彻底重组。在过去，联合利华是高度分权化的，各国的子公司均享有高度的自治权。在 20 世纪 80 年代后期和 90 年代初，公司开始引入新的创新和战略流程，同时，清理其核心业务。然而，1996 年启动的杰出绩效塑造计划也造成了公司结构的实质性改变。

直到 1996 年，由荷兰和英国的董事长以及他们的代表组成的一个特别委员会和一个包括职能、产品和地区经理的 15 人董事会一直独揽着公司的决策大权，整个结构是矩阵式的。其中，产品协调人（经理）负责现西欧和美国的利润责任，地区经理则负责其他地区的利润责任。责任经常是模糊不清的，根据一份内部报告：我们需要明确的目标和角色。董事会使自己过多地卷入了运营，从而对战略领导造成了损害。

杰出绩效塑造计划废除了特别委员会和地区经理这一层级，代之以一个 8 人（后变为 7 人）的董事会，由董事长加上职能和大类产品（即食品、家庭和个人卫生用品）的经理组成。向他们报告的是 13 位（后来是 12 位）负有明确盈利责任的业务集团总裁，后者在特定地区对其管理的产品类别负有完全的利润责任。全球战略领导被明确置于执委会一级，运营绩效则是业务集团的直接责任。

在这种正式结构调整之后，国际协调是由许多正式和半正式的网络促成的。研究和发展由国际网络创新中心负责实施，其领导责任通常属于中心的专家而不是自动地属于英国或者荷兰的总部机构。产品和品牌网络——国际业务小组——在全球范围内协调品牌和营销。同时，职能网络也开展一系列计划以便就一些关键问题，如录用和组织效能，实现全球协调。所有这些网络均大大依赖于非正式的领导和社交过程，同时，也依赖于电子邮件和内部网络等方面投入的增加。是否参与这种协调在很大程度上是由业务集团而非公司总部确定并资助的。

### 案例三：从职能组织到多分部专业化的英国钢铁公司

英国钢铁公司成立于1967年，由14个国有化钢铁生产商组成。在此之前的几十年内，公司尝试过多种组织形式——按地区或者按产品构造，但为了整合其凌乱的业务，一直在加强中央的控制。到1983年，英国钢铁公司拥有了"事业部"，但权力仍牢固地保留在总部，贸易、购买和工业关系职能都是集中化的。在事业部缺乏对投入或产出政策控制的情况下，英国钢铁公司实际上是以职能模式组织的。1988年，公司进行了私有化，因而转向一种更注重盈利的组织形式。1990年，该公司收购了英国主要的钢铁批发商WalkerGroup，随之组成了批发事业部。1992年，英国钢铁公司发动了名为"组织、深度变革、风格的重组"的计划。该计划旨在大幅度地削减总部职能和成本，并将管理责任分散到12个业务单位中。其中，关键的一条是业务领导不再在董事会任职，而是向相对独立的执委会成员报告。

资料来源：http://www.doc88.com/p-1187106829845.html

四、讨论题

请从组织理论的角度，谈谈你从"温水煮青蛙"的故事中得到了什么启示。

### 温水煮青蛙的故事

"温水煮青蛙"来源于19世纪末美国康奈尔大学科学家做过的一个"水煮青蛙实验"。科学家将青蛙投入已经煮沸的开水中时，青蛙因受不了突如其来的高温刺激立即奋力从开水中跳出来得以成功逃生。当科研人员把青蛙先放入装着冷水的容器中，然后再加热，结果就不一样了。青蛙反倒因为开始时水温的舒适而在水中悠然自得。当青蛙发现无法忍受高温时，已经心有余而力不足了，不知不觉地被煮死在热水中。

项目六

# 人力资源管理

### 知识目标

1. 了解人力资源管理的概念,掌握人力资源管理的原则;
2. 掌握工作分析与岗位设计的概念;
3. 理解并掌握人员招聘、培训、薪酬及绩效考核等关键环节的主要内容。

### 能力目标

1. 能够运用人力资源基本理论,处理组织中的人事问题;
2. 能够进行一般的岗位分析和工作设计;
3. 能够有效地开展招聘、培训及考核等基本工作。

### 情感目标

1. 萌发学生对人力资源管理的兴趣;
2. 培养学生进行职业规划的意识。

### 项目导入

## IBM内部人力资源管理大揭秘

1911年托马斯·沃森在美国创立IBM。目前总公司在纽约州阿蒙克市,拥有全球雇员30多万人,业务遍及160多个国家和地区。IBM作为全球最大的信息技术和业务解决方案公司,在人力资源管理方面有其独到的做法和制度。

人才招聘机制方面。在招聘条件上,IBM公司有三方面的要求。其一是一般能力,包括逻辑分析的能力、适应环境的应变能力、注重团队精神与协作的能力和创新的能力。其二是品德,而且把这一点作为雇用的先决条件。其三是岗位方面的实际技术能力与心理特征,包括沟通技巧、计算机操作能力、英语水平及发展潜力等。IBM公司多种招聘途径中一项特别又有效的途径是实行内部推荐招聘。公司奉行"内举不避亲",鼓励员工介绍自己的亲朋好友来IBM公司,如果推荐的人很适合IBM的要求,IBM还会奖励介绍人。

员工培训机制方面。全面塑造新员工的培训。新员工进入IBM以后,首先要进行4个月的集中培训,培训采用课堂授课和实地练习两种形式。培训结束后进行考核,合格者获得结业证明,不合格者则被淘汰。4个月后,受训者有了一个IBM员工的基本概念。之后,还有一年的实习,这期间公司给每个新员工派一位"师傅",一对一地进行教学。实习结束后,员工要做工作计划和个人发展计划,提出继续做现在岗位工作的深入计划或变换岗位的计划以及职业生涯发展计划。同时,IBM公司还为老员工提供制度化的培训。公司制订了非常完备的在职员工培训制度和实施计划。培训形式除传统的教师培训外,还广泛地采用网上培训。IBM建立了自己的网上大学,员工可以根据自己的时间情况随时安排学习。也可以根据自己的需要提出参加哪些培训,只要与工作有关、合理,公司一般都会同意并提供经费。

选拔和培养管理层的培训。IBM公司非常重视"接班人"的培养,通过工作岗位轮换等方式来锻炼和选拔管理者的候选人。确认了合格的人员后,IBM公司会加以任命,使其有机会在管理工作实践中得到锻炼,上一级管理者与人力资源部门则负责对任职者的资格水平进行检验和有效的工作评估,优胜劣汰,整个过程就是公司与未来管理层双方之间互相审视适应性的过程。

重视员工个人发展。IBM视员工为企业最重要的资产,以"尊重员工,协助自重;适才适职,发挥潜能;人才培养,技能提升"为原则。IBM公司第一项的主张是尊重个人,这成为该公司的最高原则。IBM非常强调机会均等,而且公司给每一个员工提供尝试的机会。公司对员工提供管理和专业两种职业生涯发展渠道,使员工有多种机会实现个人的职业理想。

资料来源:http://www.hrsee.com/?id=185

问题:通过IBM公司的案例,请谈谈你对人力资源管理的认识。

## 任务一 人力资源管理概述

### 任务情境

#### 福特汽车公司用才重才

福特汽车公司非常重视人才。一次,公司一台电动机出了故障,公司所有工程技术人员都未能修好,只好另请高明。请来的人名叫思坦因曼思,原是德国的工程技术人员,流落到美国后,被一家小工厂的老板看中而雇用。

他来之后,在电机旁听了听,要了一架梯子,一会儿爬上去一会儿爬下来,最后,在电动机的一个部位用粉笔画了一道线,写了几个字:这儿的线圈多了16圈。果然,把这16圈线圈去掉后,电动机马上运转正常。

亨利·福特因此对这个人非常欣赏,一定要他到福特公司来。思坦因曼思却说:"我所在的公司对我很好,我不能见利忘义而跳槽。"福特马上说:"我把你供职的公司买过来,你就可以来工作了。"

最终，福特为了得到一个人才，竟不惜重金买下一个公司。

**资料来源**：赵轶. 人力资源管理［M］. 北京：清华大学出版社，2012：8.

**问题**：通过福特公司的案例，请分析人才对一个企业的重要性。

# 任务内容

## 一、人力资源的概念与构成

组织设计为组织系统的运行提供了基本框架，因此为使组织任务顺利完成并确保系统正常运行，还必须按照组织设计的基本要求为组织系统配置合理的人员，也就是我们通常所说的合理配置人力资源。

"人力资源"一词由德鲁克于1954年在其所著的《管理的实践》一书中提出并加以明确界定。他认为：人力资源拥有当前其他资源所没有的素质，即"协调能力、融合能力、判断力和想象力"；它是一种特殊的资源，必须通过有效的激励机制才能开发利用，并给企业带来可见的经济价值。

### （一）人力资源的概念

人力资源（Human Resource，HR），是指人类进行生产或提供服务，推动整个经济和社会发展的劳动者的各种能力的总和。从企业管理的角度看，人力资源是由企业支配并加以开发，依附于企业员工个体，对企业经济效益和企业发展具有积极作用的劳动能力的总和。

### （二）人力资源的构成

人力资源由数量和质量两个方面构成。

**1. 人力资源的数量**

人力资源的数量指的是一个国家或地区具有劳动能力的人口总数，可分为绝对数量和相对数量两种。前者指的是一个国家或地区具有劳动能力、从事社会劳动的人口总数，是劳动适龄人口数减去其中丧失劳动能力的人口数，再加上非劳动适龄人口之中具有劳动能力的人口数之和。后者又称为人力资源率，是指人力资源的绝对数量占总人口的比例，它是反映经济实力的重要指标。这个数值越高，表明该国家或地区的经济优势越强。因此，在劳动生产率和就业状况既定的条件下，人力资源率越高，表明可投入生产过程的劳动数量越多，从而创造的国民收入也就越多。

**2. 人力资源的质量**

人力资源的质量指的是人力资源中所具有的体力、智力、技能以及工作态度和心理素质等。一般体现为劳动者的身体素质、文化水平、专业技术能力及劳动的积极性等四个方面。与人力资源的数量相比较，人力资源的质量显得更为重要。人力资源开发与管理的目的便在于提高人力资源的质量，使其更好地为经济和社会发展服务。

## 二、人力资源管理的概念

人力资源管理是一门新兴的学科，问世于20世纪70年代末。现代意义上的人力资源管理将人看作一种"资源"，一种具有生命力的"活的资源"。如果能够充分调动其主观能动性，激发其积极性,做到人尽其才、事得其人,就会极大地提高组织效率及其效益。

所谓人力资源管理,是在经济学与人本思想指导下,通过招聘、甄选、培训、薪酬等管理形式对组织内外相关人力资源进行有效运用,满足组织当前及未来发展的需要,保证组织目标实现与成员发展的最大化。

### 三、人力资源管理的原则与目标

(一)人力资源管理的原则

为了能够有序、高效地为组织配备人员,在人力资源管理的过程中管理者必须遵循一定的原则。

(1)因事择人原则,即选人用人的依据是组织中的任务,要根据岗位职责及任务内容来确定选择什么人、去做什么事,而且,在选择的过程中必须考虑工作者是否具备相应的知识和能力来胜任这个职务。

(2)因才施用原则,即不同的工作对用人的要求是不同的,而不同的人具有不同的素质和能力。从用人的角度考虑,要根据人的特长来为其安排工作,充分利用人的优点和长处,规避其不足之处,使人的潜能得到最充分的发挥,最大限度地激发人的积极性和创造性。

(3)动态平衡原则,即随着环境的变化,组织不断进行着结构设计及变革,人员亦处于自我素质提升、知识更新及能力提高的动态过程。人员与组织的配备需要进行不断的调整,以使各方面不断发展、完善的人能够匹配到更适合自己的工作岗位,充分发挥人的才能,真正意义上实现人力资源与组织结构的动态平衡。

(二)人力资源管理的目标

人力资源管理既要考虑组织目标的实现,又要考虑员工个人的发展,强调在实现组织目标的同时实现个人的全面发展。总体来讲,人力资源管理的目标主要包括以下三个方面:

(1)保证组织对人力资源的需求得到最大限度的满足。

(2)最大限度地开发与管理组织内外的人力资源,促进组织的持续发展。

(3)维护与激励组织内部人力资源,使其潜能得到最大限度的发挥,使其人力资本得到应有的提升与扩充。

然而,就人力资源管理的专业部门来说,其目标是:通过合理的规划与招聘,建立一支高素质、高境界和高度团结的队伍;通过薪酬设计和绩效管理与评估,创造一种自我激励、自我约束和促进优秀人才脱颖而出的机制,为公司的快速成长和高效运作提供保障。

### 四、人力资源管理的内容

(一)人力资源规划

根据企业发展战略,制订企业用人规划,使企业稳定地拥有一定质量的和必要数量的人力。通过制订人力资源规划,一方面保证人力资源管理活动与企业战略目标一致,另一方面保证人力资源管理各个环节相互协调,避免冲突。

(二)人员招聘

根据人力资源的规划或供需计划而开展的招聘与选拔、录用与配置等工作是人力资源管理的重要活动之一。要完成组织的目标，企业需要用招聘来吸引和选择申请具体职位的人。按照企业经营战略规划的要求把优秀、合适的人招聘进企业，再把他们放在合适的岗位。

### （三）培训与开发

组织通过学习、培训等手段，提高员工的工作能力和知识水平，最大限度地使员工的个人素质与工作需求相匹配，以促进员工工作绩效的提高。

### （四）绩效管理

绩效管理是管理者与员工就工作目标和如何完成工作目标进行协调并达成共识的过程，它包括计划、实施、考核、反馈四个步骤。通过有效的绩效管理，考核员工工作表现，及时做出信息反馈，或奖或惩，进一步提高工作效率及管理效能。

### （五）薪酬管理

薪酬管理是指建立一套完整、系统的薪酬体系，以实现激励员工的目的。它也是整个人力资源管理活动中最敏感、最受关注和技术性最强的部分，是组织吸引和留住人才、激励人才的最有利的工具之一。

### （六）劳动关系管理

劳动关系管理是指企业为了促进组织经营活动的正常开展，缓解和调整组织劳动关系的冲突，实现组织劳动关系的和谐，提高组织劳动效率，根据国家法律、法规和本单位的劳动管理规定，而进行的各种管理活动和采取的措施。

## 五、人力资源管理的四个阶段

为了更为清晰地认识人力资源管理的概念，可以从历史演进的角度，将人力资源管理的发展分为四个阶段，如图6-1所示。

图6-1 人力资源管理发展阶段

### （一）人事管理阶段

在这个阶段，"人"被看作档案来管理；人事部门仅仅是一个"办手续"的部门，只是琐碎次要的部门；工作内容包括日常考勤，工资发放，办理离职、退休、离休等手续。

### （二）人力资源管理阶段

此阶段强调以"工作"为核心，其目标更看重如何使个人能够完成工作。此时，人力资源管理的各个模块开始建立，如招聘、培训、薪酬、绩效等，但各个模块之间的关系呈现相互独立状态。1993年，中国人民大学劳动人事学院率先将人事管理专业改为人力资源管理专业。自此，我国开始从人事管理转向人力资源管理，并经历了一个快速的发展、创新和变革期。

### （三）战略人力资源管理阶段

在这一阶段，人力资源副总裁等角色开始出现，人力资源部逐渐成为业务部门的战略合作伙伴，其目标是支撑公司战略的实现。人力资源管理工作的业务范畴增加至组织设计、招聘管理等，并成为提升员工满意度与敬业度的中心部门。

（四）人才管理阶段

人力资源管理被看作一个整体，而不再被割裂成模块。其目标是实现公司发展过程中持续的人才供应，人力资源部门的业务重心转向吸引、招募、发展、管理和留任人才，更加强化人力资源的战略地位。

目前，国外已经进入人才管理阶段，并且人才管理已经成为企业的核心竞争优势。结合国外的发展历程，未来的十年，中国将进入后战略人力资源管理阶段，即人才管理阶段。

## 知识介绍

### 人力资源管理系统

第一代人力资源管理系统出现于20世纪60年代末，除了能自动计算人员薪酬外，几乎没有更多，如报表生成和数据分析等功能，也不保留任何历史信息。

第二代人力资源管理系统出现于20世纪70年代末，对非财务人力资源信息和薪资的历史信息都进行设计，也有了初级的报表生成和数据分析功能。

第三代人力资源管理系统出现于20世纪90年代末，这一代人力资源管理系统的数据库将几乎所有与人力资源相关的数据都进行了收集与管理，更有强力报表生成工具、数据分析工具，能实现信息共享。

企业采用人力资源管理系统最主要的原因是：期望借由人力资源管理系统，将人力资源运用到最佳经济效益。由于知识经济的来临，人力资本的观念已经形成，人力资本的重要性甚至超越土地、厂房、设备与资金等概念。除此之外，人是知识的载体，为了有效运用知识，使知识发挥最大的效用，便需要妥善的人力资源管理，从而发挥人力资源的最佳效用。

第四代人力资本系统出现于21世纪初，由于人力资源管理系统并没有解决企业管理中的实际问题，出现员工与岗位适配度低、员工积极性不足、离职率居高不下等问题。为了解决以上问题，产生了人力资本系统。这一代系统将人作为有能动性的个体，为员工提供明确的晋升通道，并盘活企业内所有员工，为领导决策提供数据支撑。

**资料来源：** https://baike.baidu.com/item/%E4%BA%BA%E5%8A%9B%E8%B5%84%E6%BA%90%E7%AE%A1%E7%90%86%E7%B3%BB%E7%BB%9F/510186?fr=aladdin

## 课堂练习

有一次，一个聪明的小男孩跟妈妈到杂货店买东西。店老板看到孩子很可爱，就打开一盒糖果，让小男孩自己抓一把，但小男孩没有任何动作。老板自然认为他是不好意思，就亲自抓了一把糖果放进男孩的口袋。回家后，妈妈好奇地问他："你为什么不自己抓糖果而要老板亲自给你抓？"小男孩回答道："因为我的手比较小，老板的手大，所以他一定比我拿得多！"这是一个多么聪明的孩子！他知道自己的能力有限，明白如何借助别人的力量来实现自己的目的。

**资料来源：** 兰丽丽. 管理学基础 [M]. 北京：北京出版集团公司北京出版社，2014：130.

问题：通过阅读上述案例，请你运用人力资源管理理论分析小男孩的做法。

## 任务二　工作分析与岗位设计

### 任务情境

#### 打字员和档案管理员的工作摩擦

安居社区街道办事处每天上午8点开始一天的工作。它的全体员工包括一个主任、两个秘书、两个打字员和三个档案管理员。到上一年为止，由于均衡的工作量和明确的责任，这个办事处一直运转平稳。

从去年开始，主任注意到在打字员和档案管理员之间出现的争执越来越多。当他们找到主任时，可以确定他们之间的争执是因对特定职责的误解造成的。由于打字员总觉得档案管理员有太多空闲时间而流露出强烈的不满。秘书和打字员必须经常加班来做他们认为对档案管理员而言很容易的工作。而档案管理员则强调他们没有义务承担任何额外的工作职责，因为他们的薪水没有反映额外的责任。

这个办事处每个人都有一份几年前编写的岗位说明书。然而，从那以后由于实施了计算机系统，因此，绝大多数职位的本质内容都发生了相当大的变化，但这些变化一直未被写入岗位说明书之中。

问题：你建议该主任应采取什么行动解决这一问题？你认为应该怎样进行工作分析？

### 任务内容

#### 一、工作分析的概念

工作分析是人力资源管理的基础性工作，也是一个岗位开展工作的前提，它会对一个岗位的工作内容、职责范围、权力和利益、责任等加以说明，使员工对工作岗位有全面深入的了解，从而更加积极地开展工作。

工作分析是指对工作进行整体分析，以便确定每一项工作的7个W：用谁做（Who）、做什么（What）、何时做（When）、在哪里做（Where）、如何做（How）、为什么做（Why）、为谁做（Whom）。它解决某一工作"应该做什么"和"由谁来做最合适"的问题。分析的结果是形成工作描述与任职岗位说明。岗位说明书是记录工作分析结果的文件，它把所分析的该岗位的职责、权限、工作内容和任职资格等信息以文字形式记录下来，以便管理人员使用。工作分析是现代人力资源管理的基础，只有在客观、准确的工作分析基础上才能进一步建立科学的招聘、培训、绩效考核及薪酬管理体系。

#### 二、工作分析的方法

较为常用的工作分析方法有以下五种。

（一）问卷调查法

问卷调查法是指通过精心设计的工作分析问卷获得大量信息的方法。问卷调查要求在职人员和管理人员分别对各种工作行为、工作特征及工作人员特征的重要性和频次做出描述或打分评级，然后，对结果进行统计与分析。

### （二）观察法

观察法是指直接到工作现场，对工作人员的工作进行仔细观察和详细记录，然后再进行系统分析的方法。这种方法也比较客观，且通过观察可以获得员工在非正式组织中的行为和观念。但此方法不适用于工作循环周期长以及以脑力劳动为主的工作。

### （三）访谈法

访谈法是指以个别谈话或小组座谈的方式收集信息资料的方法。这种方法相对比较简单且快速，可以广泛运用于以确定工作任务和责任为目的而进行的工作分析中。其最大优点是通过访谈可以发现一些在其他情况下不可能了解到的工作活动和心理活动。

### （四）工作日记法

工作日记法是指由工作人员在一段时间内连续地记录每天工作的细节，包括任务、时间、方法、工作内容和工作程序等，并以此为依据达到收集工作信息的目的。它适用于管理工作或其他随意性较大、内容较复杂的工作分析。

### （五）资料分析法

资料分析法是指从降低工作分析成本的角度出发，在收集信息的时候，首先应当尽量利用现有的资料。内部资料为岗位责任、员工手册、人事档案、操作规程、使用指南等，外部资料为各种可以利用的行业协会的文字描述等。

## 三、工作分析的过程

工作分析是一项较为复杂的工作。组织在进行工作分析时，需要统筹规划，分阶段、按步骤进行。其基本实施过程包括以下五个步骤。

### （一）确定组织结构和部门职责

利用工作分析确定开展工作的前提条件是组织结构已确定，并具有相对稳定性；在组织结构基础上，工作流程及部门责任已确定；每个部门应有的工作职位也已明确。有些组织在对人力资源系统进行变革时，没有与其他组织系统联系起来，在上述条件不具备的情况下，单独对人力资源体系进行立项。这样的结果严重影响工作分析，以及其后的工作评价、绩效考核与薪酬体系的效果。所以，在进行工作分析前，首先要进行组织机构调整以及部门责任与部门职位的确定。部门职责梳理的方法与工作分析方法类似，一般与部门经理进行访谈确定其部门职责。

### （二）建立工作小组，并制订工作分析计划

一般由外部聘请有关专业人士作为工作小组顾问。工作分析涉及组织内所有部门，只有得到各部门充分重视和支持才能顺利完成任务。所以，最好建立由最高领导牵头，各部门主要领导参与的领导小组，在领导小组下再设具体操作的工作小组。工作小组由人力资源部的部分成员及各主要部门（如管理、研发、生产、销售）的人员组成。工作分析实施计划的制订，应根据组织的实际需要、任务量（职位复杂性与职责大小）来确定。

### （三）设计岗位说明书模板，并进行工作分析和岗位说明书编写培训

岗位说明书模板的设计应注意以下两个方面。

（1）明确本次工作分析的主要目标。我国大多数企业过去没有做过工作分析，第一次进行这项工作很难达到完美，也不应该过分追求完美。岗位说明书模板应根据企业实际情况进行设计，对所需要填写的项目有所选择，删除关系不大的项目。

（2）对要参加工作分析访谈和岗位说明书编写的员工进行相关培训，由专家对工作分析的特点进行讲解，对引导和控制进行统一规定，并对有疑义的地方进行讨论。

### （四）岗位说明书的编写

在培训之后，组织参加培训的人员在规定时间内编写岗位说明书初稿，并由外部专家对岗位说明书的初稿进行审核，对发现的问题进行总结，并针对发现的问题再次进行纠错培训。

### （五）进行工作分析访谈

针对一些公司的关键岗位，由外部专家主持进行一对一的工作分析访谈。对访谈结果进行深入分析，对岗位特征和要求做全面考察，在系统分析和归纳总结的基础上准备撰写工作岗位说明书。

**知识介绍**

## 工作分析中的七个常用术语

（1）工作要素指工作中不能继续分解的最小动作单位。例如，酒店的行李员，在客人刚至酒店时要帮助客人运送行李。运送行李这项工作任务中包括将行李搬运到行李推车上、推动行李推车、打开客房的行李架、将行李搬到行李架上四个工作要素。

（2）工作任务指工作中为了达到某种目的而进行的一系列活动。任务可以由一个或多个工作要素组成。

（3）工作职责指任职者为实现一定的组织职能或完成一定的工作使命而进行的一个或一系列工作任务。例如，营销部经理要实现新产品推广的职责就需要完成一系列的工作任务，包括制订新产品推广策略、组织新产品推广活动和培训新产品推广人员等。

（4）工作职位，也叫工作岗位。在完成一项或多项责任的组织中的一个任职者所对应的位置就是一个职位。职位是以"事"为中心确定的，强调的是人所担任的岗位，而不是担任这个岗位的人。

（5）工作职务是由组织中主要责任相似的一组职位组成的，也称工作，在规模大小不同的组织中，根据不同的工作性质，一种职务可以有一个职位，也可以有多个职位。例如，营销人员的职务中可能有从事各种不同营销工作的人，但他们的主要工作责任是相似的，因此，可以归于同样的职务。

（6）职业是一个更为广泛的概念，指在不同的组织中从事相似活动的一系列职务。职业的概念有着较大的时间跨度，处在不同时期，从事相似工作活动的人都可以被认为是同样的职业。

（7）职权指依法赋予的完成特定任务所需要的权力。职权与职责紧密相关，特定的职责要赋予特定的职权，甚至特定的职责等同于特定的职权。例如，质量检查员对产品质量的检查，既是质量检查员的职责，又是他的职权。

资料来源：https://wenku.baidu.com/view/d16ca4df5022aaea998f0fda.html

### 四、岗位设计的概念及内容

（一）岗位设计的概念

在工作分析的过程中，会出现一些问题，如原有的工作规范已经不能适应组织发展要求、任务和管理体制等方面的需要，或现有人员在一定时期内难以达到工作规范的要求，或员工中出现了抱怨、消极怠工的情形而影响了原有工作规范下的工作效率。这时，组织就应该开始考虑重新做岗位设计或再设计。

岗位设计是指根据组织及个人的需要，为了提高工作效率、有效地达到组织目标，对每个工作岗位的任务、责任、权力等进行变革和设计。岗位设计与工作分析的关系十分密切。岗位设计问题主要是组织向其员工分配工作任务和职责的方式的问题。岗位设计是否得当对于激发员工的积极性、增强员工的满意感以及提高工作绩效都有重大影响。

（二）岗位设计的内容

岗位设计的内容包括工作内容、岗位职责和工作关系三个方面的设计。

（1）工作内容设计包括工作的广度、深度、自主性、完整性以及反馈性五个方面。

（2）岗位职责设计包括工作的责任、权力、方法以及工作中需要相互沟通和协作等方面。

（3）工作关系设计表现为协作关系、监督关系等各个方面。

一个好的岗位设计可以减少单调重复性工作的不良效应，充分调动劳动者的工作积极性，有利于建设整体性的工作系统。

### 课堂练习

请学生收集一些工作分析的故事或案例，分析其对企业经营状况的影响，并讨论工作分析的重要性。

## 任务三　人员的招聘

### 任务情境

#### 神通公司的招聘

神通公司是一个业务蒸蒸日上的咨询公司，但其部分咨询师素质较低已严重影响到公司的发展。公司人力资源部经理李生决定采用内外结合的方式选拔人才，他先从基层业务人员中提拔了一位具有可靠背景的人员王某，又请职业介绍所为公司介绍咨询师。后来，没有理想的人选，他又到校园招聘。大学生丁某面试合格，其知识丰富、反应敏捷，深受李生喜爱，他决定由经验丰富的咨询师赵某亲自带领这名大学生,传授经验,将丁某提拔上来。两个月后,正当丁某可以独当一面时,其报考的国外学校来了通知,丁某提出辞职,李生很生气,但也没有办法,只好让他走人。而王某始终不能独立工作,李生又陷入困境。

问题:李生在招聘中选择了什么渠道,运用了什么招聘方法?他的做法有无错误之处?如果你是李生,你将怎么办?

资料来源:https://wenku.baidu.com/view/c255d33c524de518974b7d68.html?from=search###

## 任务内容

### 一、招聘的概念

招聘是企业吸引与获取人才的重要渠道,也是获得优秀员工的重要保障。市场竞争归根结底是人才的竞争,而员工流动是当今企业面临的共同问题,招聘也就成了企业人力资源管理中一项经常且重要的工作。

管理学家斯蒂芬·P·罗宾斯认为,所谓招聘,就是安置、确定和吸引有能力的申请者的活动过程。招聘包括两个相对独立的过程,即招募和聘用。招募是聘用的基础,聘用是招募的目的。招聘的目的就是通过各种信息途径寻找和确定工作候选人,以充足的数量和可靠的质量来满足组织对人力资源的需求,是人力资源管理的首要环节。

### 二、招聘的渠道

企业可以从不同渠道获得人力资源。通常情况下,招聘渠道分为内部渠道和外部渠道两种。

(一)内部渠道

内部渠道就是从企业内部现有员工中选拔合适的人才来补充空缺或新增的职位,实际上是企业内部的一种人员调整。在人员招聘工作中,企业内部调整应先于企业外部招聘,尤其对于高级职位或重要职位的人员的招聘工作更应该如此。内部招聘的来源有以下四种情形。

**1. 内部晋升**

内部晋升是从企业内部提升员工来填补高一级职位空缺,促使企业的人力资源垂直流动,激发组织内其他员工的士气,使员工感到有发展的机会,这对于激励员工非常有利,可促使组织的工作效率不断提高。

**2. 工作轮换**

工作轮换主要是指组织内人员的横向流动,一般是指在职务级别不变的情况下,组织内轮换工作岗位。工作轮换有助于员工扩展自己的知识面,得到更多的实际经验。

内部晋升和工作轮换是建立在系统有序基础上的内部职位空缺的补充方法。前者一般适用于中层管理人员,而且,在时间上可能是较长的,甚至是永久的。而后者则适用于一般员工,它既可以使有潜力的员工在各方面积累经验,为晋升做准备,又可以减少员工因长期从事某项工作而带来的枯燥感与无聊感。

**3. 工作调换**

工作调换主要是指企业内劳动力的横向流动,即在职务级别保持不变的前提下,调换员工的工作岗位。这样一来不仅填补了职位空缺，还使员工对不同工作有了广泛了解，既丰富了工作本身，又拓展了员工知识面。

工作轮换与工作调换的区别在于：工作调换从时间上来讲往往较长，而工作轮换则通常是短期的，有时间界限；工作调换往往是单独的、临时的，而工作轮换往往是两人以上，有计划地进行的。

**4. 内部员工重新聘用**

有些企业由于环境原因，一段时间内经营效益不好，会暂时让一些员工下岗待聘，当企业情况好转时，再重新聘用这些员工。由于员工对企业的了解，对工作岗位能够很快适应，所以可节省大量的培训费用。同时，又可以以较小的代价获得有效的激励，使组织具有凝聚力，促使组织与员工共同发展。

### 课堂练习

一天晚上，索尼董事长盛田昭夫按照惯例走进职工餐厅与职工一起就餐、聊天。他多年来一直保持着这个习惯，以培养员工的合作意识和与他们的良好关系。这天，盛田昭夫忽然发现一位年轻职工郁郁寡欢、满腹心事，闷头吃饭，谁也不理。于是，盛田昭夫就主动坐在这名员工对面，与他攀谈。

几杯酒下肚之后，这个员工终于开口了："我毕业于东京大学，有一份待遇十分优厚的工作。进入索尼之前，对索尼公司崇拜得发狂。当时，我认为我进入索尼，是我一生的最佳选择。但是，现在才发现，我不是在为索尼工作，而是在为科长干活。坦率地说，我这位科长是个无能之辈，更可悲的是，我所有的行动与建议都得科长批准。我自己的一些小发明与改进，科长不仅不支持、不解释，还挖苦我'癞蛤蟆想吃天鹅肉'，有野心。对我来说，这名科长就是索尼。我十分泄气，心灰意冷。这就是索尼？这就是我的索尼？我居然放弃了那份优厚的工作来到这种地方！"

这番话令盛田昭夫十分震惊，他想，类似的问题在公司内部员工中恐怕不少，管理者应该关心他们的苦恼，了解他们的处境，不能堵塞他们的上进之路，于是，产生了改革人事管理制度的想法。之后，索尼公司开始每周出版一次内部小报，刊登公司各部门的"求人广告"，员工可以自由而秘密地前去应聘，他们的上司无权阻止。

另外，索尼原则上每隔两年就让员工调换一次工作，特别是对于那些精力旺盛、干劲十足的人才，不是让他们被动地等待工作，而是主动地给他们施展才能的机会。

资料来源：https://wenku.baidu.com/view/c63176c3d15abe23482f4dc9.html?mark_pay_doc=0&mark_rec_page=1&mark_rec_position=6&clear_uda_param=1

问题：你怎样看待索尼公司的内部招聘？这种制度能否在中国企业中行得通？

### （二）外部渠道

外部渠道是指根据一定的标准和程序，从企业外部的众多人选中选拔出空缺职位所需要的人员。很多时候，企业仅仅靠内部招聘是不够的，必须借助企业外部的劳动力市场，采用外部招聘的方式来获取人力资源。

企业进行外部招聘往往出于以下考虑：为了获取内部员工不具备的技术技能；企业出现职位空缺，内部员工数量不足，需要尽快补充；企业需要能够提供新思想、新观念的创新型员工；企业想建立自己的人才库。

外部招聘的主要方法有：广告招聘、职业介绍所推介、猎头公司、员工推荐、校园招聘、网络招聘等。

### 三、招聘的程序

#### （一）明确需求，制订计划

组织根据发展目标和岗位需求制订招聘计划，包括招聘目标、信息发布的时间与渠道、招聘员工的类型及数量、甄选方案及时间安排等。具体来讲，员工招聘计划包括以下内容：招聘的岗位、要求及其所需人员数量；招聘信息的发布；招聘对象；招聘方法；招聘预算；招聘时间安排等。

#### （二）发布信息，实施选拔

组织要将招聘信息通过多种渠道向社会发布，向社会公众告知用人计划和要求，确保有更多符合要求的人员前来应聘。对应聘者进行资格审查，经过用人部门与人力资源部门共同组织的初选、笔试、面试、体检、背景调查后，直至应聘人员被录用。

#### （三）组织录用，评价效果

人员录用过程一般可分为试用合同的签订、新员工的安置、岗前培训、试用、正式录用等几个阶段。人力资源管理部门对考核合格的员工正式录用，并代表组织与员工签订正式录用合同，正式明确双方的责任、义务与权利。

招聘评估主要指对招聘的结果、招聘的成本和招聘的方法等进行评估。一般在一次招聘工作结束之后，要对整个评估工作做一个总结和评价，目的是进一步提高下次招聘工作的效率。对招聘工作的评价一般包括对招聘工作的效率评价和对录用人员的评估两个方面。

## 知识介绍

### 劳动合同

根据《中华人民共和国劳动法》（以下简称《劳动法》）第十六条第一款规定，劳动合同是劳动者与用工单位之间确立劳动关系，明确双方权利和义务的协议。根据这个协议，劳动者加入企业、个体经济组织、事业组织、国家机关、社会团体等用人单位，成为该单位的一员，承担一定的工种、岗位或职务工作，并遵守所在单位的内部劳动规则和其他规章制度；用人单位应及时安排被录用的劳动者工作，按照劳动者提供劳动的数量和质量支付劳动报酬，并且根据劳动法律、法规的规定和劳动合同的约定提供必要的劳动条件，保证劳动者享有劳动保护及社会保险、福利等权利和待遇。

劳动合同的内容可分为两方面：必备条款和约定条款。

#### 一、必备条款

《劳动法》第十九条规定了劳动合同的法定形式是书面形式，其必备条款有7项。

（1）劳动合同期限。法律规定合同期限分为三种：有固定期限，如1年期限、3年期限等均属这一种；无固定期限，合同期限没有具体时间约定，只约定终止合同的条件，无特殊情况，这种期限的合同应存续到劳动者到达退休年龄；以完成一定的工作为期限，如劳务公司外派一员工去另外一公司工作，两个公司签订了劳务合同，劳务公司与外派员工签订的劳动合同期限是以劳务合同的解除或终止而终止的，这种合同期限就属于以完成一定工作为期限的种类。用人单位与劳动者在协商选择合同期限时，应根据双方的实际情况和需要来约定。

（2）工作内容。在这一必备条款中，双方可以约定工作数量、质量和劳动者的工作岗位等内容。在约定工作岗位时可以约定较宽泛的岗位概念，也可以另外签一个短期的岗位协议作为劳动合同的附件，还可以约定在何种条件下可以变更岗位条款等。掌握这种订立劳动合同的技巧，可以避免工作岗位约定过死，因变更岗位条款协商不一致而发生的争议。

（3）劳动保护和劳动条件。在这方面，可以约定工作时间和休息休假的规定、各项劳动安全与卫生的措施、对女工和未成年工的劳动保护措施与制度，以及用人单位为不同岗位劳动者提供的劳动、工作的必要条件等。

（4）劳动报酬。此必备条款可以约定劳动者的标准工资、加班加点工资、奖金、津贴、补贴的数额及支付时间、支付方式等。

（5）劳动纪律。此条款应当将用人单位制订的规章制度约定进来，可采取将内部规章制度印制成册，作为合同附件的形式加以简要约定。

（6）劳动合同终止的条件。这一必备条款一般是在无固定期限的劳动合同中约定的，因这类合同没有终止的时限。但其他期限种类的合同也可以约定。必须注意的是，双方当事人不得将法律规定的可以解除合同的条件约定为终止合同的条件，以避免出现用人单位应当在解除合同时支付经济补偿金而改为终止合同不予支付经济补偿金的情况。

（7）违反劳动合同的责任。一般约定两种违约责任形式，一是一方违约赔偿对方造成的经济损失，即赔偿损失的方式；二是约定违约金的计算方法，采用违约金方式应当注意要根据职工一方的承受能力来约定具体金额，避免出现显失公平的情形。违约，不是指一般性的违约，而是指严重违约，致使劳动合同无法继续履行，如职工违约离职、单位违法解除劳动者合同等。

二、约定条款

按照法律规定，用人单位与劳动者订立的劳动合同除上述 7 项必须具备的条款外，还可以协商约定其他内容，一般简称为协商条款或约定条款，其实称为随机条款似乎更准确，因为必备条款的内容也是需要双方当事人协商、约定的。

这类约定条款的内容，是当国家法律规定不明确，或者国家尚无法律规定的情况下，用人单位与劳动者根据双方的实际情况协商约定的一些随机性的条款。劳动行政部门印制的劳动合同样本，一般都将必备条款写得很具体，同时留出一定的空白地由双方随机约定一些内容。例如，可以约定试用期、保守用人单位商业秘密的事项、用人单位内部的一些福利待遇、房屋分配或购置等内容。

随着劳动合同制的实施，人们的法律意识、合同观念会越来越强，劳动合同中的约定条款会越来越多。这是改变劳动合同千篇一律的状况、提高劳动合同质量的一个重要体现。

**资料来源**： https://baike.Baidu.com/Item/%E5%8A%B3%E5%8A%A8%E5%90%88%E5%90%8C/5591?fr=aladdin

### 课堂练习

普顿斯化学有限公司是一家跨国公司,以研制、生产、销售药品和农药为主。露秋公司是其在中国的子公司。随着生产业务的扩大,他们希望在生产部建立一个处理人事事务的职位,工作主要是负责生产部与人力资源部的协调,人力资源部经理王量对应聘者进行了初步的筛选,留下了5人交由生产部经理李初再次进行筛选,李初对他进行了选择,留下了两人,决定由生产部经理与人力资源部经理两人协商决定人选。这两个人的简历及具体情况如下。

赵安:男,32岁,企业管理硕士学位,8年人事管理及生产经验,前两份工作均有良好的表现。

面谈结果:可录用。

钱力:男,32岁,企业管理学士学位,7年人事管理和生产经验,以前曾在两个单位工作过,第一位主管评价很好,没有第二位主管的评价资料。

面谈结果:可录用。

看过上述资料和进行面谈后,生产部经理李初来到人力资源部经理室,与王量商谈录用何人。

李初说:"两位候选人的资格审查都合格了,唯一存在的问题是,钱力的第二位主管给的资料太少,但是虽然如此,我也看不出他有什么不好的背景,你的意见呢?"

王量说:"很好,李经理,显然你我对钱力的面谈表现都有很好的印象,人虽有点圆滑,但我想我会容易与他共事,相信在以后的工作中不会出现大的问题。"

李初说:"既然他将与你共事,当然由你做出决定更好,明天就可以通知他来工作。"

于是,钱力被公司录用了,进入公司6个月以后,他的工作不如期望做得好,指定的工作,他经常不能按时完成,有时甚至表现出不胜任工作的行为。所以,引起了管理层的抱怨。显然,钱力对此职位不适合,必须加以处理。

资料来源:https://wenku.baidu.com/view/ae6237e6bb4cf7ec4afed071.html

问题:为什么会错选钱力?如果你是人力资源部经理,你该如何处理这件事情?从此案例中,你发现了什么问题?在实际工作中,应如何避免?

## 任务四 人员的培训

### 西门子是怎样培训员工的?

西门子——新人培训,帮你"导入";老员工培训,心中有数。

西门子公司针对新员工设计了一个"导入计划",以帮助他们尽快适应工作。该培训计划不脱产,时间为6个月。新进入公司的员工必须根据每一阶段的培训,不断地调整自己的心态和工作状态,以最快的速度适应工作环境。培训期同时也是试用期,公司可以随时解雇不称职员工。

除了对新员工的必要培训,西门子为每一个员工都提供了一流的培训和个人发展机会。

西门子深信员工的知识、技能和对工作的胜任能力是公司最宝贵的资源，也是公司成功的基础。为了配合公司在中国的业务发展，使本地员工获得现代化、高质量的培训与教育，西门子公司于1997年10月在北京成立了西门子管理学院。该学院的培训涵盖了高级管理培训教程、业务和管理研讨会、职业和商务等几大领域，旨在提高公司中层管理人员的管理能力，加速管理人员本地化并在不同的领域培养员工的各种能力。西门子管理学院不断地改进和拓展培训项目，为员工未来的发展做准备。在公司内部的网站上，每个阶段都明确公布出下一步的人才需求倾向和培训方向。有志于在新岗位上锻炼的员工，可以根据自己的情况决定自己参加哪种培训，真正做到了心中有数。

资料来源：https://iask.sina.com.cn/b/10nsr60sMED9.html

问题：从西门子的培训中，你能说出企业为什么重视培训在人力资源管理中的作用吗？

## 任务内容

### 一、培训的概念

一个企业要想获得持续提升、不断强大的员工队伍，必须采取多种方式对其进行培训与开发，使其知识、技能、态度得到改进，从而激发出最大的潜能，大幅度提升工作绩效。

员工培训与开发是组织为员工灌输组织文化、理念、技能，帮助员工提高素质和能力，从而提高工作效率，发挥内在潜力的过程，是一系列有目的、有计划的培养和训练的管理活动。其目标是使员工不断地更新知识，改进员工的动机、态度和行为，使其适应新的要求，更好地胜任现职工作或担负更高级别的职务，从而促进组织效率的提高和组织目标的实现。培训是开发员工潜能的有效方法之一。换言之，培训是开发的一个过程。

## 知识介绍

### 培训理论的发展历程

培训作为科研课题首先是在心理学和科学管理领域进行的。随后，培训理论随着科学管理理论的发展，大致经历了传统理论时期的培训、行为科学理论时期的培训、系统理论时期的培训三个发展阶段。在传统理论时期，培训以发展个人技术与态度为主，较少考虑个人与他人、个人与团体的相互关系；行为科学理论时期的培训，除了延续传统理论时期重视个人技术与态度的发展以外，更重视员工个人与他人之间的关系；到了20世纪60年代以后，培训理论进入系统理论时期，系统理论最重要的基本假设是系统对于外在环境的开放性，亦即将组织视为一个开放的系统，并且，特别重视系统与系统间的适应与沟通。20世纪90年代以后，组织培训工作可以说已是没有固定模式的独立发展阶段。

资料来源：https://baike.baidu.com/item/%E5%9F%B9%E8%AE%AD/248163?fr=aladdin

### 二、培训的类型

（一）根据培训内容划分类型

（1）知识培训，即通过培训确保员工具备完成本职工作所需的基本知识，同时，也了解组织的基本情况，如组织的发展战略、目标、经营状况、规章制度等。

（2）技能培训，即目标是使员工掌握从事本职工作的必备技能，如操作技能、处理人际关系的技能、谈判技能等，并以此培养、开发职工的潜能。

（3）态度培训，即通过建立起组织与员工之间的相互信任，培养员工对组织的忠诚，培养员工应具备的精神状态和工作态度，增强员工的组织观念和团队意识。

（二）根据培训对象划分类型

（1）岗前培训，即为刚被招聘进企业、对内外情况生疏的新员工指引方向，使之对新的工作环境、条件、人际关系、应尽职责、规章制度、组织期望有所了解，使其尽快融入组织之中而开展的一系列培训活动。

（2）在职培训，即在工作中直接对员工进行培训，通过聘请有经验的工人、管理人员或专职培训师指导员工边学习边工作。企业也会有选择地让部分员工在一段时间内离开原工作岗位，进行专门的业务学习，即所谓的脱产培训。

### 三、培训的方法

（一）讲授法

讲授法是培训师通过口头语言对学生传授知识、培养能力、进行思想教育的方法。其他各种方法在运用中常常要与讲授法结合。它要求培训师具有丰富的知识和经验。讲授法的优点在于运用方便，信息量大；灵活性大，适应性强，无论是在课内教学还是在课外教学，也无论是感性知识或理性知识，讲授法都可运用。其缺点是学习效果易受培训师讲授水平的影响；同时，缺乏学员直接实践和及时做出反馈的机会。

（二）工作轮换法

工作轮换法是让受训者在预定时期内变换工作岗位，使其获得不同岗位的工作经验的培训方法。进行此种培训前要考虑培训对象的个人能力以及他的需要、兴趣、态度和职业偏爱。工作轮换法的优点在于能增进培训对象对各部门管理工作的了解，扩展员工的知识面；能识别培训对象的长处和短处，找到适合自己的位置；受训对象可能会为将来部门间的合作打下基础。其缺点是，如果员工在每个轮换的工作岗位上停留时间太短，所学的知识必然不精。

（三）视听技术法

视听技术法通过现代视听技术（如投影仪、DVD、电视、电影、电脑等工具）对员工进行培训。要求依讲课的主题选择合适的视听教材，播放前要清楚地说明培训的目的。这种方法的优点是：直观鲜明；教材生动形象且给学员以真实感；视听教材可反复使用。其缺点在于视听设备和教材的成本较高，内容易过时；选择合适的视听教材不太容易；学员处于消极的地位，反馈和实践效果较差。

（四）案例研究法

案例研究法通过向培训对象提供相关的背景案例书面资料，让其分析问题并寻找合适的解决方法。案例的选取和编写比较困难，一般要求案例来源于真实场景，且案例中发生的问题要和培训内容相一致。这种方法的优点在于学员的参与性强，变被动接受为主动参与；将学员解决问题的能力融入知识传授中；教学方式生动具体，直观易学；容易使学员养成积极参与学习的习惯。其缺点是恰到好处的案例准备用时较长，要找到同培训内容相合适的案例不容易，且对培训师和学员的要求都比较高。

（五）角色扮演法

角色扮演法是指在一个模拟的工作环境中，指定参加者扮演某种角色，并按照其在实际工作中应有的权责来处理工作事务。培训师要为角色扮演准备好材料以及一些必要的场景工具。为了激励演练者的士气，在演出开始之前及结束之后，全体学员应鼓掌表示感谢。演出结束，培训师应针对各演练者存在的问题进行分析和评论。角色扮演法的优点是学员参与性强，学员与培训师之间能够实现充分的互动交流，可以提高学员培训的积极性；特定的模拟环境和主题有利于增强培训的效果；在角色扮演过程中，学员之间需要进行交流、沟通与配合，可增加彼此之间的感情交流；角色扮演比较灵活，可以临时改变角色，时间上培训师也比较容易控制。其缺点是由于场景是人为设计的，所以角色扮演法效果的好坏主要取决于培训师的水平，同时，如果部分性格内向的学员参与意识不强，就会影响培训效果。

（六）网络培训法

网络培训法是指将文字、图片及影音文件等培训资料放在网上，形成一个网上资料馆。采用这种培训方法要求企业建立完善的网络系统和网络培训课程资源，同时，网络培训后需要进行效果的评估，避免受训者的"偷懒"行为。网络培训法的优点是：信息量大，新知识、新观念传递优势明显，而且使用灵活，符合分散式学习的新趋势，学员可灵活选择学习进度，灵活选择学习的时间和地点，灵活选择学习内容；网络上的内容易修改，可及时、低成本地更新培训内容；网上培训可充分利用网络上大量的声音、图片和影音文件等资源，增强课堂教学的趣味性，从而提高学员的学习效率。其缺点在于网上培训要求企业建立良好的网络培训系统，主要适合知识方面的培训。

## 四、培训的程序

（一）培训需求分析

培训需求分析就是采用科学的方法弄清谁最需要培训、为什么培训、培训什么等问题，其主要内容和目的是明确培训对象目前的知识、技能和能力水平；分析培训对象理想的知识、技能和能力标准或模型；对培训对象的理想和现实的知识、技能和能力水平进行对比分析。

（二）培训计划制订

培训计划必须从企业战略出发，满足组织及员工两方面的要求，考虑企业资源条件与员工素质基础，考虑人才培养的超前性及培训效果的不确定性，确定职工培训的负责人、培训时间、地点、费用预算、人员、内容、培训方法、培训师和培训应达到的目标等。

（三）培训的组织实施

培训的组织实施是培训目标和计划达成以及根据目标和计划对培训过程中出现的问题及时做出调整、控制的关键阶段。培训实施阶段的两个重要工作内容是教学工作和教务工作。如何开展教学和教务工作，按既定的培训目标与计划展开培训，是培训成败的关键。

### （四）培训效果的评估

（1）确定评估内容。培训结束后，要考察受训者的感受，预期目标的达成情况，所学知识转化为工作能力的情况；培训者调动受训者的学习积极性，活跃课堂气氛，让受训者在有限的时间内获得更多的知识和信息的情况；培训本身让受训者视野得到开阔，思维得到创新，知识得到更新，技能得到提高的情况。

（2）明确评估标准。要以满意度、学习度、应用度及绩效改善度四个培训效果等级为标准，分别对每次培训的效果进行全面考核、评价。

（3）选择评估方法。在培训效果评估过程中可以使用的评估方法主要包括：课后评估法、管理人员评估法、调查表法、评估中心法、面谈法、行为观察法、行为表现记录法等。

（4）设计评估方案。培训工作评估可以采取培训前后对比、受训者预先测试、培训后测试以及时间序列分析等方式。培训工作评估方案一般要在明确评估内容的基础上收集数据，如进行培训前后的测试、问卷调查、访谈、观察、了解受训者观念或者态度的转变等；然后是数据分析，即对收集的数据进行科学的处理、比较和分析、解释并得出结论；最后是把结论与培训目标加以比较，提出改进意见。

（5）编写评估报告。工作评估报告是对整个培训工作的详细总结，其内容包括培训的组织和实施过程，并提出意见和建议，为今后的培训工作做参考。培训工作总结报告内容主要包括：导言、概述评估实施的过程、阐述评估结果、解释评估结果、参考意见和附录等。

## 课堂练习

李娜是上海一家医疗器械公司的人力资源部经理，公司最近招了一名销售员李勇，在经过面谈后，李娜认为李勇在销售方面具有很大的潜力，具备公司要找的销售人员条件。可是，两星期后销售部经理告诉她，李勇提出离开公司的要求。李娜把李勇叫到办公室，就他提出辞职一事进行面谈，具体内容如下。

李娜："李勇，我想和你谈谈。希望你能改变你的主意。"

李勇："我不这样认为。"

李娜："那么，请你告诉我，为什么你想走？是别的企业给你的薪水更高吗？"

李勇："不是。实际上我还没有其他工作。"

李娜："你没有新工作就提出辞职？"

李勇："是的，我不想在这里待了，我觉得这里不适合我。"

李娜："能够告诉我为什么吗？"

李勇："在我上班的第一天，别人告诉我，正式的产品培训要一个月后才进行，他们给我一本销售手册，让我在这段时间里阅读学习。第二天，有人告诉我在徐汇区有一个展览，要我去公关部帮忙一周。第三周，又让我整理公司的图书。在产品培训课程开课的前一天，有人通知我说，由于某些原因课程推迟半个月，安慰我不要着急，说先安排公司的销售骨干胡斌给我做一些在职培训，并让我陪胡斌一起访问客户。所以我觉得这里不适合我。"

李娜："李勇，在我们这种行业里，每个新员工前几个月都是这样的，其他地方也一样。"

李勇："您不必多说了，我去意已决！"

资料来源：http://www.360doc.com/content/09/0311/11/113959_2775639.Shtml

问题：你认为这家公司的新员工培训存在哪些问题？针对此案例，结合相关工作经验，就如何避免上述问题提出你的建议。

## 任务五　薪酬管理

**任务情境**

### 星巴克中国的福利创新

2017年10月，星巴克中国获得全球咨询机构美世颁发的"最佳福利创新奖"。那么，星巴克中国在员工福利上究竟有什么样的创新能获此殊荣呢？

谈到福利创新，必须结合中国国情来谈一谈。要知道，星巴克进入中国已有18个年头了，虽然是外企，虽然生意火爆，虽然星巴克把员工当伙伴，虽然星巴克为员工提供了严密而充分的培训计划，虽然……还有许多虽然，可是星巴克创始人霍华·舒兹还是大吐苦水："星巴克前9年在中国市场一直亏损，华尔街各市场分析机构都劝我撤离中国。"星巴克在中国表现不佳的原因是一直得不到别人的认同，尤其是员工父母的认同。星巴克在中国地区的员工大约有87%是大学毕业生。对这些大学生的父母来说，在星巴克工作有点"不务正业"。中国父母觉得他们耗费了大量的人力、物力、财力和精力，好不容易培养出一个大学生，结果却是去"卖咖啡"，真是"得不偿失"，他们的孩子应该去那些更"正规"的名企，比如微软、Google、华为等。

为了赢得中国父母的心，同时解决星巴克"伙伴"的后顾之忧，星巴克推出"星巴克中国父母关爱计划"，即自2017年6月1日起，所有在星巴克中国自营市场工作满两年且父母年龄低于75周岁的全职"伙伴"（员工）都将享受到一项全新的"父母关爱计划"——由公司全资提供的父母重疾保险。舒兹表示："我们存在的核心宗旨和理由一直受浸润于人文关怀中的一系列信仰驱动。我为能够通过'父母关爱计划'支持我们的中国伙伴及其父母感到非常自豪。为年迈的父母提供重大疾病保险表明，我们履行星巴克作为全球上市公司的责任，并向深深植根于中国文化的家庭价值观致敬。"星巴克中国的这项福利创新充分体现了该企业对员工的人文关怀精神，也是其"伙伴文化"的再次体现！

资料来源：http://www.hrsee.com/?id=529

问题：请思考星巴克在员工福利上的创新给了管理者什么样的启示？

**任务内容**

### 一、薪酬的概念、构成及影响因素

（一）薪酬的概念

薪酬是报酬体系的一部分，是指员工从企业那里得到的各种直接的和间接的经济收入，相当于财务报酬部分。

（二）薪酬的构成

**1. 工资**

工资是企业薪酬的主要形式，是企业依据国家的法律规定和劳动合同，以货币形式直接支付给员工的劳动薪酬。

**2. 奖金**

奖金，也称奖励工资，是为员工超额完成任务或取得优秀工作成绩而支付的额外薪酬，其目的在于对员工进行激励，促使其继续保持良好的工作势头。

**3. 津贴**

津贴，也称附加工资或者补助，是指员工在艰苦或特殊条件下工作，企业对员工额外的劳动量和额外的生活费用支出所给的补偿。

**4. 福利**

员工福利分为基本福利和补充福利。基本福利是指企业必须提供给所有建立雇佣关系的员工的福利，它是国家以法律形式规定的，企业必须给员工的福利，如基本养老保险、医疗保险、失业保险、工伤与生育保险等。补充福利是指企业为了提高自身人力资源管理的竞争力而单独、额外给员工的福利，其根本目的是更好地吸引、保留、激励员工。

（三）薪酬的影响因素

薪酬的影响因素可以分为内部因素和外部因素两种。

**1. 内部因素**

（1）企业的经营性质与内容。

在劳动密集型的企业中，劳动成本在总成本中占很大比例；在高科技企业中，高技术员工占主导，劳动成本相对小。这两种类型企业的薪酬策略必定不同。

（2）企业发展阶段。

企业处于初创期、上升期、成熟期、衰退期等不同发展阶段的薪酬策略及设计的侧重点也不同。例如，初创期薪酬应当加大浮动比例，并与公司业绩紧密挂钩；成熟期薪酬则应更加注重内部公平性，同时，会进一步加大固定薪酬与福利占比，而会减少绩效薪酬的比例。

（3）企业文化。

不同的企业文化会决定激励的重点和方向，因此，也会影响薪酬策略。

（4）企业规模。

企业规模越大，受到企业所在地政府的关注就越多，所以，各项工资福利比较齐全，一旦违法，成本高昂。

（5）工资管理成本。

选择工资制度时，企业一般考虑直接成本，但从经济学的角度，还要考虑机会成本的因素。

**2. 外部因素**

（1）地区的差异。

一般经济发达地区的薪酬水平比经济落后地区的高，处于上升期和成熟期的企业的薪酬水平比衰退期的高。

（2）行业差异。

行业的发展同该行业熟练劳动力人数成正比，行业发展快，一般采用岗位技能工资比较好，若行业发展缓慢，则可采用结构工资制。

（3）劳动力市场的供求关系。

劳动力的供求关系失衡时，劳动力价格也会偏离其本身的价值：一般供大于求时，劳动力价格会下降，反之亦然。

（4）相关的法律法规。

与薪酬相关的法律法规包括：最低工资制度、个人所得税征收制度、强制性劳动保险种类及交缴费用的水平。

## 二、薪酬体系的设计

（一）薪酬设计的模式

企业薪酬设计一般建立在价值评价的基础上，通过科学合理地评价员工为企业创造的价值来进行价值分配。根据 3PM（岗位绩效薪酬体系，是以职位、能力、绩效以及人力资源市场价格为依据进行分配的薪酬体系）薪酬理论模型，存在着职位、能力、绩效三种不同的衡量维度，因而产生了以下三种不同的薪酬模式。

**知识介绍**

### 3PM 薪酬理论模型

3PM 薪酬理论模型是人力资源管理一种模式的英语缩写，指的是职位评估系统、能力评价系统和绩效管理系统。

3PM 是以职位因素、能力因素、绩效因素以及人力资源市场价格为依据进行分配的薪酬理论模型。3PM 薪酬模型坚持以职位付酬的理念，体现内部公平，同时，具有便于考核、控制人工成本等优点。3PM 薪酬模型在坚持以职位付酬为主的前提下，考虑任职者的个人因素。其中，个人技能因素、资历因素以及其他特殊差别因素将对薪酬带来一定影响。3PM 薪酬模型强调员工收入与组织绩效、部门绩效、个人绩效紧密联系，最大限度地发挥薪酬的激励作用，同时，使员工与组织休戚与共。3PM 薪酬模型强调员工收入要随人力资源市场行情因素及时调整，使公司薪酬水平保持一定的竞争力。

资料来源：http://wiki.mbalib.com/wiki/3PM%E8%96%AA%E9%85%AC%E6%A8%A1%E5%9E%8B

**1. 以职位为基础的薪酬模式**

以职位为基础的薪酬模式通过对岗位的职责、劳动强度、劳动条件等因素的测评，按岗位相对价值的高低来决定员工的工资水平，以岗定薪，易岗易薪。公司通常会成立专门的岗位测评小组或聘请咨询公司来对内部的所有岗位进行评估，得出每个岗位的薪点，并按薪点数的大小对岗位进行排序、归类，形成岗位工资等级体系。很多企业采用职务工资制度，它实际上是岗位工资的一种特殊形式。

**2. 以能力为基础的薪酬模式**

以能力为基础的薪酬模式指企业根据员工所具备的能力或任职资格来确定其基本的薪酬水平，对人不对事，其中基于岗位的能力占了岗位薪酬总额的绝大部分；员工能力的高低和薪酬、晋升相挂钩，管理者关注的是员工能力价值的增值。这种薪酬体系特别适合高新技企业和知识型企业，符合企业建立学习型组织的要求。

### 3. 以绩效为基础的薪酬模式

以绩效为基础的薪酬模式通过对员工的任务完成情况、工作行为、工作态度等一系列考核指标进行评价来确定其薪酬。绩效付酬导向的员工的行为很直接，员工会围绕着绩效目标开展工作，为实现目标会竭尽全力，力求创新。实际上，绩效付酬降低了管理成本，提高了产出。基于绩效的薪酬体系在企业中被普遍使用，尤其是对市场化程度比较高、竞争比较激烈的行业，这种薪酬模式更为适用。

### （二）薪酬设计的基本程序

#### 1. 制订薪酬原则和策略

制订薪酬原则和策略包括对对员工本性的认识，对员工总体价值的评价，对管理人员、高级管理骨干、专业技术人才和营销人才所起作用的价值估计等。

#### 2. 工作分析与岗位设计

工作分析与岗位设计是建立薪酬的依据，反映了企业管理者和员工对某一职位的期望。

#### 3. 职位评价

职位评价主要解决薪酬的对内公平性问题，它有两个目的：一是比较企业内各个职位的相对重要性，得出职位等级序列；二是进行薪酬调查，建立统一的职位评估标准。

#### 4. 薪酬调查与薪酬定位

薪酬调查主要解决薪酬的对外竞争力问题。只有充分地进行市场调查才能做出准确的薪酬定位。

#### 5. 薪酬结构设计

所谓薪酬结构，是指一个企业的组织结构中各项工作的相对价值及其与对应的实付薪酬之间保持何种关系。薪酬结构设计充分体现薪酬的内在公平性。

#### 6. 薪酬分级和定薪

经过工作（职位）评价后，企业根据已确定的薪酬结构曲线，就可以将众多类型的职位薪酬归并成若干等级，形成一个薪酬等级系列。

#### 7. 薪酬制度的执行、控制与调整

在实际工作中，需要根据制度的运行状况和企业经营环境的变化灵活处理企业薪酬制度，发挥其应有的功能。

## 课堂练习

全球著名的音乐剧《猫》自1981年在伦敦首演以来，曾经被翻译成二十多种文字在全世界各个角落演出。《猫》最后于2000年9月10日在百老汇结束，2002年5月11日，也就是它21岁生日时，在伦敦落下帷幕。总计在纽约演出了7 485场，伦敦演出了8 949场。《猫》中文版于2012年8月17日在上海大剧院首演。2012年12月21日至2013年2月3日，《猫》中文版在北京世纪剧院进行了跨年演出。然而，这里要跟大家探讨的不是音乐剧，而是与工资有关的内容。

要知道，《猫》的主要演员分为两类：一类是正式演员，必须参加每周定量的排练和演出，如在百老汇每周必须演出20场，从而每周获得2 000美元的报酬；另一类是替身演员，每场

演出都在后台静坐待命。替身演员并不一定会上台表演,但他们被要求学会该剧中五个不同角色的表演,一旦某位正式演员受伤不能演出,他们就得登台救场。在报酬上,他们每周无论是否登台演出 20 场,都可以得到 2 500 美元。他们是因为能够表演五个不同的角色而得到这笔薪水,与是否登台表演无关。

资料来源:http://www.hrsee.com/?id=528

问题:为什么替身演员能更轻松地拿到更多的报酬?你觉得这样的工资制度是否合理?

## 任务六 绩 效 管 理

### 任务情境

#### 这样的"绩效考核"谁能接受

一家中小企业实施绩效考核快半年了,刚开始,下面的店长还很努力,大概 2 个月后,工作状态就越来越不好,执行力也变差了,公司下达的政策和要求,总是执行不到位。这家企业对店长的主要考核如下:

店长的工资=底薪+提成+绩效工资

考核的具体操作是:底薪较低,提成较高,每月将"底薪+提成"总工资的 30%来做绩效工资,如"底薪+提成"=2 万元,就会有 6 000 元拿来做绩效工资,然后,按占不同比例分解到八个指标上,企业每月对每个指标都会提出相对应的目标,最后,根据目标达成率用关键绩效指标(KPI)评分方式进行打分,最高分得 100 分! 但员工几乎没有拿到过 100 分,也就是说,员工每个月都会被扣掉几百元!

注:KPI 是 Key Performance Indicator 的英文简称,主要指通过对组织内部流程的输入端、输出端的关键参数进行设置、取样、计算、分析,从而衡量流程绩效的一种目标式量化管理指标,是把企业的战略目标分解为可操作的工作目标的工具,是企业绩效管理的基础。

资料来源:http://www.hrsee.com/?id=429

问题:请你分析一下这个企业绩效考核失败的原因是什么?应该怎样做绩效考核?

### 任务内容

#### 一、绩效的概念与特点

(一)绩效的概念

广义的绩效概念中包括了组织绩效、群体绩效和员工个人绩效三个层次。

组织绩效,是组织的整体绩效,指组织任务在数量、质量及效率等方面完成的情况。

群体绩效,是组织中以团队或部门为单位的绩效,是群体任务在数量、质量及效率等方面完成的情况。

员工个人绩效,是员工在工作过程中所表现出来并且能够被评价的工作行为以及工作结果。

## （二）绩效的特点

（1）多因性，即影响绩效的主要因素有员工技能、外部环境、内部条件以及激励效应等多种因素。

（2）多维性，即指绩效表现在多种维度上，因此，应该从多个方面去考核绩效。

（3）动态性，即绩效不是一成不变的，由于绩效受到众多因素的制约，随着时间的推移，这些因素会随之变化，因此，绩效也会随之发生相应变化，切忌以主观僵化的观点看待绩效。

## 二、绩效管理的概念与流程

### （一）绩效管理的概念

绩效管理是指制订员工的绩效目标并收集与绩效有关的信息，定期对员工的绩效目标完成情况做出评价和反馈，以改善员工工作绩效并最终提高企业整体绩效的制度化过程。

### （二）绩效管理的流程

（1）绩效计划：它是绩效管理过程的起点。企业的战略要落实，必须先将战略分解为集体的任务或目标，落实到各个岗位上。绩效计划包含绩效考核指标及权重、绩效目标以及评价标准等方面。

（2）绩效实施：制订了绩效计划之后，员工就可以开始按照计划开展工作了，这就是绩效的实施。在工作过程中，管理者要对被评估者的工作进行指导和监督，对发现的问题及时纠正，并随时根据实际情况对绩效计划进行调整。

（3）绩效考核：按照事先确定的工作目标及其衡量标准，考察员工本周期内实际完成的绩效情况，发现绩效与标准之间的"差距"，也就是得出员工绩效的直接结果。

（4）绩效反馈：绩效管理的过程并不是为考核打出一个分数就结束了，主管人员还需要与员工进行一次或多次的面对面的交谈。通过面谈，确保员工了解主管对自己的期望，了解自己的绩效，认识自己有待改进的方面，同时，员工也可以提出自己在完成绩效中遇到的困难，请求上级的指导。

（5）绩效改进：绩效管理的目的不仅是将考核的结果作为确定员工的薪酬、奖惩、晋升或降级的标准，而且，要以员工能力的不断提高以及绩效的持续改进和发展作为其根本目的，寻找改进方法，作为下一循环开始。

## 三、绩效考核的内容

（1）业绩考评，即考评组织内的成员对组织的贡献，或者对组织内的成员的价值进行评价。

（2）能力考评，即考评成员从事某项工作所需要的基本技能与素质。

（3）态度考评，即考评成员勤奋敬业的精神，如工作积极性、主动性、纪律性和出勤率等。

（4）附加项目考评，一般是针对业绩、能力、态度中不能包含的内容进行的。附加项目作为补充，占的比重相对较小，一般附加分值主要是针对员工日常工作表现的奖惩记录而设立的。

## 四、绩效考核的周期

绩效考核周期，也叫作绩效考核期限，是指多长时间对员工进行一次绩效考核。由于绩效考核需要耗费一定的人力、物力，因此，考核周期过短，会增加企业管理成本的开支；但是，绩效考核周期过长，又会降低绩效考核的准确性，不利于员工工作绩效的改进，从而影响绩效管理的效果。通常情况下，绩效考核周期的确定，需考虑以下三个因素。

（一）职位的性质

不同的职位，工作的内容也不同，因此，绩效考核的周期也应当不同。一般来说，职位的工作绩效比较容易考核，考核周期相对短一些。

（二）指标的性质

不同的绩效指标，其性质是不同的，考核的周期也相应不同。一般来说，性质稳定的指标，考核周期相对长一些；相反，考核周期相对就短一些。

（三）标准的性质

在确定考核周期时，还应当考虑到绩效标准的性质，就是说考核周期的时间应当保证员工经过努力能够实现这些标准。这一点其实是和绩效标准的适度性联系在一起的。

## 知识介绍

### 早期的绩效考核

绩效考核起源于中国宋朝进行的吏部考核体系。随后，在英国实行文官制度的初期，文官晋级主要凭资历，造成工作不分优劣，所有的人一起晋级加薪的局面，结果是冗员充斥，效率低下。1854—1870年，英国文官制度改革，注重表现、才能的考核制度开始建立。根据这种考核制度，文官实行按年度逐人逐项进行考核的方法，根据考核结果的优劣，实施奖励与升降。考核制度的实行，充分地调动了英国文官的积极性，从而大大提高了政府行政管理的科学性，增强了政府的廉洁与效能。英国文官考核制度的成功实行为其他国家提供了经验和榜样。美国于1887年也正式建立了考核制度。强调文官的任用、加薪和晋级，均以工作考核为依据，论功行赏，称为功绩制。此后，其他国家纷纷借鉴与效仿，形成了各种各样的文官考核制度。这种制度有一个共同的特征，即把工作实绩作为考核的最重要内容，同时，对德、能、勤、绩进行全面考察，并根据工作业绩的优劣决定公务员的奖惩和晋升。

西方国家文官制度的实践证明，考核是公务员制度的一项重要内容，是提高政府工作效率的中心环节。各级政府机关通过对国家公务员的考核，有利于依法对公务员进行管理，优胜劣汰，有利于人民群众对公务员进行必要的监督。

文官制度的成功实施，使得有些企业开始借鉴这种做法，在企业内部实行绩效考核，试图通过考核对员工的表现和实绩进行实事求是的评价，同时，也要了解组织成员的能力和工作适应性等方面的情况，并作为奖惩、培训、辞退、职务任用与升降等实施的基础与依据。

资料来源：https://baike.baidu.com/item/%E7%BB%A9%E6%95%88%E8%80%83%E6%A0%B8/2172522?fr=aladdin

### 五、绩效考核的方法

（一）关键绩效指标法

关键绩效指标法（Key Performance Indicator，KPI）是指将企业战略目标经过层层分解产生的可操作性战术方法。选择关键业绩考核指标并制订不同指标的权重,是绩效计划制订环节的重要工作。不同指标的选择及权重配置,体现不同的战略导向。关键业绩指标的选择和权重的确定过程是考核者与被考核者双向沟通的过程,被考核者应全面参与指标的设置过程,从而加深对指标的理解并承诺绩效目标的完成。

关键绩效指标法要求:选择对组织绩效贡献最大的方面来重点衡量,要少而精;应坚持结果指标和过程指标相结合的原则;灵活运用不占权重的指标。

### (二)目标管理绩效评价法

目标管理绩效评价法是根据企业总目标,由企业内部各部门和各员工分解并设立自己的目标,通过管理手段促成目标实现的一种方法。评估时每一项目标都按员工达到的程度独立考评,最后,再加权平均。

目标管理绩效评价法最大的优点在于为员工的工作成果树立了明确的目标,能激励员工尽量向目标看齐。绩效标准越细致,员工绩效考评的偏见和误差越少。其缺点在于需要较多的时间和精力去制订一套完整的绩效评价标准。此外,绩效目标尽管可能成为激励员工努力工作的强大动力,但也可能导致员工之间不必要的激烈竞争,使内耗增加,整体绩效下降。

### (三)平衡计分卡

20世纪90年代,随着知识经济和信息技术的兴起,无形资产的重要性日益凸显,人们对以财务指标为主的传统企业绩效评价模式提出了质疑。在此背景下,美国哈佛大学商学院的教授罗伯特·S·卡普兰和复兴国际方案公司的总裁戴维·P·诺顿针对企业组织的绩效评价创建了平衡计分卡(Balanced Score Card,BSC),如表6-1所示。

表6-1 平衡计分卡的框架及要素

| 层面 \ 要素 | 目标 | 指标 | 目标值 | 行动方案 | 预算 |
|---|---|---|---|---|---|
| 财务 | | | | | |
| | | | | | |
| 客户 | | | | | |
| | | | | | |
| 内部业务流程 | | | | | |
| | | | | | |
| 学习与成长 | | | | | |
| | | | | | |

平衡计分卡的核心思想是通过财务、客户、内部业务流程、学习与成长四个方面的指标之间的相互作用,实现从绩效评估到战略实施的目的。实际上,平衡计分卡方法打破了传统的只注重财务指标的业绩管理方法。在工业时代,注重财务指标的管理方法还是有效的。但在信息社会中,传统的业绩管理方法并不全面,组织必须通过在客户、供应商、员工、组织流程、技术和革新等方面的投资,获得持续发展的动力。

### 课堂练习

A公司是一家大型服装集团公司，生产、研发各种童装，员工有1 000多人，发展迅速。但是，最近不少核心骨干员工纷纷离职，引起人力资源部的高度关注，了解原因后，才得知这些骨干员工是觉得自己在回报方面没有多大的激励性，干得好和干得坏都差不了多少，因此，心里感觉不平衡。人才的流失引起了HR的高度关注，并且，开始反思公司的绩效管理是否出现了严重的问题。

公司的绩效管理现状是这样的：A公司推行绩效管理体系已经两年多了，由于市场对童装的需求持续增加，因此，各部门把关注点都放在了日常的工作中，而忽略了对绩效管理的关注。往往绩效考核只有在月底的时候，各部门主管才填张分数表交到人力资源部，人力资源部再进行汇总统计，员工的绩效结果基本都在85~95分这个段。考评结束后，主管们通常的做法是把分数发个邮件告诉一声，员工对此也不是很关注，因为他们也都清楚，绩效分数也就是走个形式，大家的分数都差不多。反正绩效奖金也都不会少。

资料来源：http://www.hrsee.com/?id=369

问题：如果你是该公司的HR，如何才能避免绩效管理走形式？

## 任务七 实训任务

### 一、走访调查

把全班分成若干小组，每组5~7人，以小组为单位对某一职位的薪酬情况做市场调查，包括不同城市、不同行业的薪酬情况，为企业提供薪酬设计方面的决策依据及参考。

要求：将调查结果进行分类、汇总及统计分析，形成能够客观反映市场薪酬现状的调查报告，字数不少于1 500字。

### 二、角色扮演

招聘面试：选出两名同学扮演应聘者和面谈者，其他同学担任观察员。

（1）应聘者的任务：在这次活动中，你的角色是一个刚刚毕业的大学生，准备应聘一个培训经理的职位，这是一个大银行里的一个基层管理职位。这个职位对人的要求是受过高等教育、理解力强、有干劲。作为培训经理必须与各个层次的人员沟通，包括管理人员、员工和客户，并且，要有效地保护和利用银行的资产。

（2）面谈者的任务：在这次活动中，你将扮演一位经理，与一个应聘培训经理的应聘者面谈。你的目标是决定这个应聘者是否具备适应这一职位的技能、知识、能力和动机。本次面谈将持续10分钟。

（3）观察者的任务：观察应聘者和面谈者的表现，哪些值得肯定？哪些地方存在不足？如何改进才能使面谈效果更佳？

要求：面谈结束后，表演者根据自己的感受进行总结发言；其他同学对面谈的过程进行评价，总结招聘时应注意的各种问题。

## 课外学习

### 一、分析题

通过阅读以下案例，分析尧采用了哪些绩效管理方法，并阐述绩效管理的意义和作用。

古代绩效管理实例——尧舜禅让

绩效评价是一把手工程，制订评价体系和对关键岗位的绩效评价需要领导者亲力亲为。绩效评价的内容涵盖多个角度，并进行综合评价，既包括业绩，也包括能力与态度。绩效评价决策的制订要听取多方利益相关者的意见，保证决策的质量。本文取材于尧舜禅让的传说，希望能够对组织管理者有现实的借鉴意义。

据《史记·五帝本纪》记载，尧开始和下属探讨接班人问题的时候，距离他真正让出帝位的时间长达二十八年。在当时，部落联盟首领选择接班人是一个可以开放探讨的问题，这一决策的利益相关者都可以表达自己的观点，但最终要由首领来决定。这一问题是如此之重要，以至于要提前许多年就提出这个议题进行探讨。而且，对接班人的资格没有严格限制，尧的说法是"悉举贵戚及疏远隐匿者"。在尧连续否定了多个人选之后，他的手下推荐了"平民""单身汉"身份的舜。大臣们对舜的初步评价是，虽然他的父亲愚昧、母亲顽固、弟弟傲慢，但舜仍然能够孝顺、友爱地与他们相处且不让他们走向邪恶。这种评价方法是基于事实的描述法，而不是简单地说他"好"，或者"不好"。而且，没有说他精通天文、地理等知识技能，更为关注的是"做人"的基本面的能力。这个理由显然是打动了尧，尧随即将自己的两个女儿嫁给了舜，以此来考核舜的"德行"。从此，尧对舜这位"未来的接班人"开始了漫长的绩效评价过程，可谓是用心良苦。

第一，考核"基本能力素质"，即"齐家"的能力，看他是否有能力管理自己的家族，使其健康、良性地发展。这个问题是如此之重要，以至于首领要将自己的女儿嫁给接班人。舜在对这两位有着高贵背景的妻子做了训教、告诫之后，就让她们去自己的老家伺候公婆。在舜的教导下，她们都能够按照舜的要求恪守妇道。通过这种完全基于事实的考核方式，舜的"齐家"能力完全得到了尧的认可。

第二，考核"定制度"能力。尧让舜去健全、完善以"父义""母慈""兄友""弟恭""子孝"这五种伦理为核心的道德制度体系，并付诸实施。在这里，我们可以把它理解为是一种类似制订人力资源管理政策方面的"职能工作"。事实证明，作为一名职能部门的负责人，舜的工作是成功的，因为这套制度体系得到了"员工"的认可和服从，取得了较好的效果。

第三，考核"带队伍"的能力。尧让舜去负责管理百官，明确百官的岗位职责、理顺他们的工作关系，使他们各司其职。舜的干部管理工作也获得了成功。

第四，考核"外部协作"的能力。尧让舜负责管理、协调与各诸侯、使臣的关系。在舜的努力下，政府与他们都建立了和睦、稳定的外交关系，并赢得了尊重。

第五，考核"现场管理"的能力。舜又奉命去实地考察、巡视国家的山川地貌，即便是在风雨雷电的情况下，舜也从未迷失方向，总能完成任务。

通过以上种种绩效评价，尧对舜的绩效表现是完全肯定的，"汝谋事至而言可绩"，并最终确定他为自己未来的接班人。但绩效评价至此还没有结束，尧只是退居二线而未完全退出，舜并没有立即被任命为"总裁"，而只是担任"常务副总裁"，而且，在这个岗位上一干就是十一年。因为，尧虽然在选择接班人方面开展了一系列必要的绩效评价工作，但尧仍认为这个决策还需斟酌，因为这只是基于自己作为直接上级的绩效评价而做出的决策，还不够完整。所以，尧对舜做了最后一步的考核。

第六，360°考核。尧让其他所有重要的利益相关者来表达自己的观点、进行评价，进一步提高决策的质量。当然，这也会进一步强化舜担任"总裁"的合法性，使政权更为稳固。

尧在选择接班人的过程中，采用了多角度、苛刻的绩效考核方法，前后历时二十余年。他选择接班人的范围并没有限于现有的核心层人员，即直接下级，而是广泛地征求意见，扩展选择对象，并最终确定了舜；尧对舜的绩效评价是全方位的，既包括对基本能力素质的考核，又包括对"定制度""带队伍""外部协作""现场管理"等关键绩效指标的考核；最终做出决策时，又充分征求了各方的意见，从而提高了决策质量，降低了政权交接的风险。

**资料来源：**http://www.hrsee.com/?id=259

二、分析题

通过阅读以下案例，请你从人力资源管理的角度分析第二个老板能够获取成功的原因是什么。

在一次工商界的聚会中，几个老板大谈自己的经营心得。其中一个说："我有三个不成才的员工，我找机会就将他们开掉。一个整天嫌这嫌那，吹毛求疵；一个杞人忧天，总是担心工厂有事；另一个整天在外面晃荡闲混。"另一个老板听了之后想了想，就说："既然这样，你就把这三个人让给我吧。"

三个人第二天到新公司报到。新老板开始分配工作：喜欢吹毛求疵的人，负责质量管理；害怕出事的人，负责安全保卫及保安系统的管理；第三个人负责商品的宣传，整天在外面跑来跑去。三个人发现工作分配和他们自己的个性相符，不禁大为高兴，兴冲冲地走马上任。过了一段时间，因为这三个人卖力工作，表现出色，居然使工厂业绩直线上升，这个老板的事业也蒸蒸日上。千里马易求，伯乐难逢，正是这个道理。

**资料来源：**李石华. 趣味管理学［M］. 郑州：郑州大学出版社，2007：56.

三、讨论题

阅读以下案例，请讨论为什么F公司的高薪没有换来高效率。你认为应该怎样做才能取得预期效果？

## 失败的高薪

F公司是一家生产电信产品的公司。在创业初期，依靠一批志同道合的朋友，大家不怕苦不怕累，从早到晚拼命干。公司发展迅速，几年之后，员工由原来的十几人发展到几百人，业务收入由原来的每月十多万元发展到每月上千万元。企业大了，人也多了，但公司领导明显感觉到，大家的工作积极性越来越低，也越来越计较。

F公司的老总黄明裁一贯注重思考和学习，为此特别到书店买了一些有关成功企业经营管理方面的书籍来研究，他在介绍松下幸之助的用人之道一文中看到这样一段话："经营的原则自然是希望能做到'高效率、高薪资'。效率提高了，公司才可能支付高薪资。但松下先生提倡'高薪资、高效率'时，不把高效率摆在第一个努力的目标，而是借着提高薪资，来提高员工的工作意愿，然后再达到高效率。"他想，公司发展了，确实应该考虑提高员工的待遇，一方面是对老员工为公司辛勤工作的回报，另一方面是吸引高素质人才加盟公司的需要。为此，F 公司重新制订了报酬制度，大幅度提高了员工的工资，并且，对办公环境进行了重新装修。

高薪的效果立竿见影，F 公司很快就聚集了一大批有才华、有能力的人。所有的员工都很满意，大家的热情高，工作十分卖力，公司的精神面貌也焕然一新。但这种好势头不到两个月，大家又慢慢恢复到懒洋洋、慢吞吞的状态。这是怎么了？

F 公司的高工资没有换来员工工作的高效率，公司领导陷入两难的困惑境地，既苦恼又彷徨，不知所措。那么症结在哪儿呢？

资料来源：https://wenku.baidu.com/browse/downloadrec?doc_id=0d92ecac680203d8ce2f249f&

## 四、讨论题

阅读以下案例，从薪酬管理的角度来看，孔卡这段往来中国的经历对你有什么启发？

### 孔卡的到来、离开与"二进宫"

孔卡，即达里奥·孔卡，阿根廷足球运动员。2011 年 7 月 2 日，广州恒大正式宣布以 1 000 万美元的身价从巴西弗鲁米嫩塞俱乐部购入孔卡，并宣布孔卡年薪为 700 万美元，当时这个数字在世界球员年薪榜排名第 56。随后，孔卡在赛场上以优异的表现，征服了球迷和对手，他在中超联赛中获得了极大的成功，帮助俱乐部拿遍了所能拿到的各项冠军。但是，他始终有个遗憾，就是无法入选阿根廷国家队与梅西、阿奎罗等阿根廷巨星成为队友。

在 2014 年，孔卡合同到期之后，他没有选择续约。他放弃在中国的高薪工作，毅然回到了当初的巴西弗鲁米嫩塞俱乐部，而年薪只有 310 万美元，只有恒大的一半。当他即将离开中国的时候，记者采访了他，谈及离开的原因，孔卡表示离开的原因之一是俱乐部没有让他感觉到价值所在，而孔卡妻子表示在中国他们夫妻很难交到朋友！

然而，戏剧性的一幕出现了。还不到一年，2015 年 1 月 28 日，上海上港集团足球俱乐部正式宣布，曾经的"天体之王"孔卡正式加盟上海。孔卡效力上港集团的税前年薪约 800 万欧元，是他效力巴西期间收入的三倍，他成为当时整个中超的球员打工皇帝。在接受巴西 SporTV 电视台采访时，孔卡首次回应了他的转会。他表示自己重回中国并不只是为了高薪，而是因为弗鲁米嫩塞俱乐部内部出现了一些问题。

注：

（1）2016 年 5 月 22 日上港俱乐部宣布续约孔卡两年，他将效力至 2018 年。2017 年 1 月 3 日，上港集团足球俱乐部官方宣布外援孔卡租借至巴甲球队弗拉门戈俱乐部，租借期为一年。

（2）目前中超年薪最高的球员依然是外援，他是上海申花的阿根廷球员特维斯，税后年薪高达令人恐怖的 3 198 万英镑，超越了皇马的 C 罗，成为世界收入最高的足球运动员。

资料来源：http://www.hrsee.com/?id=517

# 第四部分

# 领 导

代跋四葉

目　次

# 领导基础

**知识目标**

1. 了解领导的概念；
2. 掌握领导者素质；
3. 熟悉领导理论的主要观点。

**能力目标**

能运用领导理论的各个观点解决管理工作中遇到的实际问题。

**情感目标**

激发学生学习领导理论的兴趣，鼓励学生形成自己的领导风格。

**项目导入**

### 劳伦斯·萨默斯的困境

哈佛大学校长劳伦斯·萨默斯处在困境之中。这位美国前财政部部长已经不再纠缠于哥伦比亚特区华盛顿的非常复杂的人际关系，但是现在仿佛回到了从前的日子。在他担任校长的第一学期，便废除了学校慷慨的评级制度——根据这种评价，一半的评定都是优秀的，9/10 的学生都是优秀毕业生，从而使得全校师生员工争论不休。2001 年 9 月 11 日以后，他批评哈佛大学长期禁止在校园里面进行军事训练。更极端的是，在一次面向全国转播的电视节目中，萨默斯与非裔美国学者科内尔·威斯特观点不一。萨默斯批评威斯特最近出版的光盘《我的文化观》缺乏学术味。萨默斯还说，威斯特没有发表足够数量的严肃的学术论文，相反，他却专注于通俗作品。于是，威斯特辞职去了普林斯顿大学。如果萨默斯想进行变革，而且，这些变革是在他看来落后于时代的哈佛为了保住自己的地位而必不可少的，他就不得不提高自己的人际关系技巧。即使这些古老而受人尊敬的学校接受的捐赠最近已经翻了一番，达到了 183 亿美元，并且，拥有诺贝尔奖得主的数量足以让其他任何大学嫉妒不已，但是，萨默斯确信，他的母校需要的不只是微调。在他看来，哈佛大学没有为本科生提供新的世界经济格局所需要的那种教育。他还希望哈佛能够在教育的各个方面对其他科学有所启发，同时，还要成为医学和生物科技的领头人。哈佛百年的辉煌来自它的永不满足。"哈佛随时准备就我们的行为方式提出质疑"，萨默斯如是说。但是，他对抗的是给予 12 位系主任几乎全部的自治权制度，在这种制度安排下，员工们都"有自恋情结，而且自私自利"，塔夫茨大学的普罗沃斯特·索尔·基特尔曼说道。

**问题：** 假如你是劳伦斯·萨默斯，你准备运用哪种领导方式来解决问题并稳步推进你的新改革方案？你相信一个人会改变他的领导风格吗？

**资料来源：** [美] 达夫特，马西克. 管理学原理 [M]. 第 4 版. 高增安，等，译. 北京：机械工业出版社，2005：253.

## 任务一 领 导 概 述

### 任务情境

#### 销售风波

春节前夕，百货大楼内的顾客来来往往，好不热闹。为了迎接春节的到来，商场进了一批新鞋。这时，有位年轻的顾客来到了商场。

顾客：今天我休息，听说商场最近进了一批新鞋，要过节了，看看有什么新样式，来给自己选双新鞋。

销售员关玲（以下简称关）：先生，您好！请问您需要些什么？

顾客：把这双鞋拿给我看看。

关：好的。这双鞋是澳洲纯牛皮的，采用先进的一流工艺，流水作业，精工而成。先生，您穿上一定会很适合的！

顾客：嗯！不错，很适合我，多少钱？

关：因为春节要到了，我们 8 折优惠，原价 158 元，现价 126 元。

顾客：价钱还可以，穿上去也挺舒服的，那就买一双吧！

关：好的。但是（略带迟疑之色）先生，是这样的，由于进货部门的一些疏忽，虽然这双鞋质量绝对没有问题，但在阳光照射下，略微可以看出皮子上有一小块瑕疵，您看是不是再考虑一下？

顾客：这样呀！（面露犹豫之色）那我就仔细看看！

关：并不是很影响美观的！我想这双鞋过了春节后也许会打折，您看是不是到时再过来看看呢？

顾客：嗯！那好！我再来吧！小姐，谢谢你！（他庆幸地走了）

销售员孙某（以下简称孙）：（从另一个柜台走过来）小关，你做得不对呀！

关：我哪里做得不对了？

孙：到手的钱，你就这样放过了，你说你错在哪了？
关：可是商场讲的是信誉呀！那样做不好吧？
孙：鞋是他看上的，挑过了，关我们什么事？
关：如果顾客回家后发现问题岂不是不好！
孙：你怎么死心眼呀！如果都像你这样，咱们的鞋卖给谁呀！
关：孙师傅，您不是常教育我们这些新员工要为顾客着想，替商场着想吗？在顾客的利益上，尽量想顾客之所想吗？
孙：我都卖了30多年的鞋了，还用你教育我（满脸怒气）！
关：难道我卖给顾客有问题的鞋就对了么！
孙：你还不服是不是？
关：我哪里有不服，只是就事论事而已！
孙：你做错了事还不承认！
关：你这人怎么这样强词夺理呀！倚老卖老！

二人言语不和，就这样争吵起来了。后来二人到了经理室，经理给予了处理。

**问题**：如果你是经理，将会怎样处理呢？销售员关玲错了吗？经理会如何处理？

**资料来源**：http://www.docin.com/p-1004589319-f3.html

## 任务内容

### 一、领导的概念及与管理的关系

领导是有效管理的一个重要方面。尽管管理者在组织中拥有指挥下属行动的特权，但下属并不会自动地服从领导的命令。在现代社会中，有些下属会公然反抗他们的管理者或者不认真执行管理者的命令。因此，如何有效地进行领导是现代管理者必须掌握的一项技能。

（一）领导的概念

美国前总统杜鲁门曾经说过："领导就是让人做一件原本不想做的事，但事后喜欢它。"
管理大师德鲁克则这样诠释领导："决定做正确的事，并动员下属做好这件事。"

领导是指在社会管理活动中具有影响力的个人或集体在特定的组织结构中，通过示范、说服、命令等途径，动员组织成员以实现组织目标的过程。

凡是有组织、有团体活动的地方就有领导的存在。领导对管理活动具有决定性的影响作用，具体体现在指挥、激励、协调三个方面。指挥就是在团体活动中帮助组织成员认清所处的环境与形势，指明活动的目标和实现的途径，从而最大限度地实现组织的目标；激励就是引导组织成员满腔热情地为实现组织目标而努力，实现组织目标与个人目标相结合，这就需要领导者最大限度地调动成员的积极性，激发他们的工作热情，鼓舞他们的斗志，充分发掘他们的工作动力；组织活动是一个集体活动，在集体活动中存在着各种复杂的关系，人与人之间、部门与部门之间不可避免地会产生各种矛盾冲突，影响着组织目标的实现，这就需要领导者协调各方面的关系，解决各方面的矛盾冲突，领导成员团结一致地实现组织目标。

## （二）领导与管理

在实践中，人们常常把领导者和管理者混为一谈，但实际上这两个概念既有联系，又有差别。领导和管理的共同点如下。

（1）从行为方式上看，领导和管理都是一种在组织内部通过影响他人的协调活动，实现组织目标的过程。

（2）从权力的构成看，两者也都与组织层级的岗位设置有关。

两者之间也存在关注点的差异。就组织个人而言，可能既是领导者又是管理者；也可能只是领导者，不是管理者；也可能是管理者，而不是领导者。两者分离的主要原因在于：管理者的本质是依赖被上级任命而拥有某种职位所赋予的合法权力而进行管理，而领导者的本质就是被领导者的追随和服从，它完全取决于追随者的意愿，并不完全取决于领导者的职位与合法权力。具体如表7-1所示。

表7-1　管理和领导的区别

| 比较项目 | 管　理 | 领　导 |
| --- | --- | --- |
| 职能 | 管理的范围大 | 领导行为属于管理的范畴 |
| 制订计划 | 为达成目标，制订出详细的步骤和进度计划，进行资源分配 | 展现未来的前景与目标，指明达到远景目标的战略 |
| 组织和人员配备思路 | 组建所需组织结构并配备人员，规定权责关系，制订具体政策和流程，建立一系列的制度，监督下属的工作状况 | 重在指导人员，协同沟通，指明方向、线路。帮助人们更好地理解目标、战略及实现目标后的效益。引导人们根据需要组建工作组，建立合作伙伴关系 |
| 执行 | 在执行中强调采用控制的方式来解决问题，通过具体的、详细的计划监督进程和结果 | 一般采用鼓励和激励的方式。在思想上动员和鼓励人们克服工作中的障碍和困难，推动各项工作顺利开展 |
| 效果 | 一般只能发挥组织成员的现有能力 | 可充分挖掘组织成员的潜在能力 |

资料来源：苗丽君，赖胜才. 管理学——原理·实践·案例[M]. 北京：清华大学出版社，2009：172-173.

### 课堂练习

有一天动物园的袋鼠从笼子里跑了出来，于是，管理员们开会讨论，宣布一定要加强动物园管理。会后，管理员们决定将笼子的高度由原来的十米加高到二十米。结果第二天他们发现袋鼠还是会跑到外面来，所以，他们又决定再将高度加高到三十米。没想到隔天居然又看到袋鼠全跑到外面了，于是，管理员们大为紧张，决定一不做二不休，将笼子的高度加高至一百米。长颈鹿于是和袋鼠们说："你们看，这些人会不会继续加高你们的笼子？"袋鼠说："很难说，如果他们再继续忘记关笼子门的话。"

《战国策》中有一段关于"南辕北辙"故事的记载，故事内容是这样的：魏王想攻打赵国，季梁劝他说："我在太行山下遇到一个向北走却要去楚国的人，我告诉他说你去楚国，为什么向北走？他却回答我说：'我的马跑得很快。'我说：'马好，可是路走反了。'他又回答说：'我盘缠带得多还有我的这位马夫驾车技术非常高明。'但是，他这样走下去，只会离楚国越来越远。现在,大王仗着强势想称霸,你越是这样做,离称霸的目的就越远,和那个想要去楚国,反而往北走的人一样。"魏王听了之后觉得很有道理,最后终于放弃攻打赵国的计划。

**问题**:通过以上两个案例,你认为在一个组织里,只有领导者没有管理者会怎么样?只有管理者没有领导者又会怎么样?

## 二、领导的作用

领导就是指挥、带领、引导和鼓励部下为实现目标而努力的过程。领导是任何组织都不能缺少的职能,领导贯穿于管理活动的全过程。有人认为,一个好的团队,只要内部的成员都能干、肯干,那么,就算没有领导者,这个团队依旧是个强大团队,其实并不然。拿破仑说:"一头狮子带领的绵羊群一定能战胜一只绵羊带领的狮群。"由此可见,一个好的团队还必须有一个强大的领导者,这是因为领导有其不可替代的作用。

### (一)指挥作用

在人们的集体活动中,需要有头脑清醒、胸怀全局、高瞻远瞩的领导者来帮助人们认清所处的环境、明确活动的目标和实现目标的途径。因此,领导者有责任指导、组织各项活动的开展,其中包括明确大方向并指导下属制订具体目标、计划及明确职责、规章、政策,开展调查研究,了解组织和环境正在发生和可能或将要发生的变化,引导组织成员认识和适应这些变化。

有人将领导者比作乐队指挥,一个乐队指挥的作用是通过演奏家的共同努力而形成一种和谐的声调和正确的节奏。由于乐队指挥的才能不同,乐队也会做出不同的反响。领导者不是站在群体的后面去推动群体中的人们,而是站在群体的前列去促使人们前进并鼓舞人们去实现目标。

### (二)激励作用

对于大多数人来说,劳动仍是谋生的手段,人们的各种需求的满足还受到各种条件的限制。当一个人工作、学习、生活遇到困难、挫折或不幸,某种物质的或精神的需求得不到满足时,就必然会影响到其工作热情。这就需要有通情达理、关心下属的领导来为他们排忧解难,以高超的领导艺术激发下属的事业心、忠诚感和献身精神,加强他们积极进取的动力。

### (三)协调作用

在组织实现其既定目标的过程中,人们之间会因为人的才能、理解能力、工作态度、进取精神、性格、作风、地位等的不同,加上外部各种因素的干扰,出现在思想上发生各种分歧、行动上产生偏离目标的情况。因此,需要领导来协调人们之间的关系,把大家团结起来,向目标前进。

### (四)沟通作用

领导者是组织的各级首脑和联络者,在信息传递方面发挥着重要作用,是信息的传播者、监听者、发言人和谈判者,在管理的各层次中起到上情下达、下情上达的作用,以保证管理决策和管理活动顺利地进行。

由此看来，领导者要引导不同员工向同一个目标努力，协调这些员工在不同时空的贡献，激发员工的工作热情，使他们在工作中保持高昂的积极性。

## 课堂练习

卡罗尔·贝恩斯与她先生结婚20年了。她的先生是贝恩斯公司的老板，在不久前的车祸中丧生。随后，卡罗尔决定不出售公司，而是尝试着自己来管理和维持。可是在事故之前，虽然卡罗尔有商务方面的大学学历，并且主修管理，但是，她只曾经在晚餐这种非正式的场合下和她先生讨论过公司的业务问题。

贝恩斯公司是一个20万人口的城市中的3家办公用品供应商之一，其他两家都是联邦所有的连锁店。贝恩斯公司的规模不大，只有5名员工，每年的营业额稳定在20万美元左右，主要为城中更小规模的公司提供服务。公司的发展已经停滞了好几年了，并且，已经开始感受到由联邦连锁店的广告宣传和低价策略所带来的压力。

在头6个月，卡罗尔把主要精力放在对员工和公司运作的熟悉上，接着她对全城范围内有办公用品需求的公司进行了调查。基于她对公司运作能力的理解以及公司产品与服务潜在市场的评估，卡罗尔为公司制订了一套短期和长期的目标规划。在所有的计划背后，卡罗尔的目标是把公司建设成为一个可持续发展的、健康的、有竞争力的公司。她不仅要接过丈夫开创的事业，还想要将之发展壮大。

在最初的5年间，卡罗尔在广告宣传、销售和服务上投入了巨额资金。这些努力很快就收到了成效，公司随即开始了快速的发展，雇员也增加了20人。

贝恩斯公司的发展是十分令人称道的，因为卡罗尔同时还不得不面对另外一个巨大的挑战。在她丈夫去世一年后，她发现自己已经得了乳腺癌。治疗需要进行为期2个月的放射疗法和6个月的化学疗法。在整个与病魔斗争的过程中，治疗的副作用使她脱发，但是，疲劳的她还是坚持管理公司的业务，并最终排除困难取得了成功。在她强有力的领导下，贝恩斯公司已经持续发展了10年之久。

对贝恩斯公司的新老员工的访谈揭示了卡罗尔领导和管理方面的诸多特质。员工们觉得卡罗尔是一个很可靠的人。她细心关怀别人，处事公正而深思熟虑，在公司内营造了一个家庭般温暖的氛围。自从卡罗尔接管公司业务以后，很少有员工退出公司。她为全体员工奉献，同时，也支持他们的兴趣爱好。例如，公司在夏天赞助并组织垒球队，冬天则组织篮球队。另一些员工则觉得卡罗尔是一个很坚强的人，即使得了癌症她依然很乐观，对生活充满了热爱。即使在很困难的时候，她也从没有因癌症或者它的副作用而沮丧。员工们认为她是坚强、善良和高尚的楷模。

55岁时，卡罗尔把公司的业务交给了她的两个儿子，自己仍担任公司的主席，但不再过问日常工作。公司的销售额现在超过了310万美元，已经超过了同一座城市的另外两家连锁店。

资料来源：https://wenku.baidu.com/view/86bef944814d2b160b4e767f5a cfa1c7aa0082e3.html

问题：在公司发展壮大的过程中，卡罗尔的个人品质起了多大作用？

## 任务二 领导者素质

### 任务情境

#### 湖南卫视"背后的人"

20世纪90年代末，魏文斌（湖南广电总局党委书记、湖南广播电视集团总裁）在全国电视领域第一个站出来进行大刀阔斧的改革，突破意识形态的束缚和上级管理部门的压力，将湖南卫视这个综合性、政治性（湖南党政喉舌）电视台改为娱乐性电视台，迎合市场需要。在那个政治气氛严肃、节目死气沉沉的电视媒体行业里，这不能算一个大胆、疯狂的做法，而结果是培养了一批著名的节目主持人，在国内首次将节目主持人"明星化"，还生产制作了大批家喻户晓的节目，如《快乐大本营》《超级女声》《背后的故事》《快乐向前冲》《爸爸去哪儿》，电视剧《还珠格格》《封神榜》等。出色的改革策略和能力将湖南电视台收视率带到了全国省级电视台收视连续8年第一、全国（包括中央电视台16个频道和香港凤凰卫视）综合收视排名第二，东亚、东南亚、南亚、西欧、南欧、北美、澳洲等132个国家都能看到湖南卫视，成为中国唯一的超级地方电视台。

资料来源：http://www.taodocs.com/p.48226616.html

问题：魏文斌是不是一个优秀的领导者？为什么？

### 任务内容

#### 一、领导者素质的概念与特征

（一）人的素质与特征

**1. 人的素质**

《辞海》对素质一词的定义为：人的生理上的原来的特点；事物本来的性质；完成某种活动所必需的基本条件。可以看出，这一概念涉及了人的硬件及软件、先天及后天等多个方面，可以说是个大的框架性的东西，但有一点没有变，就是强调了对人的原本的认知，而对人的本性判断是其中的重中之重。

从现代人的素质构成看，素质已扩展到人的品质和人的社会品格领域。要全面认识素质概念，必须从发展角度考察，即从人的自然化和社会化两方面来考察。人在自然化和社会化的同时发展中，形成了一系列生理的、心理的和社会的相对稳定的特性，即素质。关于素质的其他含义，如表7-2所示。

表7-2 人的素质的五种学说

| 学说 | 概　念 |
| --- | --- |
| 要素说 | 人的素质是由品德、智力、体力等多种要素组成的 |
| 构成说 | 人的素质是由自然生理素质（先天遗传）、社会文化素质、后天习得和心理素质（个性品格）等方面构成的 |

续表

| 学说 | 概　念 |
| --- | --- |
| 发展说 | 人的素质是由三个发展阶段形成的：由心智全面发展（观察、思维、想象、实践能力等）到身心全面发展（生理与心理素质的统一）再到个体与社会协调发展（形成思维、能力、品格等） |
| 能力说 | 人的素质不是各因素静态的总和，而是动态性的，其中任何一个因素的变化都会影响整体素质的变化，素质就是能力 |
| 统一说 | 人的素质是构成要素的"质"与"量"的统一，静态与动态的统一，具有整体性、社会性和适应性 |

广义的素质概念包括自然生理素质、心理素质、社会文化素质等多方面。自然生理素质包括生理机能、运动技能、体质和体型等方面的素质；心理素质包括认识、需要、情感、意志、性格等智力与非智力方面的素质；社会文化素质包括思想政治观念、道德行为规范、文化科学知识、劳动生产技能、审美等方面的素质。这三方面素质相互作用、相互补充，协同构成了人的素质的整体。

所以，广义的素质是指个体在先天生理基础上，通过后天环境的影响和教育所获得的比较稳定的、长期发挥作用的基本品质结构。它包括思想、知识、身体、心理品质等。

**2. 人的素质的主要特征**

（1）素质是先天遗传性与后天习得性的辩证统一。先天的禀赋是素质形成的基础，而后天的环境为素质发展提供了机会，特别是有明确目的和对影响进行控制的教育性环境在素质发展中起主导作用。

（2）素质是相对稳定性与动态变化性的辩证统一。素质一般是指那些相对稳定的特征，即只有相对稳定的特征才称为素质。但素质并不是一成不变的，而是通过与环境、教育的相互作用不断变化和发展的，这种变化和发展可以通过知识、能力、思想等表现出来。

（3）素质既有统一性又有差异性。作为一般意义上的人来说，人的素质具有共同的基本特征，表现在生理、心理、个性等基本的组成因素和结构方面。但每个人在具体表现形式上有自己的特点。有些人性格中某种因素表现强于其他因素，表现为外向性格；而有些人正好弱于其他因素，表现为内向性格。

（4）素质是个体性与群体性的统一。群体素质是由个体素质构成的，个体素质水平影响着群体素质水平。但群体素质是个体素质成长的土壤，群体素质对个体素质有巨大影响，使个体素质深深地印上了民族、地域、组织、团体等文化色彩。

（5）素质具有整体性。人的素质是一个整体系统，是由各方面素质因子以某种方式连接而成的。整体素质水平既取决于各素质因子，尤其是素质要素的水平，更取决于各素质因子之间的构成关系的合理性。而整体构成结构的合理性给了各素质因子，尤其是素质要素功能的发挥以极大影响。

总之，人的素质是人在先天禀赋的基础上通过教育和社会实践活动而发展形成的人的主体性品质，即人的品德、智力、体力、审美等方面品质及其表现能力的系统整合。

## 课堂练习

想一想，作为优秀的当代大学生需要具备哪些素质？

### （二）领导者素质的概念

领导者素质是指在先天禀赋的生理和心理基础上，经过后天的学习和实践锻炼而形成的，在领导工作中经常起作用的那些基础条件和内在要素的总和。在领导科学理论的研究中，人们一般把领导者的素质分为政治素质、思想素质、道德素质、文化素质、业务素质、身体素质和心理素质、领导和管理能力等。

## 知识介绍

### 将 器

将之器，其用大小不同，若乃察其奸，伺其祸，为众所服，此十夫之将。夙兴夜寐，言词蜜察，此百夫之将。直而有虑，勇而能斗，此千夫之将。外貌桓桓，中情烈烈，知人勤劳，悉人饥寒，此万夫之将。进贤进能，日慎一日，诚心宽大，闲于理乱，此十万之将。仁爱恰天下，信义服邻国，上知天文，中察人事，下知地理，四海之内，视如家室，此天下之将。

**资料来源：** 诸葛亮. 将器.

### （三）领导者素质的特征

由于领导者自身所处的时代、地位、环境及其先天禀赋和后天修养的不同，表现在素质方面的具体特征也有所不同。

**1. 时代性**

任何领导者都是在一定社会历史条件下成长起来的，必然会受到所处时代的政治、经济、文化、科技以及思想观念等因素的影响。因此，领导者素质必然要打上时代的烙印，具有时代性特征。此外，不同的时代也会对领导者素质提出不同的客观要求，因而领导者素质又必须适应时代的发展。一位优秀的领导者应站在所处时代发展的前列，去领导和促进社会的更快发展，并在社会实践中不断加强自身素质的修养，更新知识，更新观念，提高自身素质。

**2. 综合性**

领导者素质集领导者的政治、文化、知识、道德、能力以及思想观念等因素于一体，这些因素在领导活动中相互作用、相互影响、相互制约，表现出整体的综合性特征。单凭一位领导者某一方面的表现，则不能对其整体素质做出评价。只有具有较高综合性素质的领导者，才会在领导工作中得心应手、成绩卓著。

**3. 层次性**

不同层次的领导岗位，具有不同的规律特点，对领导者素质的要求也不尽相同。一般而言，处于高层次岗位的领导者，应该具备对整个社会经济发展的长期性、根本性问题做出正确宏观决策的能力以及统筹驾驭全局的能力；处于中层岗位的领导者，应该具备较强的承上启下的协调能力、组织能力和指挥能力；而处于基层岗位的领导者，则应该具备较强的实践能力、苦干实干的精神、管理能力和解决具体问题的能力。领导者素质虽存在层次之分，但不是一成不变的，随着领导者岗位层次的变化和实践领域的拓展，对领导者素质的要求也会不断地变化和发展。

**4. 差异性**

由于每个领导者的先天禀赋和后天所处的具体社会环境以及在学习、实践工作中的努力程度不同，领导者常常会表现出在思想品德、业务能力和领导水平上的差异。这种差异的本质是领导者素质上的差异。这种差异表现为先天差异和后天实践差异两个方面。决定领导者素质的差异性主要来自领导者后天实践和自身努力程度的不同。

**5. 可塑性**

领导者的任何素质都不是一成不变的，而是在客观因素和主观因素的作用下可变。可以变好，也可以变坏，可以提高，也可以降低，不会永远在一个水平上。

**6. 潜在性**

任何素质，包括领导者素质，不论是先天素质，还是后天所形成的素质，在其外化之前，都是一种潜在形态，即是由于各种原因、各种因素所形成的一种潜质或潜在的功能。这种潜质或潜在功能，只有在与外界事物接触的过程中，即在领导实践中，才能显现出来，转化为领导智慧和才能，转化为领导形象、行为与作风。

**7. 多样性**

领导者的素质，不仅包括领导者的基本素质，而且包括行业素质与职位素质；不仅包括做"官"的素质，而且包括做人的素质。领导者素质是做"官"的素质与做人的素质的综合。

### 课堂练习

2001年，面对突如其来的"9·11"恐怖袭击，纽约前市长鲁道夫·朱利安尼表现出了超人的处变不惊的态度和悲天悯人的情怀，公众视其为英雄人物。同年，鲁道夫·朱利安尼因在"9·11"事件中的杰出表现，获得了"美国市长"的称号。

很多人认为，"9·11"成就了朱利安尼，其实他的领导才能很早就已经表现出来了。他在上任之初就曾花费了一年多时间学习过一些关于危机管理的功课，如生化武器或炸弹攻击等。因此，"9·11"事件虽然发生得出乎意外，但朱利安尼也以迅速的反应能力应对了这场变局，使纽约市民尽快走出了恐怖事件的阴霾。

试想，如果此时在任的是一位对危机管理缺乏关注的市长，缺乏面对危机的意识，很可能遭到恐怖袭击后的纽约会是另一番景象，所采用的应对措施远没有现实中那么及时、有效。领导驾驭组织的过程，犹如左右着一盘棋局的走势，组织文化如何塑造、员工心意向背问题如何完全取决于领导者的管理风格。领导者的最大价值反映在其对于组织的重塑上，企业界常常发生的换帅风波就是因为好的将领能够带领一个组织认清自己的使命，激发出组织成员的斗志，彻底改善组织的风貌，成为不俗战绩的实现者。

资料来源：阡陌.幽默图解团队管理学[M].北京：民主与建设出版社，2014：282.

问题：鲁道夫·朱利安尼的行为体现了领导者的哪些素质特征？

## 二、领导者素质要求

领导者在当代社会公共生活中扮演着一个极为重要的角色,领导者是一个组织的核心,也是一个组织运行的关键所在。领导者作为企业的掌舵者,对其自身的素质要求较高。领导者的素质在很大程度上决定着企业的生存和发展。在一定意义上,是否有卓越的领导者或领导团队,直接决定着企业的经营成败。显然,才智平庸、软弱无能者无法担负起有效领导的重任。

所以,现代企业领导职能客观上要求领导者具备相应的良好素质。换言之,良好的领导素质是提高领导有效性不可或缺的重要条件。一般来说,一个卓有成效的企业领导者应具备以下素质。

### (一)道德素质

领导者职业道德水准对团队影响很大,作为企业的领导人,在运用权力的同时,更要承担社会义务,树立道德与社会责任感。全心全意为人民服务,具有求真务实的作风,善于解决复杂矛盾和难点问题,处理好责任与权力的关系。要以事业为核心,以共同的事业来凝聚人。

### (二)政治素质

现代企业的领导者是国家方针、政策的宣传者、贯彻者和实施者。因此,领导者必须学习和掌握国家的政策理论和大政方针,提高自身的政治觉悟。作为国有企业的领导者,要有坚定的政治立场和政治信念,自觉贯彻执行党和国家的各项方针政策。

### (三)综合知识

现代经营管理是一项复杂的综合性活动,需要领导者具备多方面的知识和技能。企业领导者文化素质最基本的特点是广博性,对社会科学、自然科学等都要有比较全面的了解,不仅通晓与企业领导工作有关的现代管理科学知识,同时,还精通与本部门业务活动性质有关的专业知识。在全球化的知识经济时代,由于新知识层出不穷,只有具有良好的文化素质并不断更新的企业领导者才能胜任。

### (四)个人修养

领导者的个性是影响管理工作成败的一个重要因素,不可低估和轻视。一个成功的领导者必须自信、谦虚、诚实、心胸开阔。

#### 1. 自信

企业领导者首先要相信自己,坚信自己能够正确对待在管理企业过程中出现的一些暂时的困难和挫折,做到百折不挠,敢于应对各种困难和挑战。

#### 2. 谦虚

领导者所面对的管理对象千差万别,受教育的程度有高有低。领导者必须以谦虚为本,加强思想沟通。"谦受益,满招损;壁立千仞,无欲则刚;海纳百川,有容乃大。"

#### 3. 诚实

领导者对追随者必须以诚相待,尤其是在经营管理企业的过程中,更要把握好诚信原则、实事求是原则,善于倾听不同意见,与被领导者坦诚交换意见以解决分歧。

**4. 心胸开阔**

企业领导者应做到虚怀若谷，养成宽广的胸怀。为此，领导者要养成良好的个人品德，善待他人，尊重他人，善待企业员工。这样，才能使员工感到有一种公平感，才能使其的积极性被充分调动出来。

### 课堂练习

魏武帝曹操将要接见匈奴来的使节，曹操认为自己的外貌不好，不足以震服远方的国家，于是便命令崔季扮成自己去接待，他则拿着刀站在座位的旁边。已经接见完毕，命令间谍问匈奴来的使节："魏王怎么样？"匈奴的使节回答说："魏王风采高雅，非同一般；但是座位旁边拿刀侍立的人，才是个英雄。"曹操听完这件事，连忙派人追赶，杀掉了那个使节。

资料来源：《世说新语·容止》

问题：为什么不同的人穿上相同的服饰、扮演相同的角色会产生不同的效果？为什么曹操即使假扮侍卫，也会让人觉得气度不凡？

## （五）创新意识

随着新经济时代的到来，企业面临更为复杂的外部环境，纷繁的市场信息、飞速发展的科学技术，企业领导者必须有创新精神，才能不断扩大企业的发展空间。市场供求关系千变万化，竞争空前激烈，优胜劣汰成为竞争中不可抗拒的潮流。在这种经济环境下，企业领导者只有研究市场、开发市场，发挥创新能力，才能做出适应市场的正确决策。因此，企业领导者要随着新时代的变化和发展，自觉地更新观念，用适应时代发展潮流的观念，指导自己的行为。

企业领导者的创新能力，一方面，表现为个人的深谋远虑、远见卓识；另一方面，还要集思广益、吸纳群众的智慧，将创新意识贯穿于计划、组织、领导和控制等管理职能中。

## （六）团队精神

作为一个领导者，如果不具备好的团队精神，很难想象他能够实现管理目标。团队精神的培育是对领导者的要求，团队合作对企业的最终成功起着举足轻重的作用。据统计，管理失败最主要的原因是和同事、下级处不好关系。

团队精神要求领导者不能一味贪恋权力、发号施令、强迫命令、使用权势。这样，一方面，权力会变质；另一方面，也会导致被领导者的逆反心理，从而使管理的意图贯彻不力，久而久之，企业就会失去竞争力。所以，团队的理念应为每一个领导者学习和借鉴，这样团队才能更和谐，更有战斗力和竞争力。

在对一个团队的管理过程中，特别是管理知识型员工更需要具有关怀、爱心、耐心、善用、信任和尊重等品质。根据个人的能力特点，合理使用人才，让每个人都在适合自己的岗位上最大限度地发挥作用。在管理的全过程中，在管理的每一个细节中，充分体现人文关怀，用情感激发员工的创造激情。领导者要当"超级领导"，实现"共享式管理"。要资源共享，让领导者的意志变为全体员工的一致行动，从而有效地形成团队合力，使效能最大化、工作成效最大化。

## 知识介绍

### 4E+1P

美国通用电气公司对领导干部的素质要求可以总结为 4E+1P。

第一个 E 是积极向上的活力（Energy），即具有实干的精神，渴望行动，喜欢变革，对于行动有强烈的偏爱，干劲十足，不屈服于逆境，不惧怕变化，不断学习，积极挑战新事物，充满活力。

第二个 E 是鼓动力（Energizer），即激励别人的能力。懂得激励别人的人能够鼓舞自己的团队，活跃周围的人，善于表达和沟通自己的构想与主意，让其他人加速行动起来，承担看起来不能完成的任务，并享受战胜困难的喜悦。鼓动力并不是只会做慷慨激昂的演讲，而是需要对业务有精深的了解，并且掌握出色的说服技巧，创造能够唤醒他人的氛围。

第三个 E 是决断力（Edge），或称锐力，即对麻烦的是非问题做出决定的勇气。有决断力的人富有竞争精神、自发的驱动力、坚定的信念和勇敢的行动力、坚定的意志和注意力，有时还有清除障碍人物的勇气，知道什么时候应停止评论，即使他没有得到全部的信息，也可以做出明确的决定。

第四个 E 是落实工作任务的能力（Execute），即执行力、实施力。它是一种独特的、专门的技能，意味着一个人知道怎样把决定付诸行动，并继续向前推进，经历阻力和意外干扰，最终完成目标。

一个 P 是激情（Passion），是指对工作有一种忠心的、强烈的、真实的兴奋感。富有激情的人的血管里奔流着旺盛的生命力，特别在乎别人——发自内心地在乎——同事、员工和朋友们是否取得了成功。

资料来源：http://wiki.mbalib.com/wiki/4E+1P%E5%8E%9F%E5%88%99

## 任务三　经典领导理论

### 任务情境

#### 杰克·韦尔奇的领导故事

杰克·韦尔奇，1935 年 11 月 19 日出生于马萨诸塞州塞勒姆市。1960 年毕业于伊利诺伊大学，获化学博士学位，毕业后加入通用电气塑胶事业部。1971 年年底，韦尔奇成为通用化学与冶金事业部总经理，并不断晋升。1979 年 8 月成为公司副董事长。1981 年 4 月，年仅 45 岁的杰克·韦尔奇成为通用电气历史上最年轻的董事长和 CEO。

从入驻通用电气起，20 年间，他将一个弥漫着官僚主义气息的公司，打造成了一个充满朝气、富有生机的企业巨头。在他的领导下，通用电气的市值由他上任时的 130 亿美元上升到了 4 800 亿美元，也从全美上市公司盈利能力排名第十位发展成位列全球第一的世界级大公司。他于 2001 年 9 月退休，被誉为"最受尊敬的 CEO""全球第一 CEO""美国当代最成功、最伟大的企业家"。如今，通用电气旗下已有 12 个事业部成为其各自市场上的领先者，有9个事业部能入选《财富》500强。韦尔奇带领通用电气,从一家制造业巨头转变为以服务业和电子商务为导向的企业巨人,使百年历史的通用电气成为真正的业界领袖级企业。

一次,韦尔奇参观一个工厂里的生产线,发现生产线上的工人没有任何权力,传送带传过来的就是命令,工人很被动,只是工具。韦尔奇问厂长,能不能向工人授权?工厂的厂长认为绝对不可能,这时韦尔奇提出一个设想,说给每个工人的操作台设计一个按钮,他想歇的时候就按停,有精神的时候就可以一直干,甚至可以让传送带的速度更快,当然流程就要稍稍有一些变化。韦尔奇提出这个设想的时候没有一个人同意,但他决定试一试,结果发现劳动生产率大幅度提高。在通用电气,几乎所有的工厂在处理每一件事情时都以生产部门为单位,各小组协同工作,而不是以拒工人于门外的生产线为单位。负责维修劳斯莱斯牌发动机、说话无所顾忌的马修·格雷指出:"其结果是信息交流的速度简直快得惊人。"这家维修厂,负责从70个不同的供应商那里进货——其中包括液压调节器和燃料泵等配件,部门中有130个雇员,却只有一位经理。

韦尔奇倡导领导者的主要工作是提出愿景并激励他人为此奋斗,他发现通用电气的管理体系里有太多的程序,对人的创造性、积极性起着严重的阻碍作用。他认为管得越少越好。这跟以往通用电气公司领导们的思想有很大的不同,却很有效,激起了成员的工作积极性,使得员工做事的时候更有责任感,觉得自己就是公司的主人公,提高了工作效率。一旦员工们为他们的工作负起责任来,经理们就可以做他们该做的事情了:创造一个愿景,让他们的团队朝着那个愿景前进。领导应该做的事情就是把任务留在它应该停留的地方:留在下属的肩上。

问题:讨论杰克·韦尔奇的领导风格是什么?

资料来源:http://www.chinadmd.com/file/cvweoxozsstpp3ccwttztrxe_1.html

## 任务内容

随着社会的发展,人们开始去研究领导理论,并试图去复制领导者的特点,以达成一种成功的领导状态。研究领导理论从最初的领导者的特质到后来的系统分析及权变情景模式,无一不是试图寻找最根本的具有领导能力的因素。然而,人们越来越发现领导因素不是一成不变的,领导的成功是特定的环境、特定的领导群体、特定的领导者相互影响的结果,所以,领导理论的研究被推向了一个更新的层次,从传统的交易型领导转变成魅力型领导的研究,甚至出现了反传统的公仆式领导。可以说,领导的理论不断与时俱进,并促使人们对领导概念认识的清晰化,以更准确地把握领导的作用。

### 一、领导特质理论

随着企业组织结构的发展,在组织面临危机、成长和变革时,企业对于领导者的需求越发明显。人们开始关注领导者身上具有的品质并寻求共同点,至此引发了领导特质理论的发展。领导特质的研究是领导理论研究的起步,也是人们竭力想复制的现实理论。

(一)亨利·法约尔的领导特质理论

亨利·法约尔,法国古典管理理论学家,现代经营管理之父,与马克思·韦伯、弗雷德里克·温斯洛·泰勒并称为西方古典管理理论的三位先驱,并被尊称为管理过程学派的开山鼻祖。1949年,法约尔归纳了十二种领导特质,主要内容如下。

（1）成就感强，把工作看成最大的乐趣，对工作的关注和追求超过了对金钱、报酬和职位晋升的关注和追求。

（2）干劲大，工作积极努力，希望承担富有挑战性的工作。

（3）尊重上级，能以积极的态度对待上级，希望上级帮助自己进步，与上级关系好。

（4）组织能力强，能把混乱的事情组织得有条理。

（5）决断力强，在较短的时间内对各种备选方案加以权衡并迅速做出选择。

（6）自信心强，对自己的能力有充分的自信，目标坚定不移，不受外界干扰。

（7）思维敏捷，富于进取心。

（8）竭力避免失败，不断接受新任务，树立新的奋斗目标。

（9）讲求实际，重视现在，而不大关心不肯定的未来。

（10）眼睛向上，对上级亲近而对下级较疏远。

（11）对父母没有情感上的牵扯，一般不同父母住在一起。

（12）忠于组织，忠于职守。

## 知识介绍

### 郭台铭的领导特质

**1. 坚持不懈的毅力**

郭台铭在创业之初遇到了许多问题，如合伙人撤股、经济危机、原材料价格上涨、技术难关难以突破等。但是，他仍然坚持，并选择了继续投资建厂，引进新设备，让新员工摸索生产工艺和流程。当然，这个过程非常辛苦，每天加班到深夜。

**2. 战略远见**

首先，郭台铭能够准确把握企业取得持续发展所需具备的关键战略能力，掌握市场发展的大趋势，提前做好准备是富士康持续成长、快速扩张的保证。20世纪70年代建设模具厂，90年代进入应用空间广阔的连接器市场，此后，又通过垂直整合的发展模式全面进入电子产品制造领域，无不显示了郭台铭的战略远见。其次，郭台铭能凭借独到的眼光发展有潜力的客户，并先于竞争对手与对方建立合作关系。

**3. 学习能力**

郭台铭常年有阅读的习惯，一次在接受《今周刊》专访时，他从随身携带的手提包中拿出《成功不坠》以及《勇者致富》两本书。向海外知名企业学习，抓住各种机遇，学习管理方法、发展战略。1985年，郭台铭特别邀请当时服务于惠普公司的程天纵，带领富士康当时所有高管闭关三天两夜，开展"竞争策略规划研讨会"。借助程天纵在惠普的管理经验，研讨会将富士康的愿景、使命责任、目标以及完成目标的策略，重新检讨一遍，并制订出了一套五年策略。

**4. 超凡的执行力**

对于郭台铭来说，他看不得年轻人不上进，看不得事情没效率。个性"十万火急"的郭台铭，可以三天不睡觉把货赶出来，可以直接冲到生产线，连续六个月守在机器旁，硬是盯着磨出技术。"执行力说穿了，就是看你有没有决心"，郭台铭说。

**5. 独裁霸气**

强势的管理风格使郭台铭在富士康拥有绝对的权威。"独裁为公"是郭台铭最核心的领导理念。郭台铭语录第一一七条：领导者需有"独裁为公"的决断勇气。"民主是最不效率的方式，和大家讲完了为什么这么做，讲完后就做决定，在快速成长的企业，领袖应该多一点霸气。"

**资料来源**：胡莎彬. 运用领导特质理论解析领导特质与企业成长——以郭台铭之富士康为例［J］. 投资与合作·学术版，2011（7）：276.

（二）彼得·德鲁克的领导特质理论

彼得·德鲁克，现代管理学之父，其著作影响了数代追求创新以及最佳管理实践的学者和企业家们，各类商业管理课程也都深受彼得·德鲁克思想的影响。德鲁克总结的有效领导者的五种习惯如下。

（1）善于处理和利用自己的时间，把认清自己的时间用在什么地方作为起点。

（2）注重贡献，确定自己的努力方向。

（3）善于发现和用人之所长。

（4）能分清工作的主次，集中精力于少数主要的领域。

（5）能做有效的决策。

## 知识介绍

### 管理者如何做到卓有成效？

彼得·德鲁克在《卓有成效的管理者》一书中，论述了一个管理者如何做到卓有成效。他认为：一个人的有效性与他的智力、想象力或知识之间几乎没有太大的关联，有才能的人往往最为无效，因为他们没有认识到才能本身并不是成果，他们也许不知道，一个人的才能，只有通过有条理、有系统的工作才有可能产生效益。

**资料来源**：http://baijiahao.baIdu.com/s? id=1573083785785337&wfr=spi der &for=pc

（三）埃德温·吉塞利的领导特质理论

埃德温·吉塞利，美国管理学家，在20世纪90年代就指出领导者的个性因素同领导效率有关。在20世纪70年代，埃德温·吉塞利为研究有效领导者的素质，曾调查了90个企业的300名经理人员，在其《管理才能探索》一书中提出了影响领导效率的八种品质（个性）特征和五种激励特征，如表7-3所示。

表7-3 埃德温·吉塞利的领导特质理论

| 八种品质特征 | 五种激励特征 |
| --- | --- |
| 1. 才能、智力<br>2. 独创性（创造与开拓）<br>3. 果断性与判断能力<br>4. 自信心<br>5. 指挥能力<br>6. 成熟程度<br>7. 是否受下级爱戴和亲近<br>8. 性别 | 1. 对职业成就的需要<br>2. 对自我实现的需要<br>3. 对权力的需要<br>4. 对金钱报酬的需要<br>5. 对安全（工作稳定性）的需要 |

### 课堂练习

亚里士多德认为，从出生之日起，就决定了他们是治人还是治于人，通过这句话请你谈谈对领导特质理论的理解。

## 二、领导行为理论

领导行为理论的研究主要把注意力集中在领导行为的两个方面：领导职能和领导风格。对领导职能的研究是为了使组织有效地运行，领导风格则是关注在指导和影响下属的过程中，领导者所乐于表现的各种行为方式。

### （一）俄亥俄州立大学的研究

1945年，俄亥俄州立大学商业研究所发起了对领导行为研究的热潮。一开始，研究人员将领导行为的内容归结为两个方面，即关心人的关系导向和关心组织导向。

关心人的关系导向是指注重建立领导者与被领导者之间的友谊、尊重和信任关系。这包括尊重下属的意见、给下属以较多的工作自主权、体察他们的思想感情、注意满足下属的需要、平易近人、平等待人、关心员工等。

关心组织导向是指领导者注重规定他与工作下属的关系，建立明确的组织模式、意见交流渠道和工作程序。这包括设计组织机构，明确职责、权力、相互关系和沟通方法，明确工作目标和要求，制订工作程序、工作方法和制度。

由这两个独立的维度，可产生四种领导行为，如图7-1所示。

图7-1 俄亥俄州立大学领导理论

（1）低关心组织，低关心人型。一般来说，这种双低的领导类型的效果最差，常常伴随着员工的低绩效、较低的工作满意度和较高的流动性。

（2）高关心组织，低关心人型。一般来说，这种领导类型仅仅以组织工作为核心，以员工的工作满意度较低和流动性较大换来暂时的工作绩效较高，但很难长时间维持。

（3）高关心组织，高关心人型。一般来说，这种双高领导类型效果最好，工作绩效、员工的满意度都较高，而人员流动性则较低。这应该是领导者努力的理想方向。

（4）低关心组织，高关心人型。一般来说，这种领导类型只关心人，不注重领导组织工作，属于人际关系型的领导，通常员工的满意度较高，人员流动也少，但代价是组织的工作绩效的降低。

### （二）密执安大学的研究

在俄亥俄州立大学研究的基础上，美国密执安大学社会研究中心的学者也进行了类似的研究，即确定领导者行为特点以及它们与工作绩效的关系。密执安大学的研究提出了与俄亥俄州立大学提出的关心人和关心组织两个维度相类似的两种领导行为，分别称为生产导向和员工导向。

生产导向的领导者强调工作任务以及完成任务的技术或方法，一般都制订严格的工作标准，告诉员工完成任务的方法并对员工的工作情况进行密切的监督。这种类型的领导者主要关心的是群体任务的完成情况，并把群体成员看作达到目标的工具。

员工导向的领导者强调员工的个人需要和人际关系的融洽，他们与下属之间是一种支持的、友好的关系。这种类型的领导者在决策中注意发挥团队的作用，以亲切、体贴的态度去考虑下属的需要，并鼓励下属去完成较高的目标。

密执安大学研究者的结论是：员工导向的领导者有较好的工作效果、较高的生产率和员工满意度；而生产导向的领导者则往往伴随着较低的生产率和员工满意度。

### （三）管理方格理论

美国管理学家布莱克和莫顿二人发展了领导风格的二维观点，在"关心人"和"关心生产"的基础上提出了管理方格论，用来衡量领导者对员工与生产的关心程度，如图 7-2 所示。

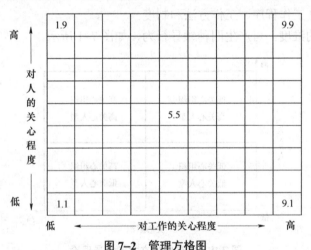

图 7-2 管理方格图

资料来源：http://www.iciba.com/%E5%B8%83%E8%B1%E5%85%8%E7%9A%8
4%E7%AE%A1%E7%90%86%E6%96%B9%E6%A0%BC%E7%90%86%E8%AE%BA

它也以坐标方式表现上述二维面的各种组合方式，各有 9 种程度，因此，可以有 81 种组合，形成 81 个方格。其中有 5 种典型的组合，表示典型的领导方式。

（1）（1.1）型，即"贫乏型管理"，表示对工作和人都极不关心，这种方式的领导者只做维持自己职务的最低限度的工作，也就是只要不出差错，多一事不如少一事。

（2）（9.1）型，即"任务型管理"，表示对工作极为关心，但忽略对人的关心，也就是不关心工作人员的需求和满足，并尽可能使后者不致干扰工作的进行。这种方式的领导者拥有很大的权力，强调有效地控制下属，努力完成各项工作。

（3）（1.9）型，即"俱乐部型管理"，表示对人极为关心，也就是关心工作人员的需求是否获得满足，重视搞好关系，强调同事和下级同自己的感情，但忽略工作的效果。

（4）（5.5）型，即"中庸型管理"，表示既对工作关心，也对人关心，兼而顾之，程度适中，强调适可而止。这种方式的领导既对工作的质量和数量有一定要求，又强调通过引导和激励确保下属完成任务。但是，这种领导往往缺乏进取心，乐意维持现状。

（5）（9.9）型，即"团队型管理"，表示对工作和对人都极为关心。这种方式的领导者能使组织的目标与个人的需求最有效地结合起来，即高度重视组织的各项工作，能通过沟通和激励，确保群体合作、下属人员共同参与管理，使工作成为组织成员自觉自愿的行动，从而获得较高的工作效率。

领导风格研究表明，领导风格最佳的是（9.9）型，是企业希望达成的状态，但这意味着领导的力度需要加大，要给予领导者更大的负担与压力。

领导才能与追随领导者的意愿都是以领导方式为基础的，所以，许多人开始从研究领导者的内在特征转移到研究外在行为上，这就是领导者的行为方式论。这种理论认为，依据个人行为方式可以对领导进行最好的分类。然而，至今还没有一个公认的"最好的"分类。

### 课堂练习

马克是一家大型医院的粉刷部领导，其手下有20名雇员。在来医院工作之前，他是一名独立承包人。他在医院的这一职位是新设立的，因为医院觉得进行粉刷事务的方式应该有所改变。

在马克开始其新工作时，他先进行了一项为期4个月的关于粉刷事务的直接和间接花费的分析。分析结果与他的上司得出的粉刷服务效率低下而花费昂贵的看法完全符合。因此，马克对整个部门进行了重组，制订出了一套新的进度计划程序，重新确立了评估绩效的标准。马克说，他刚开始新工作时的准则是"唯任务论"，就像一个军事训练官一样根本不理会下属反映的情况。在他看来，医院这一工作环境决定了工作中不允许出现任何差错，所以，他应该严格要求员工使他们在医院的环境约束下努力工作。

随着时间的推移，马克逐渐改变了他的领导模式，变得比较宽松，而不是只会通过下命令来领导了。他把部分责任交给了两位向他负责和报告的组长，但同时还保持和每一个员工的近距离交流。每周他都会带些员工去当地的一个体育休闲酒吧里吃点东西。他还喜欢和雇员们开玩笑。他在"索取"的同时也注意"付出"。

马克为他的部门感到骄傲。他说，他总是希望能够成为一名教练，这也是他对于管理这一部门的想法。他喜欢和人们一起工作，尤其喜欢看见他们漂亮地完成工作，并且是依靠自身力量完成时兴奋的目光。

因为马克成功的领导，粉刷部的工作成绩有了显著的提高，现在已经被别的部门视为维护部中最具效率的部门。顾客们对粉刷服务的好评率高达92%，这在医院所有服务项目中评价是最高的。

问题：从领导行为理论的角度考虑，你会如何描述马克的领导行为？马克的领导模式随着时间是如何变化的？总体来说，你认为马克是偏向于任务导向还是关系导向？

资料来源：http://www.doczj.com/doc/758943a4f524ccbff1218496-3.html

## 三、领导权变理论

权变理论是20世纪60年代末70年代初在经验主义学派基础上进一步发展起来的管理理论,是西方组织管理学中以具体情况及具体对策的应变思想为基础而形成的一种管理理论。该理论主要研究与领导行为有关的情境因素对领导效力的潜在影响。该理论认为,在不同的情境中,不同的领导行为有不同的效果,所以,又被称为领导情境理论。

### (一)费德勒权变理论

伊利诺伊大学的费德勒于1962年提出了一个"有效领导的权变模式",认为有效的群体绩效取决于领导者的风格以及领导者对情境的控制程度这两个因素的合理配合。为了了解领导者的风格,费德勒设计了最难共事者调查问卷(LPC),用以测量领导者是任务取向型还是关系取向型。任务取向型是指LPC得分高,即将最难共事的同事描述得比较积极,而关系取向型是指LPC得分较低,即将最难共事的同事描述得比较消极。同时,费德勒认为一个人的领导风格不是固定不变的。领导行为必须与情境匹配,并设计了领导者—成员关系、任务结构、职位权力三要素来评估情境,如表7-4所示。

表7-4 费德勒权变理论

| 情境控制 | 高情境控制 | | | 中情境控制 | | | 低情境控制 | |
|---|---|---|---|---|---|---|---|---|
| 领导者与成员关系 | 好 | 好 | 好 | 好 | 坏 | 坏 | 坏 | 坏 |
| 任务结构 | 高 | 高 | 低 | 低 | 高 | 高 | 低 | 低 |
| 职位权力 | 强 | 弱 | 强 | 弱 | 强 | 弱 | 强 | 弱 |
| 情境 | 1 | 2 | 3 | 4 | 5 | 6 | 7 | 8 |
| 最适合的领导风格 | 任务动机型领导 | | | 关系动机型领导 | | | 任务动机型领导 | |

资料来源:http://www.360doc.com/content/16/0124/00/535749_530133774.shtml

费德勒的研究结果表明:根据群体工作情境,采取适当的领导方式可以把群体绩效提高到最大限度。当情境非常有利或非常不利时,采取工作导向领导是合适的;但在各方面因素交织在一起且情境有利程度适中时,以人为重的领导方式更为有效。

### (二)路径—目标理论

加拿大多伦多大学的教授罗伯特·豪斯及其同事把激发动机的期望理论和领导行为理论结合起来,提出了路径—目标理论。该理论认为,领导者的效率是以能够激励下级达成组织目标,并在工作中使下级得到满足来衡量的,领导者可以而且应该根据不同的环境因素来调整自己的领导方式和作风。在豪斯眼里,领导者的基本任务就是发挥部下的作用,而要发挥部下的作用,就得帮助部下设定目标,把握目标的价值,支持并帮助部下实现目标。在实现目标的过程中,领导需要提高部下的能力,使部下得到满足,如图7-3所示。

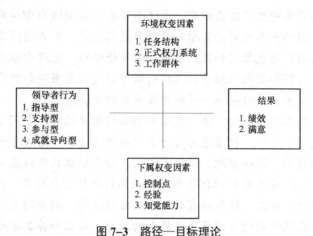

图 7-3 路径—目标理论

资料来源：http://www.51edu.com/guanli/baike/296859.html

豪斯依据领导行为确定了四种领导行为与风格。

**1. 指导型领导**

领导者对下属需要完成的任务进行说明，包括对他们有什么希望，如何完成任务，完成任务的时间限制，等等。指导型领导者能为下属制订出明确的工作标准，并将规章制度向下属讲得清清楚楚。指导不厌其详，规定不厌其细。

**2. 支持型领导**

领导者对下属的态度是友好的、可接近的，他们关注下属的福利和需要，平等地对待下属，尊重下属的地位，能够对下属表现出充分的关心和理解，在下属有需要时能够真诚帮助。

**3. 参与型领导**

领导者邀请下属一起参与决策。参与型领导者能同下属一道进行工作探讨，征求他们的想法和意见，将他们的建议融入团体或组织将要执行的那些决策中去。

**4. 成就取向型领导**

领导者鼓励下属将工作做到尽量高的水平。这种领导者为下属制订的工作标准很高，寻求工作的不断改进。除了对下属期望很高外，成就取向型领导者还非常信任下属有能力制订并完成具有挑战性的目标。

在现实中究竟采用哪种领导方式，要根据部下特性、环境变量、领导活动结果等因素，以权变观念求得同领导方式的恰当配合。

权变理论能体现出艺术的成分。一名高明的领导者应是一个善变的人，即根据环境的不同而及时变换自己的领导方式。权变理论告诉管理者应不断地调整自己，使自己不失时机地适应外界的变化，或把自己放到一个适应自己的环境中。

### 课堂练习

在 20 世纪 80 年代，艾柯卡因拯救濒临破产的美国汽车巨头之一的克莱斯勒公司而名声鹊起。今天，克莱斯勒公司又面临另外一场挑战：在过热的竞争和预测到的世界汽车产业生产能力过剩的环境中求生存。为了渡过这场危机并再次成功地进行竞争，克莱斯勒不得不先解决以下问题。

首先，世界汽车产业的生产能力过剩，意味着所有汽车制造商都将竭尽全力保持或增加它们的市场份额。美国的汽车公司要靠增加投资来提高效率，日本的汽车制造商也不断在美国建厂。欧洲和韩国的厂商也想增加他们在美国的市场份额。艾珂卡承认，需要对某些车型削价，为此，他运用打折和其他激励手段来吸引消费者进入克莱斯勒的汽车陈列室。可是，艾珂卡和克莱斯勒也认为，价格是唯一得到更多买主的方法。

但从长期来看，这不是最好的方法。克莱斯勒必须解决的第二个问题是改进它所生产汽车的质量和性能。艾珂卡承认，把注意力过分集中在市场营销和财务方面，而把产品开发拱手让给其他厂家是不好的。还认识到，必须重视向消费者提供的售后服务的高质量。艾珂卡的第三个问题是把美国汽车公司（AMC）和克莱斯勒的动作结合起来。兼并美国汽车公司意味着克莱斯勒要解雇许多员工，这包括蓝领工人和白领阶层。剩余的员工对这种解雇的态度从愤怒到担心，这给克莱斯勒的管理产生了巨大的压力：难以和劳工方面密切合作、回避骚乱，确保汽车质量和劳动生产率。

为了生存，克莱斯勒承认，公司各级管理人员和设计、营销、工程和生产方面的员工应通力协作，以团队形式开发和制造与消费者的需要相匹配的高质量产品。克莱斯勒的未来还要以提高效率为基础。今天，克莱斯勒一直注重降低成本，提高质量，靠团队合作的方式提高产品开发的速度，并发展与供应商、消费者的更好关系。在其他方面，艾珂卡要求供应商提供降低成本的建议——他已收到上千条这样的提议。艾珂卡说，降低成本的关键是"让全部1万名员工都谈降低成本"。

艾珂卡现已从克莱斯勒公司总裁的职位退休。有些分析家开始预见克莱斯勒的艰难时光。但一位现任主管说，"克莱斯勒有一项大优势：它从前有过一次危机，却渡过了危机并生存下来，所以，克莱斯勒能够向过去学到宝贵的东西。"

问题：如何用当代管理学方法解决克莱斯勒面临的问题？如何用权变管理的思想解决克莱斯勒面临的问题？克莱斯勒在今天该怎么做？

资料来源：http://www.shangxueba.com/ask/4340420.html

## 任务四　实 训 任 务

一、组织学生以小组（2人为宜）为单位，完成并分析以下问卷。

### 大学生领导力构成要素问卷调查

请根据您的实际感受，将下表左侧各要素按其对大学生领导力水平的影响程度大小在右侧相应的框内打"√"。

| 编号 | 项目名称 | 对领导力水平的影响程度 ||||| 
|---|---|---|---|---|---|---|
| | | 1 | 2 | 3 | 4 | 5 |
| | | 很小 | 较小 | 一般 | 较大 | 很大 |
| 1 | 勤奋 | | | | | |
| 2 | 节俭 | | | | | |
| 3 | 善良 | | | | | |

续表

| 编号 | 项目名称 | 对领导力水平的影响程度 | | | | |
|---|---|---|---|---|---|---|
| | | 1 很小 | 2 较小 | 3 一般 | 4 较大 | 5 很大 |
| 4 | 勇敢正直 | | | | | |
| 5 | 公正无私 | | | | | |
| 6 | 心胸宽广 | | | | | |
| 7 | 爱憎分明 | | | | | |
| 8 | 自信 | | | | | |
| 9 | 自尊 | | | | | |
| 10 | 严谨 | | | | | |
| 11 | 乐观、开朗 | | | | | |
| 12 | 低调、谦虚、稳重 | | | | | |
| 13 | 做事雷厉风行、果断 | | | | | |
| 14 | 老实、忠厚 | | | | | |
| 15 | 忠诚 | | | | | |
| 16 | 诚信 | | | | | |
| 17 | 责任感 | | | | | |
| 18 | 集体荣誉感 | | | | | |
| 19 | 奉献、牺牲精神 | | | | | |
| 20 | 志向远大 | | | | | |
| 21 | 不好高骛远,只做好自己分内的事 | | | | | |
| 22 | 热衷于领导活动 | | | | | |
| 23 | 热爱自己的专业和目前的工作 | | | | | |
| 24 | 不安于现状、勇于求新 | | | | | |
| 25 | 目标明确、目的性强 | | | | | |
| 26 | 自我约束能力 | | | | | |
| 27 | 意志力、毅力 | | | | | |
| 28 | 尊重和关心他人 | | | | | |
| 29 | 忍耐力 | | | | | |
| 30 | 承受压力的能力 | | | | | |
| 31 | 身高 | | | | | |
| 32 | 相貌 | | | | | |
| 33 | 健康程度 | | | | | |

续表

| 编号 | 项目名称 | 对领导力水平的影响程度 | | | | |
|---|---|---|---|---|---|---|
| | | 1 | 2 | 3 | 4 | 5 |
| | | 很小 | 较小 | 一般 | 较大 | 很大 |
| 34 | 体能 | | | | | |
| 35 | 精力 | | | | | |
| 36 | 学历水平 | | | | | |
| 37 | 社会工作经验 | | | | | |
| 38 | 专业知识 | | | | | |
| 39 | 领导理论知识 | | | | | |
| 40 | 口才 | | | | | |
| 41 | 写作能力 | | | | | |
| 42 | 文体才艺 | | | | | |
| 43 | 逻辑思维能力 | | | | | |
| 44 | 创造性思维能力 | | | | | |
| 45 | 动手能力 | | | | | |
| 46 | 学习（领悟）能力 | | | | | |
| 47 | 组织指挥能力 | | | | | |
| 48 | 协调沟通能力 | | | | | |
| 49 | 监督执行能力 | | | | | |
| 50 | 掌握领导方法和艺术 | | | | | |
| 51 | 专业技能 | | | | | |
| 52 | 特殊技能（特长） | | | | | |
| 53 | 职位权力 | | | | | |
| 54 | 人格魅力 | | | | | |
| 55 | 家庭背景 | | | | | |
| 56 | 人际关系 | | | | | |
| 57 | 资历 | | | | | |
| 58 | 给下属提供明确的目标和方向 | | | | | |
| 59 | 给集体营造良好的氛围 | | | | | |
| 60 | 创造实现目标的条件 | | | | | |
| 61 | 给下属正确的指导建议 | | | | | |
| 62 | 以身作则、身先士卒 | | | | | |
| 63 | 动员下属、鼓舞士气 | | | | | |

续表

| 编号 | 项目名称 | 对领导力水平的影响程度 | | | | |
|---|---|---|---|---|---|---|
| | | 1 | 2 | 3 | 4 | 5 |
| | | 很小 | 较小 | 一般 | 较大 | 很大 |
| 64 | 善于听取下属意见、不独断专行 | | | | | |
| 65 | 妥善处理突发状况 | | | | | |
| 66 | 奖罚分明 | | | | | |
| 67 | 培养和锻炼下属的自我管理意识 | | | | | |
| 68 | 善于用人（利用下属中骨干的带头作用） | | | | | |
| 69 | 你认为的其他大学生领导力构成要素还有哪些？请列示。 | | | | | |

二、试说明学生社团组织领导的权力来源。为了进行有效的领导，学生社团组织领导应该牢牢地独掌大权还是应该对学生进行授权？

## 课外学习

一、讨论题

根据所学经典领导理论知识，结合自身的性格特点，说说你今后想成为什么样的领导？

二、分析题

结合所学知识，谈谈你对梅考克为人处世的看法。

因为发明了世界上第一部收割机而被称为"收割机大王"的西洛斯·梅考克，是美国国际农机商用公司的老板。他平时体贴员工，身边有不少为公司服务多年的雇员，一些雇员跟他有着很好的私交。

有一次，梅考克接到工厂负责人上报的材料，说一位跟了梅考克十年的老员工违反工作制度，酗酒闹事，无故旷工，还与工厂负责人发生了激烈的冲突。按照规定，这样的行为对应的处罚是开除。

梅考克接到材料，反复看了几遍，虽然难免犹豫，最后，还是亲笔批示"立即开除"。下班以后，梅考克去这名员工家里询问缘由。这名员工与梅考克有患难之交，当年梅考克的公司陷入危机、负债累累，这名员工宁愿三个月不拿工资。他怒气冲冲地质问梅考克："你竟然因为这点儿事情开除我？"

梅考克平静地回应："这是公司的制度，与你我的私交无关，我必须这样处理。"反复询问之下，这名老员工道出自己闹事的原因：他的妻子刚刚去世，留下两个孩子，一个孩子摔断了腿，住进医院，另一个还嗷嗷待哺。所以，他才借酒消愁。

梅考克十分震惊，他对这名工人说："你现在回去给妻子料理后事，放心，我不会让你走上绝路的。"梅考克随即资助这名老员工渡过难关，然后，安排他到自己的一家牧场担任管家。不论私交好坏，首先着眼于事情的本质。对事不对人，就是把全部注意力集中在工作上，不因为意见相左而对同事抱有成见，也不因为关系密切而对事情采取双重标准。

资料来源：http://www.jiancai.com/info/detail/56-400546.html

# 项目八

# 激励与沟通

### 知识目标

1. 熟悉激励和沟通的概念；
2. 掌握激励理论和沟通理论。

### 能力目标

能运用激励理论和沟通理论，解决生活中和管理工作中遇到的实际问题。

### 情感目标

从生活中的实际出发，激发学生学习和应用激励理论和沟通理论的兴趣。

### 项目导入

**怎样搞好突击加班？**

某罐头厂是生产出口专供北美市场罐头的厂家，主要产品是芦笋罐头。但芦笋季节性很强，每年的第二季度是生产旺季。由于原材料价高且不好保存，必须当天收购加工。厂长开会布置任务，要求全厂职工昼夜突击、加班加点，平均每天工作12小时，周日也不休息。为鼓励职工加班，实行计件工资制，粗略估计一下，每位职工每月可增收600元。职工第一周加班很活跃，第二周主动加班者越来越少。经领导了解，有如下几种情况。

（1）该厂位于市郊，工人家有农田，每年第二季度农活也忙，有些职工周日加班，家属怨声很大："耽误了农时，影响全年收成啊！"

（2）该厂经济效益较好，工资奖金水平在当地数一数二，加班月增收600元，与多付出的劳动和时间相比，有职工认为得不偿失。

（3）每年第二季度正值春夏之交，是旅游的好季节。有些青年工人早就计划好去旅游，有的还计划"五一"旅行结婚,并已经做好了准备。

(4)加班时,后勤工作跟不上。食堂饭菜花色品种少,质次价高,食堂距离车间又太远,加班后末班公交车已过点。

(5)实行计件工资后,质量有所下降,原材料消耗有所上升。一些工人为了多干多赚钱,拼设备,而且不愿意干没有报酬的辅助工作,不愿意帮助别人,职工之间出现协作问题,有些职工因此对突击加班有意见。

(6)实行计件工资后,考核放松,个别职工不仅不加班,出勤率比平时还低。

问题:如果你是厂长,根据以上情况你将采取什么措施鼓励职工积极加班并确保质量、成本和效益?

资料来源:王利平. 管理学原理[M]. 第3版. 北京:中国人民大学出版社,2009:226.

## 任务一 激 励 理 论

### 任务情境

#### 沃尔玛的员工激励

沃尔玛的创始人山姆·沃尔顿,1951年在美国阿肯州的本顿威尔镇开办了一家以"沃顿5分—1角"为名的杂货店,到1960年他拥有了15家分店。1962年他开办了第一家以沃尔玛命名的折扣百货商店。20世纪60年代,美国零售业进入了快速发展的时期,山姆在发展的道路上也不可避免地遇到了许多强劲的对手。历经11年的艰苦奋斗,1991年,沃尔玛终于超过了百年老店西尔斯,一跃成为全美零售第一大公司。在这期间,沃尔玛更是受到美国著名的《商业周刊》《Dun's 商业观察》《财富》等杂志的广泛好评,山姆个人也被《金融世界》评为20世纪80年代"全美最佳主管"。

山姆曾对《福布斯》记者说:"我们想让员工知道,我们很重视公司的员工。对我们来说,员工非常重要,对待员工要像对待花园中的花草树木,需要用精神上的激励、职务的晋升和优厚的待遇来浇灌他们,适当的时候进行移植以保证最佳搭配,必要时还应细心除去院内的杂草以利于他们成长。"由此,我们可以看出公司飞速发展的真正源泉在于他们善于运用各种手段,取得员工的信任与支持。这就是支撑沃尔玛取得成功的全方位的激励体系。

#### 一、物质激励

(一)利润分享计划

沃尔玛公司激励员工的一项最著名的举措便是利润分享计划,也是沃尔玛激励体系中长效的、最具有吸引力的一项举措。利润分享计划就是一项所有员工参与利润分享的计划。利润分享计划使员工紧紧地凝聚在一起,与公司团结在一起,也正是由于他们的贡献和忠诚,沃尔玛才有了今天的辉煌。

(二)奖励奖金措施

降低损耗奖励计划,也是沃尔玛一项有效的激励措施。沃尔玛与员工共同分享因降低消耗而带来的盈利,公司把节约下来的资金作为奖金发给那些降低消耗的员工,这不仅有利于员工形成节能减排的意识,同时,也有利于员工之间的监督,最终达到降低企业成本的目的。

（三）良好的福利政策

雇员购股计划，让员工可以用工资抵扣的方式，以低于市值15%的价格购买公司的股票。这个计划是自愿的，让员工可以获得工作以外的红利，很多员工也因此积累了大量的财富。这个计划与利润分享计划一起，给公司带来了很大竞争力，为公司吸引和保留了大量的人才。

二、感情激励

（一）合作关系

在沃尔玛公司，员工与公司的关系并不是雇员与雇主的关系，而是合作关系，这使员工与沃尔玛凝聚为一个整体，共同为公司的发展做出努力。在沃尔玛中，员工、顾客、股东都是公司的上帝。公司就是一个团队，在这个团队中没有等级、贵贱之分，各个员工之间都是平等的。

（二）良好的沟通

公司中，管理者被称为"公仆"，始终把和员工的沟通放在第一位。沃尔玛公司办公室的门总是敞开着，有的店铺、办公室甚至没有门，以便让员工更加方便地走进来与管理者进行沟通。

三、事业激励

（一）充满魅力的晋升制度

在沃尔玛培训部门中，重视对新员工以及管理者的培训，无论是谁，只要你有提升自己的愿望，公司就会帮你实现。公司不断地从员工中选拔管理人才，大胆任用他们到重要的岗位，这已经是沃尔玛的"家常便饭"。

（二）鼓励参与管理

沃尔玛的一项制度是：无论是谁，只要有好的建议都有可能被邀请来参加公司例会的讨论。公司给员工提供了一个员工参与管理的舞台，使每个员工都能得到平等的对待，发挥自己的才能。

（三）鼓励不断创新

山姆在公司里强调：员工是创新和变革的最好源泉。对于合伙人，仅仅给予金钱是不够的，还要靠不断的创新来激励他们。沃尔玛总是会推出很多竞赛，让员工广泛地参与其中，不断地思考，广泛地交流。这样的方式能激发出员工的很多灵感，使员工能够不断地去创新，使员工的潜能得到开发。

资料来源：https://wenku.baidu.com/view/f80555c19e314332396893ae.h tml

问题：谈谈你对沃尔玛的员工激励方式的看法。

## 任务内容

管理学发展到现在，强调人是管理的核心，个人的积极性、主动性和创造性，直接影响个人在活动中的行为效率，而个人行为效率直接影响团体、组织在整个活动中的效率与效益。人力资源作为一种独立的、能动的、且最具有价值的资源，已经成为知识经济时代企业最核心的竞争优势。因此，个体心理与行为是管理心理学中的主要研究课题之一，而个体心理与行为研究的核心是激励问题。目前，在管理心理学中已经形成了多种多样的激励理论，它们可以从不同的角度给管理者以启示。

## 一、激励的概念

激励是指人类活动的一种心理状态,具有加强和激发动机的作用,具有推动并引导行为使之朝向预定目标的作用。通常认为,一切内心要争取的条件,如欲望、需要、希望、动力等,都构成人的激励。

激励作为一种内在的心理活动过程或状态,不具有可以直接观察的外部形态。但是,由于激励对人的行为具有驱动和导向作用,所以通过行为的表现及效果,可以对激励的程度加以推断和测定。

## 二、激励的基本原理

### (一)人的行为

人的行为都由人的动机支配。动机是人的行为的直接动力,行为是动机的外在表现。动机是人的一种精神状态,它对人的行为起激发、推动、加强的作用。可以说,它直接决定着人的行为方向,是人的行为发动的直接原因。动机的起源是需要,需要是指内外部客观的刺激作用于人的大脑引起的个体缺乏某种东西的状态。这里的刺激既包括个体内部的,也包括个体外部的。人类的各种行为都出于对某种需要的满足。未满足的需要是激励的起点,从而导致某种行为。但需要并不是行为的直接决定因素,需要只有转化为动机才能决定人的行为。

某种需要并不一定会产生一定的动机。需要向动机的转化是有条件的:一是需要达到一定的程度,足以产生满足需要的愿望;二是目标的确定,即在需要达到一定程度,并对其产生满足的愿望的基础上,而后确定行为的目标时,动机就产生了。仅有需要是不够的,有了需要就会产生一种紧张状态,当这种紧张状态达到一定程度时,人就会想方设法去满足它,于是愿望就产生了。但仅有愿望也不够,它只是反映了人的内心的需要,是行为的内在驱动力。由于尚没有明确的目标,所以该驱动力没有明确的方向,没有形成动机。一般来说,只有强烈的动机才可以引发行为。

### (二)激励的本质

激励的本质就是根据员工的需要设置某些目标,通过一定的措施激发员工和组织目标一致的强势动机,并按组织所需的方式引导员工行为的过程。激励的本质主要强调以下四个方面。

(1)激励是一个满足员工需要的过程。
(2)激励是激发员工动机,调动员工积极性的过程。
(3)激励是引导员工的行为指向组织目标,并且和组织目标保持一致的过程。
(4)激励是减少员工挫折行为,增加建设行为的过程。

## 三、激励的理论

激励理论是关于激励的基本原理、规律、机制和方法的概括和总结,是激励在管理活动中赖以发挥功能的理论基础。20世纪30年代以来,西方许多管理学者和心理学家分别从不同角度研究，提出了多种激励理论。

(一) 需求层次理论

需求层次理论是由美国著名的心理学家亚伯拉罕·马斯洛教授在1943年出版的《人类的动机理论》一书中提出的，这一理论将人的多种需求分为五个层次，如图8-1所示。

图 8-1 马斯洛需求层次理论

资料来源：http://www.xue63.com/wendangku/z6s/f68g/jd70ce3d0f3v/k4693daef5ef7ba0d4a7302766cd3l.html

(1) 生理需求是指人的最基本的物质需求，在各层次需求中居于基础地位，是维持生命所必需的，包括人们的衣、食、住、行。该需求得不到满足，也就谈不上其他需求。只有生理需求得到满足，人们才会关注更高层次的需求，即所谓"仓廪实而知礼节，衣食足而知荣辱"。

(2) 安全需求是指人们对安全的、有保障的物质环境和情绪环境的需求以及人们不受威胁的需求，即不受暴力威胁及追求有序的社会环境的需求。在组织环境中，安全需求体现为人们对工作的安全性、额外福利和工作保障的需求。

(3) 社交需求，也称归属需求。人是社会动物，是社会关系的总和。任何人都不可能孤立地生存和工作，总希望与别人交往，在交往中受到关注、接纳、关心、友爱等，要求在感情上有所归属。

(4) 尊重需求是指人们并不仅仅满足于作为组织的一员，总是希望自己的重要性得到认可，希望自己的成就、人品、才能等得到较高的评价，希望自己拥有一定的声望，有一定的影响力。内部尊重因素包括自尊、自立和成就，外部尊重因素包括地位、认可和关注。

(5) 自我实现需求是指最高层次的需求，在上述需求满足后，这个需求就凸显了。自我实现需求就是一种追求个人能力极限的内驱力，包括成长、发挥自己的潜能和自我实现。

马斯洛认为这五个需求是有层次之分的，分为初级阶段需求（生理需求、安全需求）、中级阶段需求（社交需求、尊重需求）和高级阶段需求（自我实现需求）。初级阶段的需求应首先得到满足，只有首先满足了这些初级阶段的需求，才有可能激发更高级阶段的需求。一个努力满足生理需求的人会致力于赢得一个更加安全的环境，但是，他不会关注尊重需求或者自我实现需求。一旦某种需求得到了满足，这种需求的重要性就降低了，而下一个更高级阶段的需求将随之被激活。

## 课堂练习

公司总经理、部门经理、技术人员、操作工星期日下午在一起加班。总经理说，每人可以发 500 元加班费，或者大家一起到大酒店吃一顿饭。总经理不参加，大家自由选择。

问题：根据马斯洛需求层次理论，请分析部门经理、技术人员、操作工分别会如何选择？

（二）X 理论和 Y 理论

1960 年，美国心理学家道格拉斯·麦格雷戈在其所著的《企业中人的方面》一书中提出关于人们工作源动力的理论。这是一对基于两种完全相反假设的理论，X 理论认为人们有消极的工作源动力，而 Y 理论则认为人们有积极的工作源动力。

X 理论的主要观点是：人类本性懒惰，厌恶工作，尽可能逃避工作；绝大多数人没有雄心壮志，怕负责任，宁愿被领导批评；多数人必须得被采用强制办法乃至惩罚、威胁，从而使他们为达到组织目标而努力；激励只在生理和安全需要层次上起作用。因此，人是"实利人"。

Y 理论的主要观点是：一般人的本性不是厌恶工作，如果给予适当机会，人们会喜欢工作，并渴望发挥其才能，多数人愿意对工作负责，寻求发挥能力的机会，能力的限制和惩罚不是使人为组织目标而努力的唯一办法，激励在需要的各个层次上都起作用；想象力和创造力是人类广泛具有的。因此，人是"自动人"。

持 X 理论的管理者会趋向于设定严格的规章制度，以减弱员工对工作的消极性。

持 Y 理论的管理者主张用激励激发管理，使个人目标和组织目标一致，趋向于授予员工更大的权力，让员工有更大的发挥机会，以激发员工对工作的积极性。

Y 理论的假设比 X 理论更实际有效，因此，麦格雷戈建议让员工参与决策，为员工提供富有挑战性和责任感的工作，建立良好的群体关系，调动员工的工作积极性。

## 课堂练习

钱兵是某名牌大学企业管理专业毕业的大学生，分配到宜昌某集团公司人力资源部。前不久，因总公司下属的某油漆厂出现工人集体闹事问题，钱兵被总公司委派下去调查了解情况，并协助油漆厂高厂长理顺管理工作。

到油漆厂上班的第一周，钱兵就深入"民间"，体察"民情"，了解"民怨"。一周后，他不仅清楚地了解到油漆厂的生产流程，同时，也发现工厂的生产效率极其低下，工人们怨声载道。他们认为，工作场所又脏又吵，条件极其恶劣，冬天的车间内气温只有-8℃，比外面还冷，而夏天最高气温可达 40 多度。此外，他们的报酬也少得可怜。工人们曾不止一次地向厂领导提过，要改善工作条件，提高工资待遇，但厂里一直未引起重视。

钱兵还了解了工人的年龄、学历等情况。工厂以男性职工为主，约占 92%。年龄在 25~35 岁的占 50%，25 岁以下的占 36%，35 岁以上的占 14%。工人们的文化程度普遍较低，初高中毕业的占 32%，中专及其以上的仅占 2%，其余的全是小学毕业。钱兵在调查中还发现，工人的流动率非常高，50%的工人仅在厂里工作 1 年或更短的时间，能工作 5 年以上的不到 20%，这对生产效率的提高和产品质量的保障非常不利。

于是，钱兵决定将连日来的调查结果与高厂长沟通，并提出了自己的一些看法："高厂长，经过调查，我发现工人的某些起码的需要没有得到满足，我们厂要想把生产效率搞上去，要想提高产品的质量，首先得想办法解决工人们提出的一些最基本的要求。"可是，高厂长不这么认为，他恨铁不成钢地说："他们有什么需要？他们关心的就是能拿多少工资、得多少奖金，除此之外，他们什么也不关心，更别说想办法去提高自我。你也看到了，他们很懒，逃避责任，不好好合作，工作是好是坏他们一点也不在乎。"

但钱兵不认同高厂长对工人的这种评价，他认为工人们不像高厂长所说的这样。为进一步弄清情况，钱兵采取发放调查问卷的方式，确定工人们到底有什么样的需要，并找出了哪些需要还未得到满足。他也希望通过调查结果来说服厂长，重新找到提高士气的因素。于是，他设计了包括15个因素在内的问卷，当然，每个因素都与工人的工作有关，包括：报酬、员工之间的关系、上下级之间的关系、工作环境条件、工作的安全性、工厂制度、监督体系、工作的挑战性、工作的成就感、个人发展的空间、工作得到认可情况、升职机会等。

结果表明，工人并不认为他们懒惰，也不在乎多做额外的工作，他们希望工作能丰富多样化一点，能让他们多动动脑筋，能有较合理的报酬。他们还希望工作多一点挑战性，能有机会发挥自身的潜能。此外，他们还表达了希望多一点与其他人交流感情的机会，希望能在友好的氛围中工作，也希望领导经常告诉他们怎样才能把工作做得更好。

基于此，钱兵认为，导致油漆厂生产效率低下和工人有不满情绪的主要原因是报酬太低、工作环境不到位、人与人之间关系的冷淡。

问题：高厂长对工人的看法属于X理论吗？钱兵的问卷调查结果又说明了对人的何种假设？根据钱兵的问卷调查结果，请你为该油漆厂出主意，来满足工人们的一些需求。

资料来源：https://wenku.baidu.com/view/80f7a9b365ce050876321397.html?mark_pay_doc=0&mark_rec_page=1&mark_rec_position=3&clear_uda_param=1

### （三）双因素理论

双因素理论是由美国心理学家弗雷德克斯·赫兹伯格提出的，该理论也称为激励—保健理论。他对几百名员工进行了访谈，发现他们有时受到了高度的工作激励，有时却得不到任何激励，因而表现出不满，并且与工作不满意有关的工作特性截然不同于与工作满意有关的工作特性，这就是双因素理论的由来。

**1. 保健因素**

保健因素，也称为环境因素，主要包括除工作本身之外的外界环境因素，如公司政策、人际关系、监督、工作环境、薪金、地位等。这些工作环境和工作条件不具备时，会使员工感到不满意，从而降低员工的工作积极性和热情。如果具备这些条件，就不会降低其工作热情，就能够维持员工已有的现状，但不会因此提高其积极性。

**2. 激励因素**

激励因素主要是工作本身的因素，包括工作本身的挑战性、工作成就的认可、工作责任、晋升等。他认为，这些工作本身因素的改善，能够激发和调动员工的积极性和热情，从而会经常性地提高员工的工作效率。如果这些因素没有处理好，也能引起员工的不满，但影响不是很大。

双因素理论的研究表明，有些因素会给员工带来满意感，而还有一些因素可以消除不满意感。该理论两类因素具有不同作用，可以给管理人员以启示：只单纯靠增加薪金、改善工作条件等外在诱因难以达到有效激励的目的;为使员工的工作积极性得到充分发挥,必须重视内在激励因素的作用,为员工创造做出贡献与成就的工作条件和机会,丰富工作内容,增加工作趣味,并赋予其必要的责任,使员工从工作中得到成就感。

## 课堂练习

一条猎狗在草原上看见了一只兔子,他奔跑着向兔子追去,结果追了很久也没有追到。一只羊看到这种场景,他讥笑着对猎狗说:"你竟然跑不过一只兔子!"

"你知道什么!"猎狗回答说,"我们跑的目的完全不同,我仅仅是为了一顿饭跑,而兔子是为了性命而跑啊!"

问题:结合双因素理论谈谈你对这个故事的看法。

### (四)期望理论

1964 年,美国行为科学家弗鲁姆在他的著作《工作与激励》一书中率先提出了期望理论。该理论认为,人们在采取一定的行为之前,总是要对自己行为所指向的目标的价值及成功的概率进行一番估计。当他认为行为指向的目标正是自己所期望的,对自己的价值较大时,其行动的激发力量就会增大;反之亦然。同时,当他估计到自己的行为成功的可能性较大时,其激发力量也会增大;反之,如果成功的概率微乎其微或者根本不可能,他的激发力量也就微乎其微或者为零。用公式表示如下。

$$M = V \times E$$

式中,$M$ 为激发力量,指调动一个人的积极性、激发出人的内部潜力的强度;$V$ 为效价,指某项活动成果所能满足个人需要的价值的大小,或者说是某项活动成果的吸引力大小,其变动范围在 $-100\% \sim +100\%$;$E$ 为期望值,指一个人根据经验所判断的某项活动导致某一成果的可能性的大小,用概率表示。

根据该理论,在实际管理中,必须处理好以下三个方面的关系。

(1)努力和绩效之间的关系:只有当预期达到目标的概率较高时,才能激发很强的工作力量。

(2)绩效与奖励之间的关系:只有预期完成绩效能获得奖励时,人才有较高的工作热情。

(3)奖励与个人目标之间的关系:如果获得奖励正是个人所期望的,即对个人的价值较大,则激发的工作力量也较大。

## 知识介绍

### 皮格马利翁效应

皮格马利翁是希腊神话中的塞浦路斯国王,他同时还是一位出色的雕塑家。他精心雕塑了一座少女像,美丽动人,皮格马利翁真心地爱上了她。结果奇迹发生了,雕像被皮格马利翁的真心所打动,少女"活"了。

这个神话故事在心理学中演化成著名的期望效应,即一位有影响的人物对于个体由衷的赞赏和认可，会极大地增强个体的自信心，个体会努力向着优于一般表现的方向发展。

资料来源：http://wiki.mbalib.com/wiki/%E7%9A%AE%E6%A0%BC%E9%A9%AC%E5%88%A9%E7%BF%81%E6%95%88%E5%BA%94

### （五）强化理论

强化理论是美国心理学家斯金纳于20世纪70年代提出的，主要研究人的行为与外部因素之间的关系，以学习的强化原则为基础，关于理解和修正人的行为的一种学说。人们为了实现自己的目标，就必须采取一定的行为。行为产生结果，结果作用于环境，环境对结果做出评价，该评价对人以后的行为产生影响。好的评价会加强该行为，使其重复出现；不好的评价或者不进行评价，则该行为会减弱甚至消失。环境所起的就是强化的作用。强化理论的主要观点如下。

（1）人的行为是受外部因素控制的，控制行为的因素称为强化物。

（2）当人们因采取某种理想行为而受到奖励时，最有可能重复这种行为。

（3）对人的行为控制，只要求控制刺激人的外部环境中的两个条件：在行为产生前，确定一个具有刺激作用的客观目标；在行为产生后，根据工作绩效给予奖或惩。

（4）通过学习培训可以确保人的行为反应适应客观环境。

利用强化方式改造行为，一般有四种基本方式，如表8-1所示。

表8-1 强化理论

| 强化方式 | 内容 |
| --- | --- |
| 正强化 | 对于积极的、符合组织目标的行为进行奖赏，如奖金、表扬、提升、改善工作关系等。受到正强化的行为得到加强，就会重复出现，从而有利于组织目标的实现 |
| 负强化 | 对于那些消极的、与组织目标偏离或者背道而驰的行为进行惩罚，如克扣奖金、批评、降级等。消极的行为得到负强化，就会减弱或消失 |
| 自然消退 | 对某种行为不予回应，以表示对该种行为的轻视或某种程度的否定，从而减少这种行为。例如，有经验的教师往往对上课扮鬼脸的淘气的学生佯装未见，使其自讨没趣而自行收敛 |
| 惩罚 | 用批评、降职、罚款等带有强制性、威胁性的结果，创造一种令人不快甚至痛苦的环境，以表示对某些不符合要求的行为的否定，从而消除这些行为重复发生的可能性 |

上述基本强化方式中，正强化是影响行为的最有利的手段，它能够增强或增加有效的工作行为。自然消退只使员工知道不应该做什么，而不能使其知晓应该做什么。

强化理论的应用原则主要有以下三点。

（1）要针对强化对象的不同需要采取不同的强化措施。

（2）小步子前进，分阶段设立目标，及时给予强化。如果目标一次定得太高，就难以发挥强化的作用，也很难充分调动强化对象的积极性。

（3）及时反馈，即要通过一定的形式和途径，及时将工作结果告诉行动者。结果无论好坏，对行为都具有强化的作用，对好的结果及时反馈，能够更有力地激励行动者继续努力；对不好的结果及时反馈，可以促使行动者分析原因，及时纠正。

## 课堂练习

耶鲁大学心理学教授劳里桑托斯与经济学家一起,做了个关于猴子财富分配消费行为的实验。把7只猴子(3雄4雌)关进一个大笼子里,旁边还有个小笼子,供对单只猴子进行实验用。

第一步,让猴子认识货币。把一些金属小圆盘中间钻孔当货币。开始,猴子拿到货币,嗅嗅,见不能吃,便气愤地扔回给实验人员。后来,实验人员在给猴子货币的同时亮出了食物,每当猴子扔出一枚货币,就给猴子食物犒劳。慢慢地,猴子知道了货币可以交换食物,就保留着,见实验人员拿着食物时,才恭敬地把货币放到实验人员的手里买食物。

第二步,让猴子对物价做出反应。实验人员给单只猴子12枚货币,亮出果冻和葡萄,开始都是一枚货币可买2个。再让果冻涨价,一枚货币买1个,葡萄价格不变。猴子很快做出反应,更多的时候只买葡萄,减少了果冻的消费量。再接着,让果冻降价,一枚货币买4个,葡萄价格照样不变。猴子又尽量买果冻吃,减少了葡萄的消费量。

第三步,自由竞争获取财富。实验人员改变平均分配法,一次性向大笼子里投入很多货币,7只猴子疯狂争抢,抢到的数量不等,有的一枚也没抢到。令人惊奇的一幕是一只抢到大量货币的雄猴子,买了足够的食品吃了个大肚圆圆,从剩余的几枚货币中拿出一枚走向一只没有抢到货币的雌猴子,把货币交给雌猴子后开始亲热,竟没遭到任何反抗。雌猴子坦然地拿着这一枚得来的货币到实验人员那里买食物。

第四步,终极财富实验。将猴子饿两天,实验人员把大量的货币给一只猴子!这只猴子双手捧满货币,其余6只猴子眼睛都直了,仅几秒钟的眼神交流,一哄而上开始抢钱。猴子当然不肯放弃这笔庞大的财富,以一敌六打了起来,结果富猴子被抓咬得落荒而逃身无分文。战斗结束,6只猴子开始抢落在地上的货币,有的多、有的少,买水果开始了,笼内太平。

问题:结合实验谈谈你对强化理论的理解。

资料来源:刘植荣. 猴子也贪财好色[J]. 领导文萃, 2012(1):94-97.

## 任务二 管理沟通

### 任务情境

#### 阿维安卡52航班的悲剧

1990年1月25日晚7点40分,阿维安卡52航班飞行在南新泽西海岸上空11 277.7米的高空。机上的总油量可以维持航线飞行并有近2个小时的返航余量,在正常情况下飞机降落至纽约肯尼迪机场仅需不到半小时的时间,这一缓冲保护措施可以说十分安全。

然而,此后发生了一系列耽搁。晚8点整,由于大雾只有一条跑道能够使用,周边大面积停电。肯尼迪机场管制人员通知52航班,他们必须在机场上空盘旋待命。经过一段时间,主燃油即将耗尽,所以,机长命令副驾驶询问空管是否可以备降波士顿机场,但空管由于分心没有回应。这之后,第二次询问波士顿情况,空管回应可以备降,不过还需再盘旋30分钟,所以,机长没有选择备降,但同时也被空管中心引导至离肯尼迪机场更近的另一个盘旋的地点卡梅隆。

晚8点45分，52航班的副驾驶员向肯尼迪机场报告他们的"燃料快用完了"。管制员收到了这一信息，但在晚9点24分之前，没有批准飞机降落。在此之间，阿维安卡机组成员再没有向肯尼迪机场传递任何情况十分危急的信息。

此时，管制员进行了交接班，不过交接过程中并没有提到阿维安卡52航班已经出现燃料不足，所以，没有使新的管制员引起重视。这之后，管制员又将飞机移交给肯尼迪机场塔台管制，由于塔台同样进行交接班，所以比较混乱，也没有觉察到燃油的危机。

终于52号航班开始使用ILS降落，不过他们发现，在500英尺以下有风切变，使他们的飞机低于下滑道的接收范围，差点坠毁，这也预示着第一次尝试的失败。

然后，飞机准备继续盘旋尝试第二次进场。此时，副驾驶继续告知管制员燃料已经不足，不过仍然没有引起管制员的重视。

晚9点32分，4号引擎熄火了，1分钟之后，其他引擎陆续熄火。机上失去了来自引擎的主供电系统，就只剩下来自电池的电源来维持飞机上最基本的供电设备，可是飞机上非必要的用电设施全被自动切断电源，机舱顿时漆黑一片。数秒钟后，飞机终于因4个引擎失去动力，坠于纽约长岛以北的一个小山丘上，当时飞机距离机场还有24千米。

飞机坠地后，滑落在一个小镇的小山，机身从中间断为两截，驾驶室甚至撞入一间房屋。由于飞机是因燃料耗尽而坠毁，因此飞机残骸并没有爆炸着火，或许因此拯救了这个航班中的85人。可是，仍然有包括机组人员在内的共73人在这次事故中罹难。

资料来源：http://blog.sina.com.cn/s/blog_5fc38cd60101foft.html

问题：试分析导致此次空难发生的主要原因有哪些？

## 任务内容

沟通是指信息从发出者到接收者的传递过程。沟通在管理的各个方面得到了广泛的运用。良好的沟通是思想和信息的交换，它使双方得以相互了解和信任。在任何组织中信息的传递都是非常重要的。通过信息沟通，可以把组织抽象的目标和计划，转化成能够激发员工行动的语言，使员工明白应该做什么和怎么做才有利于组织目标的实现。信息沟通可以使一个组织紧密团结，朝着共同的目标前进。

### 一、沟通的概念

沟通是不同的行为主体，通过各种载体实现信息的双向流动，形成行为主体的感知，以达到特定目标的行为过程。

行为主体逐渐打破人的范畴，动物、超级计算机、机器人都很可能被纳入。行为主体中通常包括信息的发送者和接收者，在一个完整的沟通过程中，同一个主体会扮演信息发送者和接收者的双重角色。

信息载体对于人来说，包括本有载体和外有载体两大类。本有载体是指人不需假助外物的沟通媒介，包括语言、肢体动作、表情、眼神等；外有载体是指需要借助外物的沟通媒介，包括文字、书信、电话、电子邮件以及新媒体等。通常，在一次沟通过程中，存在着几种信息载体同时存在的情况。

特定目标对于人来说，至少包括意识、行为和组织三个层面。意识层面通常包括情感、知识、思想等；行为层面通常包括动作、活动、习惯等；组织层面通常包括绩效目标、行动计划、团队氛围等。通常情况下，沟通是为了实现集体的目标。

在沟通过程中，行为主体、信息载体和沟通环境都会影响沟通目标的达成。通常情况下，行为主体的状态、知识和经验结构、准备的充分性等因素都会影响沟通的效果；信息载体的稳定性、识别度等因素会影响沟通的效果；沟通环境的噪声、氛围等因素也会影响沟通的效果。

特别需要强调的是，沟通是信息双向流动的过程，需要由信息的传递和反馈来共同组成。如果只有信息从发送者到接收者的传递，而没有反馈，通常意义上则意味着沟通的失败或无效。

## 二、沟通的过程

信息沟通的过程是指一个信息发送者通过选定的渠道把信息传递给接收者，主要由以下七个步骤组成，如图 8-2 所示。

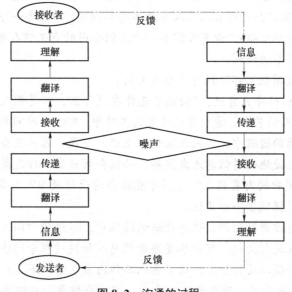

图 8-2　沟通的过程

资料来源：https://www.baidu.com/s?ie=utf-8&wd=%E6%B2%9F%E9%80%9A%E7%9A%84%E8%BF%87%E7%A8%8B

（1）发送者需要向接收者传递信息或者需要接收者提供信息。这里所说的信息是一个广义的概念，它包括观点、想法、资料等内容。

（2）发送者将所要发送的信息译成接收者能够理解的一系列符号。为了有效地进行沟通，这些符号必须适应媒体的需要。例如，如果媒体是书面报告，符号的形式应选择文字、图表或照片；如果媒体是讲座，就应选择文字、投影胶片和板书。

（3）发送的符号传递给接收者。由于选择的符号种类不同，传递的方式也不同。传递的方式可以是书面的，如信、备忘录等；也可以是口头的，如交谈、演讲、电话等；甚至还可以通过身体动作来表述，如手势、面部表情、姿态等。

（4）接收者接收符号。接收者根据发送来的符号的传递方式，选择相应的接收方式。例如，如果发送来的符号是口头传递的，接收者就必须仔细地听，否则，符号就会丢失。

（5）接收者将接收到的符号译成具有特定含义的信息。由于发送者翻译和传递能力的差异,以及接收者接收和翻译水平的不同,信息的内容和含义经常被曲解。

(6)接收者理解被翻译的信息内容。

(7)发送者通过反馈来了解他想传递的信息是否被对方准确地接受。一般来说,由于沟通过程中存在着许多干扰和扭曲信息传递的因素(通常把这些因素称为噪声),这使得沟通的效率大为降低。因此,发送者了解信息被理解的程度也是十分必要的。图中 8-2 的反馈,构成了信息的双向沟通。

### 知识介绍

#### 沟通的失真效应

老板对秘书说:"你帮我查一下我们有多少人在华盛顿工作,星期四的会议上董事长将会问到这一情况,我希望准备得详细一点。"秘书收到指令后,立即打电话给华盛顿分公司的秘书:"董事长需要一份你们公司所有工作人员的名单和档案,请准备一下,我们两天内需要。"分公司的秘书又向其经理汇报:"董事长需要一份我们公司所有工作人员的名单和档案,可能还有其他材料,文件要尽快送到。"

第二天早晨,四大箱航空邮件到达了公司大楼。

管理学大师彼得·德鲁克曾说:"沟通不是你在说什么,而是别人怎么理解你说的是什么。"管理是一项驾驭人的艺术,管理者在日常的工作中,80%的时间都在与不同的人进行沟通,一个管理者在沟通的过程中,如果无法保证上级、下属、客户及合作伙伴完全明白自己意欲表达的信息,甚至使他们对信息造成误解,必然会对日常工作造成重大负面影响。

如何才能避免沟通中的失真效应?怎样才能提高沟通的效率?与沟通相关的"4W1H"法则为有效沟通的实现提供了一些建议。

(1)Who:确定与谁进行沟通。信息传递的过程中,经过的中间人越多,信息失真的效率越高。直接与受传人进行沟通,可以尽量避免信息在传递过程中的遗失、扭曲。与下属结束沟通前,管理者最好提取反馈信息,让下属把工作内容复述一下。

(2)Where:在哪里沟通,确定沟通的地点。同一个信息,相较办公室,在电梯间传递时就降低了信息的重要性,所以,重要的工作指令适宜以管理者的办公室为沟通场所。

(3)When:什么时候进行沟通。对于很重要的事情,管理者不宜在临近下班的时候与下属进行沟通,此时对于下班的关注使下属难以在交流的时候全神贯注。

(4)What:沟通的内容是什么。管理者在沟通时,一定要明确自己的沟通目的,以免在沟通的过程中失去对于主题的控制与驾驭。

(5)How:怎样进行沟通。在企业中,庞大的组织机构是导致失真效应的重要原因之一,组织结构越复杂,信息传递的渠道也越复杂。模糊的信息经多次传播后,相对信息源的原意发生了严重变异。此外,组织还常常是流言的栖息地,不正确的流言经多人传播,遵从"三人成虎"的逻辑,渐渐地开始披着真相的外衣魅惑人心。因此,管理者需要做好对各种信息传递渠道的管理与控制,利用各种场合,保持组织成员之间经常不断的信息交流,从而在企业中建立起一个不拘形式的开放的信息沟通系统。

**资料来源:** 阡陌. 幽默图解团队管理学[M]. 北京:民主与建设出版社,2014:259.

### 三、沟通的渠道

信息沟通是指在组织内部的公众之间进行信息交流和传递活动。当组织成员为解决某个问题和协调某一方面而在明确规定的组织系统内进行沟通协调工作时，就会选择和组建组织内部不同的信息沟通渠道，即信息网络。这些沟通渠道可以影响团体公众的工作效率，也可以影响团体成员的气氛。

管理者可以选择不同的渠道与其他的管理者或员工进行沟通。管理者可以面对面讨论问题、打电话、发送电子邮件、写备忘录或信函，或者在实时通信中讲述某件事情，具体沟通渠道的选择取决于问题的性质。不同的渠道具有不同的信息传递能力，根据信息的富足程度，可以把管理者能够运用的沟通渠道划分为一个层级结构，在信息传递期间可以被传递的信息数量称为渠道丰富度，如图8–3所示。

**图 8–3　沟通渠道丰富度**

资料来源：https://wenku.baidu.com/view/97e18e8028ea81c758f578bf.ht ml?from=search

很重要的是，管理者应该懂得每一种沟通渠道都有其优点和缺点，而且在适当的情况下，每种沟通渠道都可能是有效沟通的方式。沟通渠道的选择取决于要传输的信息是例行公事的，还是非常规的。

例行公事的沟通是非常简单或直截了当的，常规信息包含的是数据或统计资料，或者简单地把管理者们已经达成一致或者理解清楚的意思用文字表达出来。即使是用渠道丰富度较低的沟通方式，也能够把常规信息有效传达出去。当听众很广，或者沟通是正式的，或者要求永久保存沟通记录时，就应该使用书面沟通方式。

非常规信息往往是含混不清的，它们通常涉及刚发生的事件，而且极容易产生误解。非常规信息具有时间上的紧迫性和令人吃惊的特点。管理者只有选择渠道丰富度高的沟通方式才能有效地传达非常规信息。

## 课堂练习

某市市民家里购置的某名牌彩电突然发生爆炸，使得该用户在财产和心理上受到了较大损失。记者采访时，家庭主妇说："当时我正在厨房洗菜，彩电在客厅开着。突然听到'砰'的一声响，过去一看，家里的彩电不知道怎么就炸了。幸亏我当时在厨房，否则，说不定还会闹出人命来。"当日的报纸还刊登了彩电爆炸现场的照片，墙上灰不溜秋的，彩电已经面目全非。该事件发生后，引起了媒体和市民的极大关注。当地报纸《都市快报》对该事件进行跟踪报道，其他媒体也正派记者跟踪此事。

**问题**：如果你是该品牌彩电在当地的负责人，你会选择哪种沟通渠道处理这起事件？

**资料来源**：https://wenku.baidu.com/browse/downloadrec?doc_id=3b9e2 883852458fb760b5612&

## 四、沟通形式

组织内的沟通形式多样，包括正式沟通形式和非正式沟通形式，如表 8-2 所示。

表 8-2　组织沟通形式

| 沟通形式 | 沟通模式 | 图形 | 内　　容 |
|---|---|---|---|
| 正式沟通 | 链式 | | 形成平行网络或纵向网络，信息传递环环相扣，传递快；但容易失真，成员满意度低 |
| | 环式 | | 链式形态的封闭式结构，组织集中程度低，领导者预测程度低，组织成员满意度高 |
| | Y式 | | 纵向沟通网络，集中程度高，解决问题快，领导者预测程度较高，组织成员满意度低；信息易曲解或失真，成员士气及效率低 |
| | 轮式 | | 控制型网络，组织集中程度高，解决问题快，领导者预测程度高，沟通渠道少；成员满意度低，成员士气低 |
| | 全通道式 | | 开放式网络，组织集中程度低，领导者预测程度低，沟通渠道多，成员满意度高，士气高、合作好；但易出现混乱，影响效率 |
| 非正式沟通 | 单线式 | | 沟通过程是一个人转告另一个人，另一个人也只再转告下一个人，这种情况最为少见 |
| | 流言式 | | 沟通过程是由一人告知所有其他人，如同独家新闻 |

续表

| 沟通形式 | 沟通模式 | 图形 | 内　　容 |
| --- | --- | --- | --- |
| 非正式沟通 | 偶然式 | | 沟通过程是信息传播者碰到什么人就转告什么人，并无一定中心人物或选择性 |
| | 集束式 | | 在沟通过程中可能存在几个中心人物，由他们转告若干其他人。这种形式具有某种程度的弹性 |

## 五、沟通的障碍

所谓沟通障碍，是指信息在传递和交换过程中，由于信息意图受到干扰或误解，而导致沟通失真的现象。人们在沟通信息的过程中，常常会受到各种因素的影响和干扰，使沟通受到阻碍。

（一）沟通障碍的来源

沟通障碍主要来自三个方面：发送者的障碍、接收者的障碍和沟通通道的障碍。

**1. 发送者的障碍**

在沟通过程中，信息发送者的情绪、倾向、个人感受、表达能力、判断力、人格影响力等都会影响信息的完整传达。障碍主要表现在：信息传达的方式不佳；信息传达者能力不佳；信息发送无目的或目的混乱；信息传达不完整；信息传达不及时或不适时；知识经验的局限；对信息的过滤不当；发送者信度不高等。

**2. 接收者的障碍**

在沟通的另一端，信息接收者的情绪、倾向、兴奋点、共鸣性、注意力、判断力、记忆力等因素，也影响信息传达的效果。这方面的障碍表现在：信息接收者的不良情绪或心理障碍；信息的理解力不够；接收者译码不对称；信息不符合接收者的习惯；接收者对信息的筛选不当；接收者的承受力有限；偏见与成见等。

**3. 沟通通道的障碍**

沟通通道的障碍也会影响沟通的效果。沟通通道障碍主要有以下几个方面。首先，选择沟通媒介不当。例如，对于重要事情而言，口头传达效果较差，因为接收者会认为"口说无凭""随便说说"而不加重视。其次，几种媒介相互冲突。当信息用几种形式传达时，如果相互之间不协调，会使接收者难以理解传达的信息内容。例如，领导表扬下属时面部表情很严肃甚至皱着眉头，就会让下属感到迷惑。再次，沟通渠道过长。组织机构庞大，内部层次多，从最高层传达信息到最低层，从最低层汇总情况到最高层，中间环节太多，容易使信息损失较大。最后，外部干扰。信息沟通过程经常会受到自然界各种物理噪声、机器故障的影响或被额外事物干扰所打扰，也会因双方距离太远而沟通不便，影响沟通效果。

（二）沟通障碍的形式

**1. 组织的沟通障碍**

在管理中，合理的组织机构有利于信息沟通。但是，如果组织机构过于庞大，中间层次太多，那么，信息从最高决策传达到下属单位不仅容易产生信息的失真，而且会浪费大量时间，影响信息的及时性。同时，自上而下的信息沟通，如果中间层次过多，同样，也浪费时间、影响效率。

有学者统计，如果一个信息在高层管理者那里的正确性是100%，到了信息的接收者手里可能就只剩下20%的正确性了。这是因为，在进行这种信息沟通时，各级主管部门都会花时间自己甄别接收到的信息，一层一层地过滤，然后有可能将断章取义的信息上报。此外，在甄选过程中，还掺杂了大量的主观因素，尤其是当发送的信息涉及发送者本身时，往往会由于心理方面的原因，造成信息失真。这种情况也会使信息的发送者畏而却步，不愿提供关键的信息。因此，如果组织机构臃肿，机构设置不合理，各部门之间职责不清，分工不明，多头领导，或因人设事，人浮于事，就会给沟通双方造成一定的心理压力，影响沟通的进行。

**2. 个人的沟通障碍**

个人的沟通障碍主要表现为以下六个方面。

（1）个性因素所引起的障碍。信息沟通在很大程度上受个人心理因素的制约，如个体的性质、气质、态度、情绪、见解等差别，都会成为信息沟通的障碍。

（2）知识、经验水平的差距所导致的障碍。在信息沟通中，如果双方经验水平和知识水平差距过大，就会产生沟通障碍。此外，个体经验差异对信息沟通也有影响。在现实生活中，人们往往会凭经验办事。一个经验丰富的人往往会对信息沟通做通盘考虑，谨慎细心；而一个初出茅庐者往往会不知所措。这种障碍的特点是信息沟通的双方往往依据经验上的大体理解去处理信息，使彼此理解的差距拉大，形成沟通的障碍。

（3）个体记忆不佳所造成的障碍。在管理中，信息沟通往往是依据组织系统分层次逐层传达的，然而，在按层次传达同一条信息时往往会受到个体素质的影响，从而降低信息沟通的效率。

（4）对信息的态度不同所造成的障碍。这又可从不同的层次来考虑。一是认识差异。在管理活动中，不少员工和管理者忽视信息的作用的现象还很普遍，这就给正常的信息沟通造成了很大的障碍。二是利益观念。在团体中，不同的成员对信息有不同的看法，所选择的侧重点也不相同。很多员工只关心与他们的物质利益有关的信息，而不关心组织目标、管理决策等方面的信息，这也成了信息沟通的障碍。

（5）相互不信任所产生的障碍。有效的信息沟通要以相互信任为前提，这样，才能使向上反映的情况得到重视，向下传达的决策迅速实施。管理者在进行信息沟通时，应该不带成见地听取意见，鼓励下级充分阐明自己的见解，这样才能做到思想和感情上的真正沟通，才能接收到全面可靠的情报，才能做出明智的判断与决策。

（6）沟通者的畏惧感以及个人的心理品质也会造成沟通障碍。在管理实践中，信息沟通的成败主要取决于上级与下级、领导与员工之间的全面有效的合作。但在很多情况下，这些合作往往会因下属的恐惧心理以及沟通双方的个人心理品质而形成障碍。一方面，如果主管过分威严，给人造成难以接近的印象，或者管理人员缺乏必要的同情心，不愿体恤下情，都容易造成下级人员的恐惧心理,影响信息沟通的正常进行。另一方面,不良的心理品质也是造成沟通障碍的因素。

## 知识介绍

### 沟 通 漏 斗

沟通漏斗是指工作中团队沟通效率下降的一种现象。如果一个人心里想的是100%的东西,当你在众人面前、在开会的场合用语言表达心里100%的东西时,这些东西已经漏掉20%了,你说出来的只剩下80%了。

一个团队要共同完成一项任务,必须配合默契。一个企业要发展壮大,员工之间必须达成有效的合作,合作的默契源于沟通,是对沟通的升华。在工作中尽可能减少沟通漏斗,才能达到更好的理解,才能更出色地完成工作,还能避免他人不全面的或错误的理解影响人际关系。

沟通漏斗呈现的是一种由上至下逐渐减少的趋势,因为漏斗的特性就在于"漏"。当这80%的东西进入别人的耳朵时,由于文化水平、知识背景等关系,只存活了60%。实际上,真正被别人理解了、消化了的东西大概只有40%。等到这些人遵照领悟的40%具体行动时,已经变成20%了。一定要掌握一些沟通技巧,争取让这个漏斗漏得越来越少,如图8-4所示。

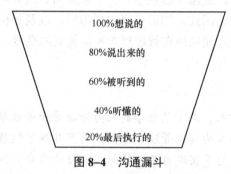

图8-4 沟通漏斗

资料来源:https://baike.baidu.com/Item/%E6%B2%9F%E9%80%9A%E6%BC%8F%E6%96%97/735834?fr=Aladdin

**3. 沟通障碍的克服**

(1)沟通要有认真的准备和明确的目的性。沟通者自己首先要对沟通的内容有正确、清晰的理解。重要的沟通最好事先征求他人意见,每次沟通要解决什么问题、达到什么目的,不仅沟通者要清楚,还要尽量使被沟通者也清楚。此外,沟通不仅是下达命令、宣布政策和规定,而且,是为了统一思想协调行动。所以,沟通之前应对问题的背景、解决问题的方案及其依据和资料、决策的理由和对组织成员的要求等做到心中有数。

(2)沟通的内容要确切。沟通内容要言之有物,有针对性,语意确切,尽量通俗化、具体化和数量化;要避免含糊的语言,更不要讲空话、套话和废话。

(3)诚心诚意地倾听。有人对经理人员的沟通做过分析,一天用于沟通的时间,撰写占9%,阅读占16%,言谈占30%,用于倾听占45%。但一般经理都不是一个好听众,效率只有25%。究其原因,主要是缺乏诚意。缺乏诚意大多发生在自下而上的沟通中。所以,要提高沟通效率,必须诚心诚意地去倾听对方的意见,这样对方才能把真实想法说出来。

（4）提倡平行沟通。平行沟通是指在组织系统中同一个层次之间的相互沟通。有些领导者整天忙于当仲裁者的角色而且乐于此事，想以此说明自己的重要性，这是不明智的。领导者的重要职能是协调，但是，这里的协调主要是目标的协调、计划的协调，而不是日常活动的协调。日常的协调应尽量鼓励在平级之间进行。

（5）提倡直接沟通、双向沟通、口头沟通。美国曾有人找经理们调查，请他们选择良好的沟通方式。55%的经理认为直接听口头汇报最好，37%喜欢下去检查，18%喜欢定期会议，25%喜欢下面给写汇报。另外一项调查是部门经理们在传达重要政策时认为哪种沟通最有效，共 51 人（可多项选择）。选择召开会议做口头说明的有 44 人，亲自接见重要工作人员的有 27 人，在管理公报上宣布政策的有 16 人，在内部备忘录上说明政策的有 14 人，通过电话系统说明政策的仅有 1 人。这些都说明倾向于面对面的直接沟通、口头沟通和双向沟通的人多。

一个企业的领导者每天都应到办公室转转，主动问问有些什么情况和问题，多和当事者商量。日本不主张领导者单独办公，主张大屋集体办公，这些都是为了及时、充分、直接地掌握第一手资料和信息，这样不仅能了解生产动态，而且能了解职工的士气和愿望，还可以改善人际关系。某些工厂工人连车间主任和厂长都见不到，这不是成功领导者的形象。

（6）设计固定沟通渠道，形成沟通常规。这种方法的形式很多，如采取定期会议、报表、情况报告，互相交换信息的内容，等等。

克服沟通障碍不只是工作方法问题，更根本的是管理理念问题。发达国家现代企业流行的"开门政策""走动管理"，是基于尊重个人、了解实情、组成团队等的现代管理理念。沟通只是这种理念的实现途径。因此，如何克服沟通障碍，以及如何建立高效、通畅的沟通渠道，都不应就事论事地解决，而应站在管理理念和价值观的高度，妥善地加以处理。

## 课堂练习

小窦，一个典型的北方人，北京某大学的人力资源管理专业毕业，他认为，经过四年的学习自己不但掌握了扎实的人力资源管理专业知识而且具备了较强的人际沟通技能，因此，他对自己的未来期望很高。为了实现自己的梦想，他毅然只身去苏州求职。

经过将近一个月的反复投简历和面试，在权衡了多种因素的情况下，小窦最终选定了苏州市的一家房地产公司。他之所以选择这家公司是因为该公司规模适中、发展速度很快。最重要的是，该公司的人力资源管理工作还处于尝试阶段。如果加入，他将是人力资源部的第一个人。因此，他认为自己施展能力的空间很大。但是，到公司实习一个星期后，他就陷入了困境中。

原来，该公司是一个典型的小型家族企业。企业中的关键职位基本上都由老板的亲属担任，其中，充满了各种裙带关系。尤其是老板给小窦安排了他的大儿子做小窦的临时上级，而这个人主要负责公司的研发工作，根本没有管理理念，更不用说人力资源管理理念。在他的眼里，只有技术最重要。公司只要能赚钱，其他的一切都无所谓。但是，小窦认为越是这样就越有自己发挥能力的空间。因此，在到公司的第五天，小窦拿着自己的建议书走向了直接上级的办公室。

"王经理，我到公司已经快一个星期了，我有一些想法想和您谈谈，您有时间吗？"小窦走到经理办公桌前说。

"来来来，小窦，本来早就应该和你谈谈了，只是最近一直扎在实验室里就把这件事忘了。"

"王经理，对于一个企业尤其是处于上升阶段的企业来说，要持续企业的发展必须在管理上狠下功夫。我来公司已经快一个星期了，据我目前对公司的了解，我认为公司主要的问题在于：职责界定不清；雇员的自主权力太小，致使员工觉得公司对他们缺乏信任；员工薪酬结构和水平的制订随意性较强，缺乏科学合理的基础，因此，薪酬的公平性和激励性都较低。"小窦按照自己事先所列的提纲开始逐条向王经理叙述。

王经理微微皱了一下眉头，说："你说的这些问题我们公司也确实存在，但是，你必须承认一个事实——我们公司在盈利，这就说明我们公司目前实行的体制有它的合理性。"

"可是，眼前的发展并不等于将来也可以发展，许多家族企业都是败在管理上。"

"好了，那你有具体方案吗？"

"目前还没有，这些还只是我的一点想法而已。但是，如果得到了您的支持，我想方案只是时间问题。"

"那你先回去做方案，把你的材料放这儿，我先看看然后给你答复。"说完王经理的注意力又回到了研究报告上。

小窦此时真切地感受到了不被认可的失落，他似乎已经预测到了自己第一次提建议的结局。

果然，小窦的建议书石沉大海，王经理好像完全不记得建议书的事。小窦陷入了困惑之中，他不知道自己是应该继续和上级沟通还是干脆放弃这份工作，另找一个发展空间。

资料来源：https://wenku.baidu.com/view/1cfbca7858fafab069dc02fe.ht ml?from=search

问题：试分析上述案例中存在哪些沟通障碍？应该如何克服这些障碍？

## 任务三  实 训 任 务

### 一、情景

毕业季来临，同学们都在忙着找工作。假如你的好朋友没有通过某公司的面试，该公司又是他关注很久且非常想加入的，你将如何安慰和鼓励你的朋友？

### 二、校园模拟指挥

（1）管理情景：晚上十一点多，男生宿舍三楼的卫生间里水管突然爆裂，此时楼门和校门已经关闭，人们都沉睡在梦中，只有邻近的几个学生宿舍的学生被惊醒。水不断地从卫生间顺着东西走廊涌出，情况非常紧急。假如你身在其中，如何利用你的领导和沟通能力化险为夷？

（2）实训要求：课堂进行分组讨论，然后各小组表述本组应急方案，看看谁的方案最好。

（3）由教师与学生对各组方案进行评价。

## 课外学习

### 讨论题

结合下述情况，假设你是该生的辅导员老师，你将如何与该生沟通？

大学本科时有一张姓同学，是上一级的留级生。其父母均是教师，从张的教育环境我们都想着该生应该是个品学兼优的好学生。但事与愿违，在大学期间，张经常旷课，学习成绩较差，还不顾学业而从事商业经营。在之前的辅导老师多次引导教育后，还是我行我素，对老师的正确教育不仅不听还说话威胁老师。最后，由于成绩未达到必修要求被给予了留级处分。

张留级后，根据学院工作要求，辅导老师要和学生家长取得联系，告知家长学生留级情况。在和家长取得联系之前，辅导员与张进行了谈话，首先让学生正确面对现实问题，结合自身不足，积极进取，努力学习；另外，留级是学生学习期间的大事，也是本着为学生负责的态度，向家长告知此事，家长也能配合学院更好地引导学生顺利毕业。张向老师谎称："他担心父母知道自己留级后感到伤心和失望，想自己和家长交流，并向老师保证好好上课、不旷课等。"

但在之后的学习中，张还是依然不把学习当回事，辅导老师和其家长取得了联系，并和家长交流了孩子的留级问题，希望通过家长的工作能改变张的学习态度。张在知道老师和家长交流其留级情况后，打电话骂老师并威胁老师的人身安全。

**资料来源：** https://wenku.baidu.com/view/e536bcab0b1c59eef8c7b4e1.html

第五部分

控 制

叙 論

第五章 合

# 控制基础

## 知识目标

1. 了解控制的概念、控制的特点及控制的作用;
2. 掌握控制的类型、控制过程的步骤及有效控制的要领。

## 能力目标

1. 能根据控制的一般原理,进行管理控制过程的分析;
2. 能根据管理问题的性质和情况,选择适当的控制方法;
3. 能运用控制的方法实施具体的管理控制。

## 情感目标

1. 满足学生的求知欲和好奇心,培养学生学习控制的兴趣;
2. 初步形成良好的学习方法和学习习惯。

## 项目导入

### 戴尔公司对电脑显示屏供应厂商的新做法

戴尔公司创建于 1984 年,是美国一家以直销方式经销个人电脑的电子计算机制造商,其经营规模已迅速发展到当前 120 多亿美元销售额的水平。戴尔公司是以网络型组织形式来运作的企业,它联系了许多为其供应计算机硬件和软件的厂商。其中,有一家供应厂商,电脑显示屏做得非常好。戴尔公司先是花很大的力气和投资使这家供应商做到每百万件产品中只能有 1 000 件瑕疵品,并通过绩效评估确信这家供应商达到要求的水准后,戴尔公司就完全放心地让他们的产品直接打上"Dell"商标,并取消了对这种供应品的验收、库存。类似的做法也发生在戴尔其他外购零部件的供应中。

通常情况下，供应商将供应的零部件运送到买方那里，经过开箱、触摸、重新包装，经验收合格后，产品组装商便将其存放在仓库中备用。为确保供货不出现脱节，公司往往要贮备未来一段时间内可能需要的各种零部件，这是一般的商业惯例。因此，当戴尔公司对这家电脑显示屏供应商说"这种显示屏我们今后会购买400万到500万台左右，贵公司为什么不干脆让我们的人随时需要、随时提货"的时候，商界人士无不感到惊讶，甚至以为戴尔公司疯了。戴尔公司的经理们则这样认为，开箱验货和库存零部件只是传统的做法，并不是现代企业运营所必要的步骤，遂将这些"多余的"环节给取消了。

戴尔公司的做法就是，当物流部门从电子数据库得知，公司某日将从自己的组装厂提出某型号电脑时，便在早上向这家供应商发出"配额多少数量显示屏"的指令信息，这样等到当天傍晚时分，一组组电脑便可打包完毕分送到顾客手中。如此，不但节约了检验和库存成本，也加快了发货速度，提高了服务质量。

**资料来源**：张议元. 管理学 [M]. 北京：清华大学出版社，2012：245.

**问题**：你认为，戴尔公司对电脑显示屏供应厂商是否完全放弃和取消了控制？如果是，戴尔公司的经营业绩来源于哪里？如果不是，它所采取的控制方式与传统方式有何切实的不同？戴尔公司的做法对于中国的企业有适用性吗？为什么？

## 任务一  控制概述

### 任务情境

#### 财务检查中出现的问题

审计部主管肖勇对某公司进行财务检查，检查存货项目时发现下列事项：进货程序由采购部负责采购；货品进厂后由隶属于采购部的验收部门负责验收，验收合格货品于采购单上盖"货已验讫"印章，然后即交会计部门付款，如不合格直接退给供应商，验收部不负责开验收报告单；验收后的货品直接堆放在机器旁准备加工。制造的货品采用永续盘存制，只计算数量不计算金额；货品交由制造部门的储藏室保管。

**资料来源**：https://wenku.baidu.com/view/18eac111cc7931b765ce1596.html?from=search

**问题**：你认为该公司进货内部控制程序有何缺点？

### 任务内容

控制职能是管理活动的四大职能之一，有人把控制与管理混同起来，认为管理就是控制，如把质量管理称为质量控制、把宏观经济管理称为宏观经济控制等。这种看法是不正确的，因为管理具有更加广泛的内涵，而控制仅仅是管理活动的一种形式，同其他管理职能相比，它具有不同的性质、内容和方法。这一部分主要从六大方面来讨论控制职能，即控制的必要性、控制的概念、控制的特点、控制在组织中的地位、控制的目的以及控制的原理。

## 一、控制的必要性

控制是管理工作的第四大职能。在管理过程的循环中,如果说制订计划是管理工作的第一步,然后,是组织和领导计划的实施,那么,接下来的问题便是考虑计划实施的结果如何,计划所确定的目标是否得到顺利实现,甚至计划目标本身制订得是否科学合理。要弄清楚这些问题并采取妥善的处理措施,就必须开展卓有成效的控制工作。

企业在开展生产经营活动中,由于受外部环境和内部条件变化的影响,实际执行结果与预期目标不完全一致的情况是时常发生的。对管理者来讲,重要的问题不是工作有无偏差,或者是否可能出现偏差,而在于能否及时发现已出现的偏差或预见到潜在的偏差,采取措施予以预防和纠正,以确保组织的各项活动能够正常进行,组织预定的目标能够顺利实现。

## 二、控制的概念

控制是管理工作过程中一项不可缺少的职能。控制是指管理过程中纠正偏差和促进组织各项管理工作优化的活动,是管理者根据既定的目标和计划对计划实施的偏差予以纠正,促使组织的活动能按计划稳定和谐发展的过程。在管理中,控制一词包含以下意思:核对或验证、调节或调整、抑制或限制、评估或总结。因此,也可以说,控制就是管理者为了使实际工作和计划要求达到一致而对组织各项工作进行检查、调节和监督的管理活动。

要全面把握管理中控制的含义,除了要深刻理解控制是为了使实际工作和计划要求达到一致外,还需要把握以下三个要点。

(1) 控制活动贯穿于管理活动的全过程,但重点是在计划形成之后,并以计划作为控制的考核标准。

(2) 控制是一个发现问题、分析问题和解决问题的过程。这里的"问题",就是实际和计划的偏差。

(3) 控制的最终目的不仅要使组织的各项活动按计划正常运转,实现目标,而且,要使组织形成一种自我调控能力,即根据过去控制工作纠正偏差的结果,提出和形成新的目标和计划,促进组织管理的不断创新和发展。

控制与计划既互相区别,又紧密相连。计划为控制工作提供标准,没有计划,控制也就没有依据。但如果只编制计划,不对其执行情况进行控制,计划目标就很难得到圆满实现。控制与计划两职能之间的关系不仅体现在计划提供控制标准,而且体现在控制确保计划实现这一"前提"与"手段"的关系上。有些计划本身的作用就已具有控制的意义。例如,政策、程序和规则,它们在规定人们行动的准则的同时,也对人的行为产生极大的制约作用。又如,预算和进度表等形式的计划,它们既是作为计划工作的一个重要组成部分而编制的,同时,又可以直接作为一种有效的控制工具。可见,某些计划形式实际上涵盖了控制的内容。另一方面,广义的控制职能实际上也包含了对计划的修改和重定。计划在执行过程中产生结果与目标之间的偏差,其原因除了执行力不够,还可能是计划之初对外部环境和内部条件的估计出现了失误,造成了目标设定过高或过低,或者是计划执行中所面临的内外部环境条件出现了重大变化,导致目标脱离现实,这时,改变计划本身就是控制工作的一大任务。

### 三、控制的特点

作为管理的一项重要职能,控制具有以下六个特点。

(1)控制实质上是一个信息反馈系统,通过信息反馈,管理者可以发现管理过程中的不足之处,促进系统进行不断的调节和改革,使其逐渐地趋于稳定、完善,直至达到优化状态。

(2)控制有两个前提条件,即计划指标在控制工作中转化为控制标准和有相应的监督控制机构和人员。

(3)控制包含三个基本步骤,即确定标准、衡量工作绩效、纠正偏差。

(4)控制是一个有组织的系统,它根据系统内外变化进行相应调整,不断克服系统的不确定性,使系统保持某种稳定状态。

(5)主管人员在纠正偏差时,必须为此花费一定的人力、物力、财力和时间去分析出现偏差的原因,并采取相应的措施予以纠正。

(6)控制不仅要使一个组织按照原定计划维持其正常活动,以实现既定目标,而且要使组织的活动有所前进、有所创新,以达到新的高度,实现管理突破。

**课堂练习**

有学者对包括卫生系统、高新技术企业、制造企业、商业及服务部门等许多组织的一线管理者进行了实地调查,经过归纳、分析后,发现这些一线管理者所看重的各项职责按重要性排序如下:

(1)工作安排和日常的工作计划;
(2)安排和分配工作;
(3)控制质量和成本;
(4)沟通政策和程序;
(5)激励和指挥员工;
(6)纪律约束;
(7)训练员工;
(8)评价员工的工作成果;
(9)维护设备,保证物资供应;
(10)保证安全。

**资料来源**:安维.管理学原理[M].北京:中国人民大学出版社,2010:307.

**问题**:根据对控制工作的理解,上述哪些工作属于管理者的控制工作?

### 四、控制在组织中的地位

如果把组织看成一个开放系统,为了使组织的产出符合系统本身及环境的要求,就必须存在控制子系统,它与组织中其他活动的关系,如图9-1所示。首先,组织中的最高层领导根据组织所面临的内外部环境来设置组织目标,计划系统根据目标和环境状况制订管理计划。一方面,这些计划下达给运行系统,付诸实施。另一方面,要送到控制系统储存起来,以供日后与实际绩效比较。运行系统的有关投入、运行过程以及产品的信息要反馈给控制系统。

然后，控制系统在收集了这些资料以及外部环境的资料后进行分析，并同储存的计划进行比较。最后，决策更正运行活动或提出修改计划。控制系统向计划系统提出的报告有时还会导致目标的变化。

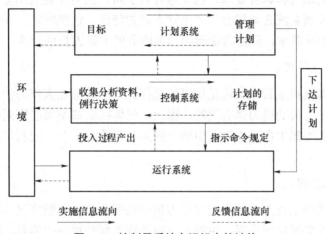

图 9-1 控制子系统在组织中的地位

### 五、控制的目的

在管理活动中，控制的基本目的就是"维持现状"，让企业在变化的环境中能够按照计划进行各项活动，出现偏差及时纠正。在此基础上，更要"打破现状"，努力求改革、求创新。

在企业中，往往存在两大问题：一是经常发生的、直接影响企业的"急性问题"；二是长期存在的"慢性问题"。人们往往看到的是"急性问题"对企业的危害，忽略"慢性问题"的存在。因为"慢性问题"一直存在，人们已经适应了，不易发现。控制的目的就是要解决这两类问题。具体体现在以下两点。

（1）对于经常发生、迅速变化而直接影响组织活动的"急性问题"，控制应随时将计划的执行结果与标准进行比较。若发现有超过计划允许范围的偏差时，则及时采取必要的纠正措施，使组织内部系统活动趋于相对稳定，实现组织的既定目标。

（2）对于长期存在着的影响组织素质的"慢性问题"，控制要根据内外环境变化对组织新的要求和组织不断发展的需求，打破执行现状，重新修订计划，确定新的现实和管理控制标准，使之更先进、更合理。

### 六、控制的原理

要使控制工作发挥有效的作用，在建立控制系统时就必须遵循以下五个原理。

#### （一）反映计划要求的原理

反映计划要求的原理是指控制是实现计划的保证，控制的目的是实现计划。因此，计划越是明确、全面、完整，那么，据此所设计的控制系统就越能反映计划的可行性和有效性，控制工作也就越能有效地为管理人员的需要服务。这就要求主管人员必须经常了解计划以及在其实施过程中要加以控制的关键因素，必须利用对它们适用的方法和信息。

### (二)组织适宜性原理

组织适宜性原理是指组织结构的设计越是明确、全面和完整,设计的控制系统越是符合组织机构中各岗位的职责和职务要求,也就越有利于纠正偏离计划的偏差。组织适宜性原理的另一层含义是:控制系统必须切合每个主管人员的特点。这意味着,在设计控制系统时,不仅要考虑具体的职务要求,还应考虑到担当该职务的主管人员的个性。

### (三)控制关键点原理

控制关键点原理是指主管人员越是尽可能选择计划的关键点来作为控制标准,控制工作就越有效。由于主管人员的精力是有限的,因此,任何控制都不可能事无巨细、面面俱到。主管人员应该把注意力集中在工作过程中的一些主要影响因素上。控制住这些关键因素,也就控制了全局。

### (四)例外情况原理

例外情况原理是指主管人员越是把注意力集中在那些超出一般情况的特殊情况上,控制工作就越有效。例外情况原理说明,主管人员应当注意那些重要的偏差,即应把控制的主要注意力集中在那些出现了特别好或特别坏的情况上,只有这样,才能使控制工作既有好的效果,也有高的效率。

### (五)直接控制原理

直接控制原理是指主管人员及其下属的素质越高,就越能胜任所承担的职务,就越不需要间接控制。

**【课堂练习】**

无论是在学校读书,还是在企业工作,你都不难发现有一系列的规章制度存在。对规章制度的控制作用,你是怎么看的?规章制度所涵盖的是否越全面、越严格越好?按照控制的关键点原理和例外情况原理进行控制,是否有可能导致控制工作的失效或无力?在你看来,成功地运用控制关键点原理和例外情况原理的关键是什么?

**资料来源:**安维. 管理学原理[M]. 北京:中国人民大学出版社,2010:307.

**问题:**针对以上问题,提出自己的看法。

## 任务二 控制的基本类型

**【任务情境】**

### 扁鹊兄弟治病之道

有一次魏文侯问扁鹊:"你们兄弟三个,谁的医术最高明?"扁鹊说:"我大哥最高,二哥次之,我最差。"魏文侯说:"那你说说道理吧!"扁鹊说:"是这样的,我大哥治病是看病人的神色,病还没有表现出来他就把病给治了,所以他的名声不出家门。我二哥治病是在病人稍有不适的时候，所以他的名声不出巷子。而我扁鹊看病用的是疏通血脉的针、有毒副作用的汤汁、埋入肌肤之内的草药，所以我的名声反倒传遍了各个诸侯国。"

**资料来源：**《鹖冠子·卷下·世贤第十六》

**问题：**扁鹊三兄弟治病各属于哪一种控制方式？有何借鉴意义？

## 任务内容

管理控制的种类很多，最为常用的有如下六种分类方法：第一，根据控制的性质划分为预防性控制和更正性控制；第二，根据控制点的位置划分为预先控制、过程控制和事后控制；第三，根据控制源划分为正式组织控制、非正式组织控制和自我控制；第四，根据问题的重要性和影响程度划分为任务控制、管理控制和战略控制；第五，根据控制的手段划分为直接控制和间接控制；第六，根据控制目的和对象划分为正馈控制和负馈控制。当然，上述各种分类方法不是孤立的，有时一个控制可能同时属于几种类型。例如，大学招收新生时要进行考试，它属于预防性控制，也属于事先控制。

### 一、根据控制活动的性质划分控制类型

（一）预防性控制

使用预防性控制是为了避免产生错误又尽量减少今后的更正活动。例如，国家强调法制，制定较详细的法律条文并大力宣传，这就是预防性控制。一般来说，像规章制度、工作程序、人员训练和培养计划都起着预防性控制的作用。在设计预防性控制措施时，人们所遵循的原则都是为了更有效地达成组织目标。

（二）更正性控制

在实际管理工作中，更正性控制使用得更普遍一些。其目的是，当出现偏差时，使行为或实施进程返回到预先确定的或所希望的水平。例如，国家发现某些地区走私现象严重，为了改变这种现象，在交通要道和关口设立了一些检查站，以希望减少走私活动。再例如，审计制度增加了管理部门采取迅速更正措施的能力，因为定期对企业进行检查，有助于及时发现问题、解决问题。

## 课堂练习

春秋时期，楚国令尹孙叔敖在苟陂县一带修建了一条南北水渠。这条水渠又宽又长，足以灌溉沿渠的万顷农田。可是，一到天旱的时候，沿堤的农民就在渠水退去的堤岸边种植庄稼，有的甚至还把农作物种到了堤中央。等到雨水一多，渠水上升，这些农民为了保住庄稼和渠田，便偷偷地在堤坝上挖开口子放水。这样的情况越来越严重，一条辛苦挖成的水渠，被弄得遍体鳞伤、面目全非，因决口而经常发生水灾，变水利为水害了。

面对这种情形，历代苟陂县的行政官员都无可奈何。每当渠水暴涨成灾时，便调动军队去修筑堤坝，堵塞漏洞。后来，宋代在李若谷出任知县时，也碰到了决堤修堤这个头疼的问题，他便贴出告示说："今后凡是水渠决口，不再调动军队修堤，只抽调沿渠的百姓，让他们

自己把决口的堤坝修好。"这布告贴出以后，再也没有人偷偷地去决堤放水了。

资料来源：https://wenku.baidu.com/view/617942ea102de2bd96058857.html

问题：从控制类型上看，李若谷的这种做法属于什么类型？

## 二、根据控制点的位置划分控制类型

### （一）预先控制

预先控制是指对未来可能出现的结果进行的预防性控制，即主管人员运用所能得到的最新信息，包括上一控制循环中所产生的经验教训，对可能出现的结果进行预测，然后，将其同计划要求进行比较，从而在必要时调整计划或控制影响因素，以确保目标的实现。

预先控制属于一种预防性控制，它的工作重点并不是控制工作的结果，而是提前采取各种预防性措施，以防止工作过程中可能出现的偏差。例如，企业为了开发一种能够有效满足消费者需求的产品，预先对消费者的实际需求进行市场调查；再例如，对新加入组织的成员进行的岗前培训等，这些都属于预先控制的范畴。

预先控制的主要优越性在于：克服了反馈控制中因时间滞后而带来的缺陷，使主管人员能够及时预见到工作过程中出现的偏差，并预先采取预防措施以杜绝偏差的产生。

### （二）过程控制

过程控制，又可以通俗地称为现场控制或同步控制，是以在工作过程中正在发生的实际状况为重点的控制，也就是管理者在工作现场指导、检查、监督下属的工作，以便随时发现偏差，马上予以纠正，确保工作按计划完成。

过程控制能及时发现偏差，及时纠正偏差，立竿见影，也是一种经济有效的控制方法。但对控制人员的素质要求较高，要求控制人员有敏锐的判断力、快速的反应能力和灵活多变的控制手段。

过程控制的成效不仅取决于控制人员的素质，还取决于计划执行人员的配合。例如，教师在课堂上要根据学生的反映来调整讲课内容，使之能符合学生的实际；再例如，生产企业生产线上每道工序只接收上一道工序传来的合格产品，不合格的产品不下传，不合格产品更不能出厂。这就要求所有工人的通力合作，才能使产品达到质量要求，而仅靠专职质检人员是无法完成质检任务的。

### （三）事后控制

事后控制，又称为成果控制，是在工作完成之后的控制，其关注的重点是达到的成果而不是流程中的投入和活动。它是由管理者把活动结果与原来的计划标准加以对照验证，以掌握工作成效的过程。事后控制通过信息反馈来保证管理系统的稳定性。它要求反馈的速度大于控制对象的变化速度，否则，系统很难处于稳定状态，控制也难以发挥作用，有时甚至起反作用。这种控制也就是我们常说的评估总结工作，重点在于总结经验、吸取教训。事后控制的意义，不仅在于可以掌握工作成效，而且可以积累经验，使之作为下一步工作的参考和借鉴。因此，这种控制是一种承前启后的控制。

事后控制的一个明显弱点是时间上的滞后性，在管理实践中容易贻误时机，增加控制难度，而且，反馈信息获得时损失已经发生了。

### 课堂练习

某公司人力资源部立了一个规矩：每当员工离开公司时，人力资源部经理主动与离职员工交谈，收集员工对公司的意见与看法，并了解其去向。如果有3个以上的员工流向同一个企业（竞争对手），人力资源部将设法了解该竞争对手的战略、激励政策，并在此基础上向公司决策部门提出人力资源合理建议。

资料来源：安维. 管理学原理［M］. 北京：中国人民大学出版社，2010：314.

问题：从控制类型上看，人力资源部的这种做法属于什么类型？

## 三、根据控制源划分控制类型

### （一）正式组织控制

正式组织控制是由管理人员设计和建立起来的一些机构或规定来进行控制，如规划、预算和审计部门是正式组织控制的典型例子。组织可以通过规划来指导组织成员的活动，通过预算来控制消费，通过审计来检查各部门或个人是否按照规定进行活动，并提出更正措施。例如，按照规定对在禁止的地方抽烟的职工进行罚款，对违反操作规程者给予纪律处分，等等，这些都属于正式组织控制的范畴。

### （二）非正式组织控制

非正式组织控制有自己的一套行为规范。尽管这些规范并没有明文规定，但非正式组织中的成员都十分清楚这些规范的内容，都知道如果自己遵循这些规范，就会得到奖励。这种奖励可能是其他成员的认可，也可能是强化自己在非正式组织中的地位。如果违反这些行为规范就可能遭到惩罚，这种惩罚可能是遭受排挤、讽刺，甚至被驱逐出该组织。例如，建议一个新来的职工自动把产量限制在一个群体可接受的水平，就是非正式组织控制的例子。非正式组织控制在某种程度上左右着职工的行为，处理得好有利于达成组织目标，否则将会给组织带来很大危害。

### （三）自我控制

自我控制是个人有意识地去按某一行为规范进行活动。例如，一个职工不愿意把公家的东西据为己有，可能是由于他具有诚实、廉洁的品质，而不单单是怕遭受惩罚。这是有意识的个人自我控制。

自我控制能力取决于个人本身的素质。具有良好修养的人一般自我控制能力较强，顾全大局的人比仅看重自己局部利益的人有较强的自我控制能力，具有较高层次需求的人比具有较低层次需求的人有较强的自我控制能力。

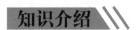

## 员工自我管理的 29 个工具

| 工具 1 | "四象限原理"规划时间 | 工具 16 | "六顶帽子"思维法 |
|---|---|---|---|
| 工具 2 | 用"80/20 法则"分配时间 | 工具 17 | 根据意愿与能力对员工进行分类 |
| 工具 3 | 用"ABC 控制法"使用时间 | 工具 18 | 马斯洛的需求激励模式 |
| 工具 4 | 用"SMART 法"确定目标 | 工具 19 | 权衡效率与效果 |
| 工具 5 | 用"目标多权树法"分解目标 | 工具 20 | 情境领导模型 |
| 工具 6 | 用"6W3H 法"分析细化目标 | 工具 21 | 反馈的"JOHARI 视窗" |
| 工具 7 | 用"PDCA 工作循环"实施计划 | 工具 22 | 沟通反思环 |
| 工具 8 | 标准化管理 | 工具 23 | 如何避免沟通中出现的问题 |
| 工具 9 | 有效计划法 | 工具 24 | "剥洋葱法"设定职业目标 |
| 工具 10 | 正确评估自己的压力水平 | 工具 25 | 认真做好职业生涯规划 |
| 工具 11 | 压力管理曲线 | 工具 26 | 理清自己的愿景 |
| 工具 12 | 鱼刺因果图 | 工具 27 | 理清自己的使命 |
| 工具 13 | SWOT 分析法 | 工具 28 | 头脑风暴法 |
| 工具 14 | "五个为什么"分析法 | 工具 29 | 深度对话 |
| 工具 15 | 橄榄球定律 | | |

资料来源：http://news.cnfol.com/110113/101，1598，9153034，00.shtml

### 四、根据问题的重要性和影响程度划分控制类型

**（一）任务控制**

任务控制，亦称运营控制，主要是针对基层生产作业和其他业务活动进行的。其控制的主要任务是确保按质、按量、按期和按成本完成工作任务，因此，以负馈控制为主。

**（二）管理控制**

管理控制，亦称责任预算控制，是一种财务控制，即利用财务数据来观测企业的经营活动状况，以此考评各责任中心的工作实绩，控制其经营行为。

**（三）战略控制**

战略控制是对战略计划实现程度的控制。战略控制中不仅要进行负馈控制，更要进行正馈控制。也就是说，在战略控制过程中常常可能引起战略计划的重大修改或重新制订。因为这个缘故，人们倾向于将战略的计划与控制系统笼统地称作战略计划系统，而将任务的计划与控制系统称作任务控制系统。同理，在较低层次的管理控制中以负馈为手段的常规控制占主要地位，随着组织层次的提高和管理责任的加重，正馈控制的成分越来越大。

### 五、根据控制的手段划分控制类型

（一）直接控制

在现代经济管理活动中，人们把直接控制理解为通过行政手段进行的控制。采用行政命令是一种最直观、最简单的办法。然而，在实际经济管理活动中，这种直接控制的办法往往不能使整个系统的效果最优。这主要是有以下三个原因：

（1）信息反馈引起时滞现象。

（2）信息太多以致在现有的技术条件下无法全面地、科学地处理。

（3）直接控制忽略了企业中人的因素，不利于下级积极性、创造性的发挥，人的潜力和能动性无法发挥出来。

如上所述，直接控制的应用存在着某些界限，超出这个界限，势必会起副作用。

（二）间接控制

在现代经济管理活动中，人们习惯于把利用经济杠杆进行的控制称为间接控制。经济杠杆主要指税收、信贷、价格等经济措施或经济政策。间接控制是相对于直接控制而言的。在企业内部，将奖金与绩效挂钩的分配政策，以及运用思想工作手段形成良好的风气、高品位的价值观，都可以有效地控制人们的行为，这都属于间接控制。这种间接控制的办法由于减少了需要的信息量，调动了企业中人的积极性，有利于整个经济系统达到更优的效果。

### 六、根据控制目的和对象划分控制类型

（一）正馈控制

正馈控制是使控制标准发生变化，以便更好地符合内外现实环境条件的要求，其控制作用的发生主要体现在管理循环中的计划环节，也就是这种控制对象包括了控制标准本身，这种控制的目的就是使控制标准产生变动，使之与实际情况更接近。

（二）负馈控制

负馈控制是使执行结果符合控制标准的要求，为此需要将管理循环中的实施环节作为控制对象，这种控制的目的就是缩小实际情况与控制目标的偏差。

正馈控制和负馈控制应该并重使用，但现实中要处理好这两个方面控制工作的关系并不容易。增进适应性的正馈控制，有时很易于被用来作为无视"控制"的借口，而这样做的结果会导致系统进行的不稳定、不平衡。但另一方面，平衡不应该是静态的平衡。现代意义下的控制，应该是一种动态平衡的观念，应能促进被控制系统在朝向目标行为的同时适时地根据内外环境条件做出调整，妥善处理好适应性和稳定性，正馈控制和负馈控制这两种既相互对立又往往需要统一的关系，常是现代企业控制的难点。

#### 课堂练习

所有权和经营权相分离的股份公司，为强化对经营者行为的约束，往往设计出各种治理和制衡的手段，包括：① 股东们要召开大会对董事和监事人选进行投票表决；② 董事会要

对经理人员的行为进行监督和控制；③ 监事会要对董事会和经理人员的经营行为进行检查、监督；④ 要强化审计监督等。

**问题**：这些措施分别是什么控制？

**资料来源**：兰炜，康银瑞，程青玥. 管理学原理［M］. 北京：清华大学出版社，2015：180.

## 任务三　控制的过程

### 任务情境

#### 破窗理论

美国斯坦福大学心理学家詹巴斗曾做过这样一项试验：他找来两辆一模一样的汽车，一辆停在比较杂乱的街区，一辆停在中产阶级社区。他把停在杂乱街区的那一辆车的车牌摘掉，顶棚打开，结果一天之内车就被人偷走了；而摆在中产阶级社区的那一辆车过了一个星期也安然无恙。后来，詹巴斗用锤子把这辆车的玻璃敲了个大洞，结果，仅仅过了几个小时，它就不见了。

后来，政治学家威尔逊和犯罪学家凯琳依托这项试验，提出了一个"破窗理论"。这一理论认为：如果有人打坏了一个建筑物的窗户，而这扇窗户未得到及时维修，别人就可能受到暗示性的纵容去打烂更多的窗户。久而久之，这些破窗户就给人造成了一种无序的感觉。那么，在这种公众麻木不仁的氛围下，犯罪就会滋生、蔓延。

**问题**："破窗理论"给我们在管理控制方面的启示是什么？

**资料来源**：段圣贤. 管理学基础［M］. 北京：北京理工大学出版社，2013：209.

### 任务内容

#### 一、控制工作的基本过程

控制是根据计划的要求，设立衡量绩效的标准，然后，把实际工作结果与预定标准相比较，以确定组织活动中出现的偏差及其严重程度，在此基础上，有针对性地采取必要的纠正措施，以确保组织资源的有效利用和组织目标的圆满实现。不论控制的对象是新技术的研究与开发，还是产品的加工制造、市场营销宣传，企业的人力条件、物质要素、财务资源，控制的过程都包括三个基本环节的工作：确立标准，衡量绩效，纠正偏差。

##### （一）确立标准

标准是人们检查和衡量工作及其结果（包括阶段结果与最终结果）的规范。确立标准是控制进行的基础，没有一套完整的标准，衡量绩效或纠正偏差就失去了客观依据。

**1. 确定控制对象**

标准的具体内容涉及需要控制的对象，经营活动的成果是需要控制的重点对象。控制工作的最初始动机是要促进企业有效地取得预期的活动结果，因此，要分析企业的预期结果。

这种分析可以从营利性、市场占有率等多个角度来进行。确定了企业活动需要的结果类型后，要对它们加以明确、尽可能定量地描述，也就是说，要明确需要的结果在正常情况下希望达到的状况和水平。

**2. 选择控制重点**

企业无力也无必要对所有成员的所有活动进行控制，只能在影响经营成果的众多因素中选择若干关键环节作为重点控制对象。

**3. 制订标准的方法**

控制的对象不同，为它们建立标准的方法也不一样。一般来说，企业可以使用的建立标准的方法有三种：统计性标准、根据评估建立标准和工程标准。

（二）衡量绩效

对照标准衡量实际工作成绩是控制过程的第二步，它分为两个步骤：一是测定或预测实际工作成绩；二是进行实绩与标准的比较。控制既然是为了纠正实际工作结果与标准要求之间的偏差，就必须首先掌握工作的实际情况。掌握实绩可以通过两种方式：一是测定已产生的工作结果，另一种是预测即将产生的工作结果。无论哪种方式，都要以通过一定的方法（如亲自观察、口头与书面报告、抽样调查等）搜集到的大量的有关信息作为基础。通过差距或偏差的确定，就可以发现计划执行中的问题。但并非所有偏离标准的情况均需作为"问题"来处理，这里有个容限的幅度。所谓容限，就是准许偏差存在的上限与下限范围，在这个界限范围内即便实际结果与标准之间存有差距，也被认为是正常的。

（三）纠正偏差

解决问题首先需要找出产生差距的原因，然后再采取措施纠正偏差。所以，必须花大力气找出造成偏差的真正原因，而不能仅仅是头痛医头、脚痛医脚。对偏差原因做了彻底的分析后，管理者就要确定该采取什么样的纠偏行动。具体措施有两种：一种是立即执行的临时性应急措施，另一种是永久性的根治措施。对于那些迅速、直接地影响组织正常活动的急性问题，多数应立即采取补救措施。

以上是从控制着眼于纠正偏差方面说的。但积极的控制还会引发计划的修改或重定，从这个角度来看，控制工作过程的步骤会有些变化。例如，第二步就不是衡量计划执行的当前和预期结果，而是要检测计划执行中内外环境条件已发生或将发生的变化，确定差距也不是进行实际与应该（标准）之间的比较或者实际与实际（历史水平或横向水平）的比较，而是主要进行应该与应该比较（查看标准、指标或目标间是否平衡一致）、应该与将来比较（查看决策前提的变化及决策本身的连续控制）。第三步针对差距采取措施，也不是着眼于纠正计划执行不力所引起的偏差，而更多考虑原计划制订不周或内外环境条件变化这些方面的问题，其行动措施的结果不是使实绩向目标、标准靠近，而是使计划目标和标准本身发生变化。

## 课堂练习

一个小和尚在寺院担任撞钟之职。按照寺院的规定，他每天必须在早上和黄昏各撞钟一次。如此半年下来，小和尚感到撞钟的工作极其简单，倍感无聊。后来，干脆"做一天和尚撞一天钟"了。一天，寺院住持突然宣布要将他调到后院劈柴挑水，原因是他不能胜任撞钟之职。小和尚觉得奇怪，就问住持："难道我撞的钟不准时、不响亮？"住持告诉他："你的钟撞得很响，但钟声空泛、疲软，因为你没有理解撞钟的意义。钟声不仅仅是寺里作息的准绳，更为重要的是唤醒沉迷众生。因此，钟声不仅要洪亮，还要圆润、浑厚、深沉、悠远。一个人心中无钟，即无佛。如果不虔诚，怎能担当撞钟之职？"小和尚听后，面有愧色，此后潜心修炼，终成一代名僧。

**资料来源**：张永良. 管理学基础 [M]. 北京：北京理工大学出版社，2010：221.

**问题**：从以上这个案例，你得到什么启发？

## 二、控制系统

### （一）控制系统的构成要素

从控制过程的步骤分析中可以看出，有效的控制活动必须满足以下三个条件。

（1）具有明确的控制目的。控制工作的目的性，可以表现为使实际成绩与计划标准、目标相吻合，或者使计划标准、目标获得适时的调整。有效的控制系统不仅要能使执行偏差得到及时纠正，还应该能够促使管理者在现实情况（内外环境条件）发生较大变化时对原目标或标准做出正确的修正和改变。

（2）具有及时、可靠、适用的信息。信息是控制的基础，只有掌握了有关执行偏差或环境变化的足够信息，管理者才有可能做出有针对性的决策。

（3）具有行之有效的行动措施。管理者应能够通过落实所拟定的措施方案，确保执行中的偏差得到尽快矫正，或者形成新的控制标准和目标。

总之，控制系统是由控制的标准或目标、偏差或变化的信息以及纠正偏差或调整标准这三个要素构成的。这三个构成要素共同决定了控制系统的效率和效能，因此，它们也成了有效控制的基本条件。

### 课堂练习

一家以化学添加剂生产为主的小型民营企业对其销售员采取了按销售额提成的奖励办法，希望能够借此激励他们努力工作，扩大企业的产品销售。然而，此方法实行一年多后，伴随着企业销售额的大幅增加，却出现了销售回款额下降的严重问题。

**资料来源**：安维. 管理学原理 [M]. 北京：中国人民大学出版社，2010：314.

**问题**：产生这种现象最可能的原因是什么？应如何解决？

### （二）控制的主体

控制的主体反映了控制工作与组织工作的关系，应能满足以下两个要求。

**1. 组织内部的职责关系明确**

一个组织内部的结构越是明确，职责分工越是清楚，就越有利于控制工作的开展。在实际工作中，由于组织内部结构及其职责关系的不明确，常常导致出现问题后，人们相互推诿责任，因此失去了解决问题的时机，使组织遭受更大损失。

（1）配有专职的控制职能部门和人员。

控制的对象涉及整个组织的活动，涉及管理的各个方面，为保证控制工作对各项活动的有效监督,组织应设有专职的控制机构和人员,赋予其相应的责任和权限,建立和健全规章制度,以保证控制工作在组织活动中的权威性。

(2) 重视对主管人员素质和能力的培养。

在人们从事的工作中,很多时候出现偏差是由于主管人员缺乏知识、经验和判断力造成的,即由于人为的管理失误造成的。例如,工作方法不当、领导不力等。越是合格的主管人员,其在工作中出现偏差的可能性越小,即使出现偏差,也会自觉地及时采取措施纠正偏差。因此,应重视对主管人员素质和能力的培养,通过提高主管人员的素质和能力,来防止和减少偏差的产生。

**2. 准确把握控制对象的范畴**

控制对象应是整个组织的活动。控制对象的确定要处理好主要矛盾和次要矛盾的关系,应能满足以下要求。

(1) 控制工作要确立客观标准。

管理难免有许多主观因素在内,但是,对于下属工作的评价,不应仅凭主观来决定。在需要凭主观来控制的那些方面,主管人员或下级的个性也许会影响对工作的准确判断。客观标准可以是定量的,也可以是定性的,问题的关键在于,在每一种情况下,标准都应是可以测定和考核的。

(2) 控制工作要有经济的观点。

控制是一项需要投入人力、财力和物力的活动,是否进行控制,控制到什么程度,都涉及投入问题。因此,控制工作一定要坚持适度性的原则,从经济性角度考虑,控制系统并不是越复杂越好,控制力度也不是越大越好。

(3) 主管人员要把注意力集中在例外情况。

在一项计划的实施过程中,既有易出现偏差的地方,也有不易出现偏差的地方;而可能出现的偏差也是多种多样的,有的偏差可能在允许的限度之内,有的则会超出允许的限度;有的偏差即使超出允许的限度,对工作造成的损失也不大,而有的偏差一旦出现则可能对工作造成较大的损失。例外情况的原则强调的是:控制工作的主要着眼点应是一些重要的偏差,即应在易出偏差和偏差出现会造成较大损失的地方,这样控制工作的效率和效能才能达到最高。

### 课堂练习

财务副总经理乔治·豪斯和总会计师海仑·罗宾斯一走进卡帕公司董事长——最高层主管阿德里亚安·巴恩斯的办公室,这位公司的最高层主管就对他们大发雷霆。他吼叫道:"为什么没人向我报告?为什么我不知道这里的工作进展情况?为什么把我蒙在鼓里?在公司的问题没有变成危机之前,看来我是绝不会听到有谁向我提出我们的问题的。从今天开始,我要求你们两位设计出一种能够使我信息灵通的系统,并且,它要让我知道第二天你们将干什么。我要对这家公司负责,但我对必须知道的事情一无所知。"

乔治·豪斯离开了董事长的办公室,他转向罗宾斯,嘀咕起来:"真是蠢货!他想要知道的,或者他可能需要知道的一切都有报告,陈放在他的办公桌后面的文件架上。"

**资料来源**:段圣贤. 管理学基础[M]. 北京:北京理工大学出版社,2013:207.

**问题**:卡帕公司的问题出在哪里?如何解决?

### 三、有效控制的要领

控制的目的是保证企业活动符合计划的要求,以有效地实现预定目标。但是,并不是所有的控制活动都能达到预期的目的。为此,有效的控制应从以下四个方面把握。

#### (一)适时控制

企业经营活动中产生的偏差只有及时采取措施加以纠正,才能避免偏差的扩大,或防止偏差对企业不利影响的扩散。及时纠偏,要求管理人员及时掌握能够反映偏差产生及其严重程度的信息。如果等到偏差已经非常明显,且对企业造成了不可挽回的影响后,反映偏差的信息才得到收集,那么,即使这种信息是非常系统、绝对客观、完全正确的,也不可能对纠正偏差带来任何指导作用。最理想的纠正偏差的方法应该是在偏差未产生以前,就注意到偏差产生的可能性,从而预先采取必要的防范措施,防止偏差的产生。

预测偏差的产生,虽然在实践中有许多困难,但在理论上是可行的,即可通过建立企业经营状况的预警系统来实现。人们可以为需要控制的对象建立一条警戒线,反映经营状况的数据一旦超过这个警戒线,预警系统就会发出警报,提醒人们采取必要的措施防止偏差的产生和扩大。

#### (二)适度控制

适度控制是指控制的范围、程度和频度要恰到好处,要注意以下三个方面的问题。

**1. 防止控制过多或控制不足**

控制常给被控制者带来某种不愉快,但如果缺乏控制则可能导致组织活动的混乱。有效的控制应该既能满足对组织活动监督和检查的需要,又能防止与组织成员发生强烈的冲突,适度的控制应能同时体现这两个方面的要求:一方面,要认识到过多的控制会对组织中的人造成伤害,对组织成员行为的过多限制,会扼杀他们的积极性、主动性和创造性,会抑制他们的创新精神,从而影响个人能力的发展和工作热情的提高,最终会影响企业的效率;另一方面,也要认识到,过少的控制,将不能使组织活动有序地进行,不能保证各部门活动进度和比例的协调,将会造成资源的浪费。此外,过少的控制还可能使组织中的个人无视组织的要求,我行我素,不提供组织所需的贡献,甚至利用在组织中的便利地位谋求个人利益,最终导致组织的涣散和崩溃。

**2. 处理好全面控制与重点控制的关系**

任何组织都不可能对每一个部门、每一个环节的每一个人在每一时刻的工作情况进行全面的控制。由于存在对控制者再控制的问题,这种全面控制甚至会造成组织中控制人员远远多于现场作业者的现象。适度控制要求企业在建立控制系统时,利用一定的分析法和例外原则等工具找出影响企业经营成果的关键环节和关键因素,并据此在相关环节上设立预警系统或控制点,进行重点控制。

**3. 使花费一定费用的控制得到足够的控制收益**

任何控制都需要一定费用,衡量工作成绩、分析偏差产生的原因,以及为了纠正偏差而采取措施,都需支付一定的费用;同时,任何控制,由于纠正了组织活动中存在的偏差,都会带来一定的收益。

### (三)客观控制

控制工作应该针对企业的实际状况,采取必要的纠偏措施,或促进企业活动沿着原先的轨道继续前进。因此,有效的控制必须是客观的、符合企业实际的。客观的控制源于对企业经营活动状况及其变化的客观了解和评价。没有客观的标准、态度和准确的检测手段,人们对企业实际工作就不易有一个正确的认识,从而难以制订出正确的措施,进行客观的控制。

### (四)弹性控制

企业在生产经营过程中经常可能遇到某种突发的无法抗拒的变化,这些变化使企业计划与现实条件严重背离。有效的控制系统应在这样的情况下仍能发挥作用,维持企业的运营,也就是说,应该具有灵活性或弹性。例如,预算控制通常规定了企业各经营单位的主管人员在既定规模下能够用来购买原材料或生产设备的经营额度。这个额度如果规定得绝对化,一旦实际产量或销售量与预测数发生差异,预算控制就可能失去意义。

## 课堂练习

一滴焊料实在不起眼,然而"石油大王"洛克菲勒曾为之做了文章。一次,洛克菲勒视察美孚石油公司一个包装出口石油的工厂,发现包装每只油罐用40滴焊料。他注视良久,对工人说:"你有没有试用过38滴焊料生产?"经过当场试验,用38滴不行,偶尔有滴油的现象,但用39滴焊料滴封的没有一只漏油。于是,洛克菲勒当即决定,39滴焊料是美孚石油公司各工厂的统一规格。

可别小瞧这一滴焊料,聚滴成河,聚沙成塔,日积月累,便是一大笔财富。从中可以看出,"石油大王"从严管理、节俭治业的精神。洛克菲勒一生信奉"勤俭生财"的准则。平素,他除了筹划企业的经营方略之外,就是到处巡视,寻找管理上的问题和漏洞。对公司的账簿,他特别留心,必须亲自过问。他能抓住某些细节提出质问或出些省钱的主意。洛克菲勒不愧为一个精打细算的富翁。

中国有句古话:成由节俭败由奢。居家过日子如此,办企业搞建设又何尝不是如此。经营和管理是事业成功的双翼,缺一不可。在企业深化改革、建立现代企业制度的关口,精于管理,杜绝"跑、冒、滴、漏",减少内耗,显得尤为重要。谁都知道,邯钢已成为全国企业学习的样板。其实邯钢已不仅仅停留在"模拟市场核算,实行成本否决"上,不但在管理机制上大处着眼,而且从生产优化、科技创新、货物运输、"三废"利用、增收节支等"细处"着手,努力挖潜减耗。

然而,仍有一些企业往往只注重经营,而忽略了管理,只想到创业却忘记了"守业"。好大喜功,大手大脚,一掷千金,毫不足惜。即使生产销售形势再好,也只是狗熊掰苞米,掰一只,丢一只,到头来,竹篮打水一场空。一滴焊料虽小,却蕴藏着"大管理"。

资料来源:http://www.bbcyw.com/p-9209680.html

问题:如何进行有效的管理控制?建立关键控制点的标准有哪些?

## 任务四 实训任务

### 一、为所在班级或小组（寝室）制订一个目标管理方案

要求：
1. 课下应进行必要的调查研究，正确地确定目标项目与标准。
2. 方案必须充分体现目标管理的特点与要求，有完整的结构。
3. 每人都要起草一份目标管理方案。
4. 班级组织一次交流，介绍、分析与评价各小组的目标管理方案。
5. 由教师与学生共同做出评价并打分。

### 二、为项目五"组织基础"之任务四实训任务一中模拟创立的公司建立各类控制制度

要求：
1. 每组最后形成不少于 1 000 字的实训报告。
2. 制作 PPT 在课堂汇报交流。

### 三、与企业家对话

在课堂上，可以通过专门安排学生与企业家直接对话的形式，学生就企业如何进行有效控制与企业家直接沟通。当然，企业家工作繁忙，也可以采取课外座谈、网络同步视频或播放录像的方式。

## 课外学习

### 一、讨论题

（一）问题：李敏是保养客舱的管理员，她怎样才能更好地控制这项操作？
情境：航空公司对客舱保养员工的工作十分不满意，他们在航班交替之际把客舱打扫得并不干净，而且，按一般规定，他们每天要清洁 50 架次飞机，可他们只收拾了 40 架次。
（二）对于一所学校而言，你认为该如何采用前馈控制来识别其教师岗位的最佳人选？
（三）你能否举出现实中运用负馈控制的例子？
（四）认真阅读下面的案例材料，先以小组为单位进行讨论，然后以班级为单位讨论；在班级讨论的基础上，每名学生针对讨论内容，写出麦当劳公司的控制系统书面分析报告，上交教师，待教师评价之后存档。讨论题目如下。
1. 麦当劳提出的"质量超群，服务优良，清洁卫生，货真价实"的口号如何反映它的公司文化？以这种方式来概括一个组织或公司的文化，具有哪些特色或不足？
2. 麦当劳公司所创设的管理控制系统的基本构成要素是什么？
3. 该控制系统如何促进麦当劳公司全球扩张战略的实现？

## 麦当劳公司的控制系统

麦当劳公司以经营快餐闻名遐迩。其金色的拱门允诺:每个餐厅的菜单基本相同,而且"质量超群,服务优良,清洁卫生,货真价实"。它的产品、加工和烹制程序乃至厨房布置,都是标准化的、严格控制的。它撤销了在法国的第一批特许经营权,因为他们尽管盈利可观,但未能达到在快速服务和清洁方面的标准。麦当劳的各分店都由当地人所有和经营管理。鉴于在快餐饮食业中维持产品质量和服务水平是其经营成功的关键,因此,麦当劳公司在采取特许连锁经营这种战略开辟分店和实现地域扩张的同时,就特别注意对各连锁店的管理控制。如果管理控制不当,使顾客吃到不对味的汉堡包或受到不友善的接待,其后果就不仅是这家分店将失去这批顾客及其周遭人光顾的问题,还会波及影响其他分店的生意,乃至损害整个公司的信誉。为此,麦当劳公司制订了一套全面、周密的控制办法。

麦当劳公司主要是通过授予特许权的方式来开辟连锁分店的。麦当劳公司在出售其特许经营权时非常慎重,总是通过各方面调查了解后挑选那些具有卓越经营管理才能的人作为店主,而且,事后如发现其能力不符合要求则撤回这一授权。麦当劳公司还通过详细的程序、规则和条例规定,确保分布在世界各地的所有麦当劳分店的经营者和员工们都遵循一种标准化、规范化的作业。麦当劳公司对制作汉堡包、炸土豆条、招待顾客和清理餐桌等工作都事先进行翔实的动作研究,确定各项工作开展的最好方式,然后,再编成书面的规定,用以指导各分店管理人员和一般员工的行为。公司在芝加哥开办了专门的培训中心——汉堡包大学,要求所有的特许经营者在开业之前都接受为期一个月的强化培训。回去之后,他们还被要求对所有的工作人员进行培训,确保公司的规章条例得到准确的理解和贯彻执行。

为了确保所有特许经营分店都能按统一的要求开展活动,麦当劳公司总部的管理人员还经常走访、巡视世界各地的经营店,进行直接的监督和控制。例如,一次巡视中发现某家分店自作主张,在店厅里摆放电视机和其他物品以吸引顾客,这种做法因与麦当劳的风格不一致,立即得到了纠正。除了直接控制外,麦当劳公司还定期对各分店的经营业绩进行考评。为此,各分店要及时提供有关营业额和经营成本、利润等方面的信息,这样总部管理人员就能把握各分店经营的动态和出现的问题,以便商讨和采取改进的对策。麦当劳公司的再一个控制手段,是在所有经营分店中塑造公司独特的企业文化。这就是大家熟知的"质量超群,服务优良,清洁卫生,货真价实"口号所体现的文化价值观。麦当劳公司的共享价值观建设,不仅在世界各地的分店,在上上下下的员工中进行,而且将公司的一个主要利益团体——顾客包括进这支建设队伍中。麦当劳的顾客虽然被要求自我服务,但公司特别重视满足顾客的要求,如为他们的孩子们开设游戏场所、提供快乐餐和企业生日聚会等,以形成家庭式的氛围。这样既吸引了孩子们,也增强了成年人对公司的忠诚感。

资料来源:http://blog.sina.com.cn/s/blog_44e2933d010007cp.html

## 二、分析题

### 案 例 一

问题:请结合该案例,试分析内部控制对企业的重要性,并阐释内部控制的现实意义。

2011年3月15日,据央视曝光,尽管双汇宣称"十八道检验、十八个放心",但按照双汇公司的规定，十八道检验并不包括"瘦肉精"检测，尿检等检测程序也形同虚设。此前，河南孟州等地添加"瘦肉精"养殖的有毒生猪顺利卖到双汇集团旗下公司。该公司市场部负责产品质量投诉及媒体宣传的工作人员则向记者回应说，原料在入厂前都会经过官方检验，央视所曝的"瘦肉精"事件，公司正在进行调查核实。

与此同时，农业部第一时间责成河南、江苏农牧部门严肃查办，严格整改，切实加强监管，并立即派出督察组赶赴河南督导查处工作。农业部还表示，将在彻查的基础上，责成有关地方和部门对相关责任人员进行严肃处理，并随后向社会公布结果。

受此影响，15日下午，双汇旗下上市公司——双汇发展跌停，并宣布停牌。17日晚间，双汇集团再次发表公开声明：要求涉事子公司召回在市场上流通的产品，并在政府有关部门的监管下进行处理。据了解，截至3月17日，已经控制涉案人员14人，其中养猪场负责人7人、生猪经纪人6人、济源双汇采购员1人。对于双汇发展的投资者来说，不幸只是刚刚开始，复盘后的双汇发展更是连续两天跌停。

瞬时间，双汇被推到风口浪尖之上。作为国内规模最大的肉制品企业，"瘦肉精"事件令双汇的声誉大受影响。继三鹿之后，又一国内重量级公司面临着空前的危机。

资料来源：https://wenku.baidu.com/view/de078dfd376baf1ffd4fad95html

## 案 例 二

问题：在这则案例中，顾客服务和营业收入都未能达到预期水平，而员工在抱怨公司付给他们的工资太少。到底哪方面出了问题？

在某大型电子零件批发公司的一家连锁商店里，刚出任经理的比尔正为一些事搞得心烦意乱。店里两位售货员，每天上午轮流去隔壁的自助餐厅喝咖啡、吃甜馅饼。因为少了一个售货员，顾客们在店里等候服务已经司空见惯。更令人头痛的是，这家零售商店的营业额一直达不到公司的平均水平。当比尔对售货员们谈及这两件事时，他们不屑一顾地答道："你看看公司付给我们多少工资！你还能要求什么？"

比尔对他们回应道："在我们讨论工资的事并且谈出点眉目来之前，有一件要紧的事，就是要你们明确知道我对你们的工作有什么要求。让我们来确定三件事。第一，在安排好的上班时间内，谁也不可以离开商店。当然，在你们的午餐时间里，你们爱干什么都行。第二，如果这家商店还要营业，不搬到别处去的话，我们每天的平均销售额应该是1 000美元。总公司的记录表明，每位顾客大约购买5美元的货，那就是说，一天要接待200位顾客。我们是两位售货员当班，平均一下，我要求你们每人每天接待100位顾客。第三，就是你们怎样来接待顾客，我希望你们做到一丝不苟、礼貌周到。他们想了解什么，你们要有问必答。这三件事你们清楚了吗？如果是这样的话，让我们来瞧一瞧你们的工资袋，看看出了什么毛病，想一想根据我们对这项工作提出的要求，应该干点什么事来跟那工资袋相称。你们考虑考虑。"

资料来源：https://wenku.baidu.com/view/ee060f4276eeaeaad0f33089.html

## 案 例 三

问题：
1. 请分析中航油新加坡公司发生巨亏的主要原因。
2. 这一案例反映了内部控制存在何种局限性？如何克服这一局限性？

3. 中航油作为母公司应从这一案例中吸取哪些教训?

2004年12月初,全球的财经媒体都在错愕中将注意力聚焦在一起爆炸性的事件上:一家被誉为新加坡最具透明度的上市公司,却因从事投机行为造成5.54亿美元的巨额亏损;一个在层层光环笼罩之下的海外国企"经营奇才",却沦为千夫所指的罪魁祸首。

分析人士认为,中国航空油料集团公司(简称中航油)新加坡公司的巨额亏损,有可能是其投机过度、监督不力、内控失效后落入了国际投机商设下的"陷阱"。中航油新加坡事件是一个内部控制缺失的典型案例。监控机制形同虚设,导致其违规操作一年多无人知晓。

中航油是经我国政府批准于2003年开始从事油品套期保值业务的,以后擅自扩大了业务范围,从事石油衍生品交易。相比套期保值业务,衍生品期权交易风险极大,且不易控制。不论是中航油内部,还是中航油集团,在内部控制和风险管理上都暴露出重大缺陷。

根据中航油内部规定,损失20万美元以上的交易,要提交公司风险管理委员会评估;累计损失超过35万美元的交易,必须得到总裁同意才能继续;任何将导致50万美元以上损失的交易,将自动平仓。在累计多达5亿多美元的损失之后,中航油新加坡公司才向集团公司报告,中航油新加坡公司经过批准的套期保值业务是中航油集团给其授权的,中航油集团事先并没有发现问题。

有一点可以肯定,和所有在衍生工具市场上发生的巨额亏损一样,中航油新加坡事件的根本原因在于其内部控制缺陷。不仅在衍生金融市场,在企业经营的其他领域也不乏其例。千里之堤,溃于蚁穴。无数的事实一再证明,缺乏有效的内部控制将会使一个个名噪一时的"企业帝国"崩塌于旦夕之间。

**资料来源:** http://3y.uu456.com/bp_5mciv5shhh97tl37ll8z_2.html

# 控制的技术与方法

### 知识目标

1. 了解控制的方法类型;
2. 理解各种控制方法的特点;
3. 掌握各种控制方法的运用。

### 能力目标

1. 会综合运用各种控制方法解决日常问题;
2. 能运用控制方法理论制订企业控制计划。

### 情感目标

1. 通过小组讨论、合作学习等方式培养学生完成控制的能力;
2. 通过本项目知识的学习,让学生感受控制技术与生活、生产的密切关系。

### 项目导入

#### 弹 性 时 间

凯西是华盛顿某政府机关办公室的管理人员。最近,她的下属职工们士气低落,原因是他们原先实行了弹性工作制,现又恢复了上午8时到下午4时半的传统工作制。

上级批准她的办公室实行弹性时间时,她郑重地宣布了弹性时间制度。上午10时到下午2时半为核心时间,每人必须上班;上午6时到下午6时可由个人自由选择上下班时间补足8小时。她相信职工是诚实的并且已经被激励,因此,没有制订新的控制系统。

一切工作进行顺利,士气旺盛。两年后,从会计办公室来了位审计员,调查凯西手下职工每人每天工作岗位时数,发现有两位雇员只在核心时间来工作已达两个月之久。凯西的部门经理看到审计员的报告后,命令凯西的办公室仍恢复一般传统工作制度。凯西非常不安,对她的职员很失望,她认为自己信任的人使她下不了台。

**资料来源:** http://www.btdcw.com/btd_1mzyv9rjwz8jj329nagm_6.html

**问题:** 控制系统的制订是否与激励员工士气相对立,为什么?凯西为了避免上述问题的发生应该采取什么样的措施?为什么?凯西的部门经理无视弹性工作时间带来的好处,而要求恢复传统工作制度,是否有道理?

## 任务一 人员与行为控制

### 分粥的故事

对权力制约的制度问题一直是人类头疼的难题。请看下边的这个小故事。有7个人组成了一个小团体共同生活,其中每个人都是平凡而平等的,没有什么凶险祸害之心,但不免自私自利。他们想用非暴力的方式,通过制定制度来解决每天的吃饭问题:要分食一锅粥,但并没有称量用具和有刻度的容器。

大家试验了不同的方法,发挥了聪明才智,多次博弈后形成了日益完善的制度。大体说来主要有以下五种:

方法一:拟定一个人负责分粥事宜。很快大家就发现,这个人为自己分的粥最多,于是又换了一个人,总是主持分粥的人碗里的粥最多最好。由此,我们可以看到,权力导致腐败,绝对的权力导致绝对的腐败。

方法二:大家轮流主持分粥,每人一天。这样等于承认了个人有为自己多分粥的权力,同时,给予了每个人为自己多分的机会。虽然看起来平等了,但是每个人在一周中只有一天吃得饱而且有剩余,其余6天都饥饿难挨。于是,我们又可得到结论:绝对权力导致了资源浪费。

方法三:大家选举一个信得过的人主持分粥。开始,这品德尚属上乘的人还能基本公平,但不久他就开始为自己和溜须拍马的人多分。不能放任其堕落和风气败坏,还得寻找新思路。

方法四:选举一个分粥委员会和一个监督委员会,形成监督和制约。公平基本上做到了,可是由于监督委员会常提出多种议案,分粥委员会又据理力争,等分粥完毕时,粥早就凉了。

方法五:每个人轮流值日分粥,但是,分粥的那个人要最后一个领粥。令人惊奇的是,在这个制度下,7只碗里的粥每次都是一样多,就像用科学仪器量过一样。每个主持分粥的人都认识到,如果7只碗里的粥不相同,他确定无疑将享有那份最少的。

**资料来源:** http://www.54lou.com/HuanJing-ShiPinKeXue/201612129067.html

**问题:** 结合以上案例,你认为企业如何进行人员与行为控制?

## 任务内容

### 一、人员控制

#### （一）人员控制的概念

管理控制中最主要的方面就是对人员进行控制。这是因为，任何组织当中最关键的资源都是人，任何高效的组织都配备着有能力高效地完成指派任务的优秀人员，这可以从周围许多组织的情况中得到证明。怎样选择人员？怎样使职工的行为更有效地趋向组织目标？这就涉及人员行为的控制问题。然而，人的行为是由人的思想、性格、经验、社会背景等多种因素综合作用的结果。而这些因素本身很难用精确的方法加以描述，这就使对人员行为的控制成了管理控制中相当复杂和困难的一部分。在这部分控制中，对人的行为和绩效进行评价最为困难。

对人员的行为和绩效进行评价之所以如此困难，主要因为对许多人来说，很难既客观又简明地建立起绩效判断的标准。对于生产物质产品的人，如装配工人、机械加工工人，可以按照他们所生产的产品数量和质量来衡量他们的绩效。但对于生产精神产品的人，如企业的管理人员、大学教师、政府工作人员等，有时就无法对他们的工作规定得十分清楚。因而，相当多的一部分评定几乎完全根据评定者的主观判断。这种判断极易产生评定偏差，最后导致人员行为的失控。

对绩效评定的另一个困难是，多数工作都需要有两个或两个以上的标准来衡量。例如，一个工人生产的产品数量可能超过了标准，但有些产品质量不合格。再如，大学教师要做三方面工作——教学、科研和育人，某人在某些方面可能相当出色，而在其他方面逊色较多，而且，他的成绩随时间变化而变。

#### （二）人员控制的方法

面对这些困难是否有良好的评价方法呢？人们在实践中不断探索，逐渐总结了一些可行的方法。尽管这些方法还存在一些缺陷，但是他们至少可以使管理工作者有了一些决策的依据。常用的绩效评定方法有以下五种。

**1. 鉴定式评价法**

这种方法是最简单、最常用的人员绩效评价方法。具体做法是：首先，评价者写一篇针对被评价者长处和短处的鉴定，评价者应对被评价者有很好的了解，能够客观地撰写鉴定；其次，管理者根据这种鉴定认定被评价者的优缺点。然而，在实际工作当中，上述基本假设有时并不能完全满足。况且，由于鉴定的内容不同，标准也不一致，所以，用此种方法只能给人一种初步的估计，完全依赖这种办法往往会造成评价的失误。这种方法适用于调换或任免等人事方面的决策工作。

**2. 实地审查法**

这种方法往往是复查的一种手段。当通过其他方法对被评价者有了初步的估计之后，为了核实这种估计的准确性，而到被评价者所在单位或工作现场实地进行调查了解。这时要召集当地评价者共同讨论，确定评价的统一标准。然后，对于这些评价者的不同意见加以审查。管理者在实地审查时能够发现这些评价者的态度，从而对被评价者有更加深入的了解。但是，这种方法将耗费相当多的时间和精力，因此，只适用于重要的人事决策工作。

**3. 强选择列表法**

这种方法是为了克服偏见和主观意念，建立比较客观的评价标准。具体做法是：管理者列出一系列有关被评价者的可能情况，然后，让评价者在其中选择最适合被评价者的条目，并打上标记。管理者据此加权评分，得分高者就是好的，得分低者就是差的。这种方法比较准确，但它只限于应用在性质类似或标准的工作，超出这个范围其准确性将大为降低。

**4. 成对列等比较法**

这种方法的特点是，把要评价的人员两两进行比较，即每个人都同所有的人比较一次，然后按照某种评价标准进行选择。例如，被评价者一年来对企业的贡献，或在工作中的开拓和进取精神等。在两两比较时，选择较好的一个打上标记。当全部比较完毕，标记最多者就是根据所定标准最出色的一人，而无标记者则是最差的一人。

**5. 偶然事件评价法**

采用此种方法时，管理人员要持有一份记录表，随时记录职工积极或消极的偶然事件，根据这种记录以便定期对职工的工作绩效进行评价。根据这种偶然事件进行评价比较客观，但关键是能否把职工的所有偶然事项全部记录下来。另外，对职工来说都有各种责任制，如果责任制所规定的工作标准得到职工的赞同，这种方法就能有效地调动职工的积极性，否则，职工还会有不公平感。这种方法和目标管理配合起来使用，可以有效地监控职工的工作。

除了上面介绍的几种对人的绩效评定方法外，还有一些类似的方法。这些方法的基本原则都是要尽量客观、准确地对人员绩效进行评价，以满足组织各方面工作对人的要求。

**（三）人员控制系统构成**

（1）人员控制系统主要由三部分构成：控制对象是员工的行为；控制主体是各级管理者；控制信息主要有岗位说明书、操作规程、人员履历、工作汇报、绩效考评信息等；控制方法包括直接监督、职位设计、人事调整、培训、股票期权、报酬、绩效考评、文化建设等。

（2）人员控制系统的功能主要表现在三个方面：为岗位或任务配备合适的人员；明确任务及偏差的责任人；调动员工士气，提高员工的执行能力和自我控制能力。

### 课堂练习

苏北某市是江苏最贫困的市之一。该市只有极个别具有高技术含量的企业，科创公司就是其中之一。它原是一家国有企业，主要生产变压器。但经营不佳，亏损严重。为了加快经济发展，市政府决定以比较低的价格将科创公司让民营企业家向科买断产权，组建股份有限公司。买断的条件是在原有的四百多个工人中，保留一百多个人。向科是一位十分精明能干且具有比较优良素质的企业家，受过高等教育，在特区搞过经营。接手后，他进行了两项改革：一是提高科技开发的投入比重；二是提高销售成本比例。前者由1%提高到5%，后者由3%提高到12%。两项措施都比较有力地推动了企业的经营。不过，这些高比例的销售费用中相当一部分被产品推销人员用来作为回扣或向有关人员送礼打开市场。向科认为，现在该企业的产品虽然在同行业中市场占有率不算最高，但前景很乐观。另外，在改制后的第二年，他解雇了原企业留下的部分工人。估计不需要多长时间，保留的一百多个工人中相当多的工人都要被解雇。

向科认为，他已陷入经济与道德、企业自身发展与履行社会责任的困境中。首先，作为本地的窗口企业，它的发展必将推动地域经济的发展，然而，提高销售成本会滋长企业经营中的一些不道德现象，形成不正当的竞争。其次，低价买断产权时，承诺接受一百多个工人，实践证明，相当一部分工人难以达到他的管理要求。于是，要么花大量经费培训这些工人，要么解雇他们。这样做，一方面不能履行改制时的承诺，另一方面会导致新的社会问题产生。为了本企业的发展，向科选择了后者。

**资料来源**：https://wenku.baidu.com/view/c2a3a6e9856a561252d36f81.html

**问题**：你认为，在这种困境中，经营者应当如何抉择？是否存在两全其美的措施？如果不行，选择解决问题的侧重点应在哪里？

## 二、行为控制

控制最终是通过人来实现的，除非控制能使人们改变行为，否则，控制难以奏效。虽然控制的标准来自组织的目标和计划，但是，只有当相关的管理人员或操作人员由于实行了控制而使其工作做得更好时，控制才算是有效的。因此，要使控制真正发挥作用，就必须认识和了解控制将会对人们的行为产生怎样的影响，以便促使人们对控制做出积极的反应。

### （一）行为控制的概念

行为控制是指基于直接的个人观察，对人们的具体活动进行控制。当工作成绩的要求或标准已众所周知而需要用个人观察来提高效率时，通常运用行为控制。

### （二）行为控制的影响因素

人们对标准的确定、业绩的衡量以及各种纠偏措施的反应实际上取决于各自的具体情况，并没有一个统一的标准。一个人对他的上级的印象、对工作的喜爱程度、自我实现的机会等都将影响他对控制活动的反应。一般情况下，人们对控制活动的不同反应，主要取决于以下四方面的原因。

（1）组织目标的接受程度。本质上说，控制活动就是推动人们向某一目标和方向花更多的精力，但是，组织成员对同一目标的认识和接受程度是千差万别的；而且，如果组织目标是多重的，那么情况会更加复杂。因而，目标的接受程度，特别是组织目标与组织成员个人需要的重合程度，就会直接影响人们对控制活动的反应状况。

（2）标准的合理化水平。经常出现的情况是，一个人可能会同意某一目标，但仍不愿接受某种控制，原因在于有关工作成交的标准定得不合理，而且，特别容易让人产生不满的是标准本身的不断变化。标准的合理化水平也取决于其执行情况，执行中应考虑到那些人们力所能及范围之外的事件也会影响实际工作绩效，如果生硬地执行标准，只需一两件"不公平"的处理就会引起人们对控制的持续厌恶。另外，标准的合理化水平也会受到控制频度的影响，大多数人可以承受对其工作的某些控制，但当他的工作受到各种报表和标准的检查越来越多时，情况就会发生变化，人们就会有种受压迫的感觉从而形成对标准合理性的质疑。

（3）衡量业绩是否恰当。当人们对业绩的衡量过程缺乏应有的信任时，控制也有可能引起不同部门间的冲突，进而促进人们对控制产生不良反应。在控制活动涉及许多部门和人员利益的情况下，保持业绩衡量的公正性，并注意不要因为控制工作而损害部门间的合作精神就显得非常重要。可以说，业绩衡量的恰当与否最直接地影响组织成员对控制的持续反应。

（4）来自组织传统的压力。人们对控制的反应也部分地取决于谁在试图实行控制，以及这种控制是否"合法"，而组织活动中"合法性"控制的基础主要来自组织长期形成的正式或非正式的传统，即组织的"社会结构"。一旦一个组织建立起其"社会结构"，人们就将对何种控制行为是"合法"的这一问题非常敏感。在实施控制的过程中，如果控制被人们认为是不合法的，就会引起强烈的反对。

## 课堂练习

一个中国人和一个德国人每天早餐都是一杯牛奶和一个鸡蛋，中国人把鸡蛋往锅里一放，然后出去洗漱或干点别的事情，等再回来鸡蛋就煮好了。但德国人会用一个差不多刚好装得下一个鸡蛋的专门容器，下面焊一托盘，然后加满水，1分钟水就开了，3分钟就关火。关火之后他利用余热再煮3分钟，把鸡蛋煮到刚刚达到营养价值最高的状态。接下来用凉水泡3分钟，使这个蛋很好剥皮，德国人认为这样做很标准。跟中国人相比，他们节约了4/5的水、2/3的热，同时还让鸡蛋达到了最高的营养价值。

资料来源：https://wenku.baidu.com/view/a02d32a57e21af45b207a832.html

问题：通过阅读以上案例，你得到了什么样的启示？

（三）行为控制的要领与方法

在组织运作过程中，不管人们对控制的反应如何，控制都是不可缺少的。为了使控制工作更为有效，就必须关注人们对控制的反应行为，尽量减少人们对控制的消极态度，促使人们形成对控制的积极态度，这也正是行为控制原理所要解决的问题。为了促使人们形成对控制的积极态度，一般应从以下四方面着手考虑。

（1）保持一种不带偏见的控制观。在控制过程中经常出现这种情况，一旦控制牵涉两个或两个以上的人时（特别是在纠正偏差的阶段），控制者往往会做出感情的反应，会从个人身上查找和思考人们为什么这样做，这种倾向可能在控制者和被控制者两者间都存在。这种情况的存在要求控制者必须学会采取一种客观的、不动感情的方法来分析问题产生的原因并寻找解决方案。当然，这也并非要求控制者对个人感情无动于衷，而只是强调控制者既要注意既定目标，也要考虑达到目标所必需的行动。控制者应该知道，控制只是发现问题的手段，使用这些手段的目的在于寻求解决办法，而不是责备人。

（2）鼓励下属参与制订标准。参与在使人们接受制定的目标、行动的标准和衡量业绩的方法等方面是非常有帮助的。当一个人真正地参与了制订组织目标、计划和标准时，他常常会在心理上觉得介入了该项工作，并由于对该项工作有了更充分的了解，变得愿意承担责任。因此，鼓励下属参与制订标准，是诱发人们对控制的积极反应的一项重要措施。

（3）运用"事实控制"，而不用主管的、权威的控制。所谓"事实控制"是指任何纠正偏差的控制行为都应根据某一特定环境中的事实提出来，而不应根据某一位负责监督的管理人员的权威或压力提出来。在很多情况下，使用详细的控制图和来自高层管理的压力，往往只能使工作绩效比平时稍好一些，并不足以达到理想的控制目标；而如果让人们充分了解实际情况，并对事实的要求做出反应，控制效果会好得多。更重要的是，运用事实控制还可以避免权威或压力控制导致的紧张情绪和不满，调动人们的工作热情。

（4）在实施控制中，应对个人需求和组织"社会结构"的压力具有敏感性。既然控制的"合法性"基础在于组织的"社会结构"，而且，个人需求直接影响人们对控制的反应，那么，在诱发人们对控制的积极反应时，就必须对个人需求的变化以及组织"社会结构"的压力保持高度敏感，尽量使控制行动与个人需求和"社会结构"相适应。

### 知识介绍

#### 行为控制手段

在实践中，管理者常常用以下的行为控制手段增大员工按期望的方式行事的可能性。

（1）甄选。识别和雇用那些有价值观、态度和个性符合管理当局期望的人。

（2）目标。当员工接受了具体的目标，这些目标就会指导和限制他们的行为。

（3）职务设计。职务设计的方式在很大程度上决定着人们可从事的任务、工作的节奏、人们之间的相互作用，以及类似的活动。

（4）定向。定向规定了员工的何种行为是可接受的或不可接受的。

（5）直接监督。监督人员亲临现场，可以限制员工的行为和迅速发现偏离标准的行为。

（6）培训。正式培训计划向员工传授期望的工作方式。

（7）传授。老员工正式和非正式的传授活动向新员工传递了"该知道和不该知道"的规则。

（8）正规化。正式的规则、政策、职务说明书和其他规章制度规定了可接受的行为和禁止的行为。

（9）绩效评估。员工会以使各项评价指标看上去不错的方式行事。

（10）组织报酬。报酬是一种强化和鼓励期望行为和消除不期望行为的手段。

（11）组织文化。通过故事、仪式和高层管理的表率作用，传递什么构成人们的行为的信息。

**资料来源：**［美］罗宾斯. 管理学［M］. 北京：清华大学出版社，2004：97-99.

### 课堂练习

"你能到我的办公室来一趟吗？罗比。"工厂经理托克问道。

"可以，马上就来。"罗比应答。

罗比是工厂质量管理部门的负责人，来公司工作已有四年时间。在大学拿到机械工程学位后，他先后当过生产工长和维修车间主任，而后提升到目前的职位。罗比心里明白托克的电话是为了什么。

"看到你的辞职信我很吃惊"，托克直截了当地说，"我知道威尔逊公司将得到一位好员工，但我们这里更需要你，真的，罗比。"

"关于这我想过很久，"罗比说，"可是在这儿好像没有我的前途。"

"你为什么这样说？"托克询问。

"噢，"罗比毫不掩饰地回答，"我上一级的职位是你的。你才 39 岁，我不认为你会马上离开这职位。"

"事实上我很快就离开，"托克告诉罗比说，"这是为什么我知道你提出辞职后会如此吃惊的原因。我想我明年 6 月份会调到公司总部任职。另外，公司有几个工厂比这大得多。不管是在质量管理方面还是在综合管理方面，那些工厂都不时地需要优秀的人手。"

"不错，我听说去年咱们公司在辛辛那提开办了一个厂，"罗比回应道，"但当我得知这消息时，职位都已经安排好了。我们只有在看到公司的报纸后才知道其他工厂的工作机会。"

"这些不是我们现在要谈的话题。罗比，告诉我，我们需要怎样做才能让你改变主意？"托克问道。

罗比显出无可奈何的样子回答道："我现在已没法改变主意了，因为我已经与威尔逊公司签订了合约。"

问题：从员工态度和人员发展方面，说说对员工行为的引导与控制对企业的重要性。

资料来源：张议元. 管理学[M]. 北京：清华大学出版社，2012：255.

## 任务二 作业控制

### 任务情境

#### 马格纳国际公司

马格纳国际公司是北美十大配件厂之一。这家加拿大公司生产 4 000 种零配件——从飞轮到挡泥板，一应俱全。它为几乎所有在美国设有工厂的大汽车制造商提供配件。例如，它是克莱斯勒汽车公司的最大配件供应商。

马格纳的高层管理当局长期以来力求使公司保持一种松散的结构，并给予各单位管理者充分的自主权。在 20 世纪 80 年代中期，该公司拥有亿万名员工，年销售额近十亿加元。员工们被组织到 120 个独立的企业中，每个企业都以自己的名义开展活动，但只设有一个工厂。马格纳公司的宗旨是，使各单位保持较小规模（不超过 200 人）以鼓励创新精神并将责任完全落实到工厂经理身上。当某个工厂争取到了超过其生产能力的业务时，马格纳公司不是扩大该工厂的规模，而是重新配置同样的生产设施，开办一个新的工厂。

这种结构在 20 世纪 80 年代运作得相当好，10 年内总销售额增长了 13 倍。工厂经理们以接近完全自治的方式，大胆地扩展他们的业务。他们不仅获得他们工厂的盈利，而且可以分享从他们的业务中分离出去的新建工厂的盈利。这样，不用公司出面干预，工厂经理们就会主动设立新厂，向外举债，并与汽车制造商签订供货合同。

但 1990 年泡沫破灭。那时，汽车的销售量大幅度下降。受扩张动机驱使的马格纳管理者给公司带来了十亿美元的新债务。1990 年，马格纳公司的销售额为 16 亿美元，而亏损达到 1.91 亿美元。公司陷入了严重的经营危机。

资料来源：http://3y.uu456.com/bp-c0630s11ss2707221q2ef768-3.html

问题：马格纳公司陷入困境的原因是什么？你认为马格纳公司应采取何种措施以走出困境？

# 任务内容

## 一、作业控制的概念

作业控制，通常又称生产调度，是指生产作业计划执行过程中，有关产品生产数量和进度的控制，其主要目的是保证完成生产作业计划所规定的产品产量和交货期限指标。作业控制是生产控制的基本方面，狭义的生产控制就是指生产作业控制。

## 二、作业控制的流程

控制的流程主要有以下三步。

（1）建立明确的控制标准。控制标准是工作成果的规范，是对工作成果进行计量的一些关键点。控制标准包括计划指标、各类和定额有关的技术标准和管理标准。

（2）根据标准衡量目标实施的成效。通过目标检查的反馈信息，把目标实施的实际结果同衡量标准进行比较，找出实际结果同衡量标准的偏差，并分析产生偏差的原因，以便找出消除偏差的措施。

（3）纠正实际结果同目标的偏差。根据产生偏差的原因，有针对性地采取措施，以纠正偏差，这是控制的重要工作。

以上三步是相互联系、相互制约的关系。没有标准就没有控制的依据；没有衡量成效、找出偏差，就没有控制的对象；没有纠正偏差的措施，也就无法进行控制。

## 三、作业控制的方法

广义上，作业控制通常包括生产进度控制、在制品控制、库存控制、生产调度等。

### （一）生产进度控制

生产进度控制是生产控制的基本方面，其任务是按照已经制订出的作业计划，检查各种零部件的投入和产出时间、数量以及产品和生产过程的配套性，保证生产过程平衡进行并准时产出。生产进度管理的目标是准时生产。

生产进度控制的目标在于依据生产作业计划，检查零部件的投入和生产数量、产出时间和配套性，保证产品能准时装配出厂。生产控制的核心就是进度管理，主要包括以下三点：

（1）投入进度控制，是进度控制的第一环节，指在产品生产中对产成品的投入日期、数量的控制，以及对原材料、零部件投入提前期的控制。

（2）工序进度控制指在生产中对每道工序上的加工进度的控制。

（3）产出进度控制指对成品的出产日期、出产数量的控制。

### （二）在制品控制

在制品是指从原材料、外购件等投入生产起，到经检验合格入库之前，存在于生产过程中各个环节的零部件和产品，通常分为毛坯、半成品、入库前成品和车间在制品。

在制品控制是企业生产控制的基础工作，是对生产运作过程中各工序原材料、半成品等在制品所处位置、数量、车间之间的物料转运等进行的控制。其工作内容主要包括以下四点：

（1）合理确定在制品管理任务和组织分工。

(2) 认真确定在制品定额,加强在制品控制,做好统计与核查工作。
(3) 建立、健全在制品的收发与领用制度。
(4) 合理存放和妥善保管在制品。

(三) 库存控制

库存控制是对制造业或服务业生产、经营全过程的各种物品、产成品以及其他资源进行管理和控制,使其储备保持在经济合理的水平线上。库存控制是使用控制库存的方法得到更高的盈利的商业手段。库存控制室是仓储管理的一个重要组成部门。它是在满足顾客服务要求的前提下,通过对企业的库存水平进行控制,尽可能降低库存,提高物流系统的效率,以增强企业的市场竞争力。

企业的生产要正常连续地进行,供应流不能断,需要一定的库存,但库存占用了大量的流动资金。库存增加,不仅占用生产面积,还会造成保管费用上升、资金周转减慢、材料腐烂变质等;库存过少又容易造成生产过程因停工待料而中断,产成品因储备不足而造成脱销损失,等等。所以,做好库存控制是非常重要的。

库存控制主要需要解决这些问题:哪些物品要有库存?哪些应多存?哪些应少存?何时订货?订多少?

(1) 库存物品。企业生产所需物品应根据数量和资金占用等情况分别对待,其中常用的方法是 ABC 分类法。ABC 分类法是根据"80/20 原则"制订的,其基本思想是少数的关键因素起决定性作用。A 类资金占用比重很大,但品种较少;C 类则相反,品种较多,但资金占用比重很小;B 类介于两者之间。通过分类,对各类物品实行不同的管理。A 类是库存控制的重点,应严格控制库存数量,严格盘点,缩短采购间隔期,以利于加速资金周转;C 类可适当延长采购间隔期,简化管理;B 类控制方式可根据具体情况,采取适当的管理方式。

(2) 库存量控制。库存量的控制要考虑总体采购资金、服务质量等因素。企业可控制采购间隔期或采购批量来满足需要,也可设定一个订货点来进行控制,当库存量低于订货点时就需要订货了。

(3) 适时适量生产方式。虽然库存被认为是必需的,但库存给许多企业带来了极大的烦恼。基于此,日本丰田汽车公司的准时生产在这方面做出了良好的榜样,甚至被称为"零库存生产方式"。适时适量生产方式用"拉动式"的"看板管理"在生产现场控制生产进度,使之达到准时生产的目的。"拉动式"生产方式根据市场需求制订生产计划后,只对最后的生产工序工作中心发出指令,最后的生产工序工作中心根据需要向它的前道工序工作中心发出指令,这样按反工艺顺序逐级"拉动"。在生产现场,其"拉动"靠"看板"来实现,每一张看板代表一定的数量,很容易计算和检查。它实际上是将库存放在现场,由看板数量确定各零配件的库存数量,每当生产运行平稳后,就减少一些看板数量,使得生产中的一些问题暴露出来,从而采取措施,加以改进。

(四) 生产调度

生产调度是组织执行生产进度计划的工作,包括对生产计划的监督、检查和控制,发现偏差及时调整的过程。生产调度以生产进度计划为依据,生产进度计划通过生产调度来实现。

生产调度工作的主要内容如下。

(1) 检查、督促和协助有关部门及时做好各项生产作业准备工作。

（2）根据生产需要合理调配劳动力，督促检查原材料、工具、动力等的供应情况和厂内运输工作。

（3）检查各生产环节的零件、部件、毛坯、半成品的投入和产出进度，及时发现生产进度计划执行过程中的问题，并积极采取措施加以解决。

（4）对轮班、昼夜、周、旬或月计划完成情况的统计资料和其他生产信息进行分析研究。

生产调度工作的基本要求是快速和明确，因此，生产调度必须以生产进度计划为依据；必须高度集中统一；要以预防为主；要从实际出发，贯彻群众路线。

### 课堂练习

格雷格担任这家工厂的厂长已一年多了。他刚看了工厂有关今年实现目标情况的统计资料。厂里各方面工作的进展是出乎意料的，他为此而气得说不出一句话来。记得他任厂长后第一件事是亲自制订工厂一系列工作的计划目标。具体地说，他要解决工厂的浪费问题，要解决职工超时工作的问题，要减少废料的运输费用问题。他具体规定：在一年内要把购买原材料的费用降低10%~15%；把用于支付工人超时的费用从原来的11万美元减少到6万美元；要把废料运输费用降低3%。他把这些具体目标告诉了下属有关方面的负责人。

然而，他刚看过的年终统计资料大出他的意料。原材料的浪费比去年更严重，原材料的浪费率竟占总额的16%；职工超时费用亦只降到9万美元，远没达到原定的目标。运输费用也根本没有降低。

他把这些情况告诉负责生产的副厂长，并严肃地批评了这位副厂长。而副厂长则争辩说："我曾对工人强调过要注意减少浪费的问题，我原以为工人也会按我的要求去做。"人事部门的负责人也附和着说："我已经为削减超时的费用做了最大的努力。只对那些必须支付的款项才支付。"而负责运输方面的负责人则说："我对未能把运输费用减下来并不感到意外，我已经想尽了一切办法。我预测，明年的运输费用可能要上升3%~4%。"

在分别与有关方面的负责人交谈之后，格雷格又把他们召集起来布置新的任务，他说："生产部门一定要把原材料的费用降低10%，人事部门一定要把职工超时费用降到7万元；即使运输费用要提高，但也绝不能超过今年的标准。这就是我们明年的目标。我到明年再看你们的结果！"

资料来源：https://wenku.baidu.com/view/c4536710866fb84ae45c8d2b.htmlfrom=search

问题：谁应该对目标未实现负责？格雷格厂长犯了什么样的错误，他制订的新目标能否实现？怎样才能实现格雷格厂长的目标？

## 任务三 预算控制

### 任务情境

#### 一份年度预算

张海是某地区一个小镇的镇长，他给小镇各业务部门起草了一份年度预算。在预算中，他把各部门的费用平均分配到十二个月里。过了半年，自来水厂从预算中省下了不少钱。与此同时，公路保养部门却大大地超支了。张海尖锐地批评了保养公路的管理人员在控制使用预算上没有尽力，然而，在解决问题时，他提议把自来水厂积余的部分转到公路预算上，以此来平衡这一年度的开支。李宏是公路管理人员，他说自己完全有理由为超支辩解。苏丽是自来水厂的主管，她坚决反对从预算中挪走那笔资金。

资料来源：http://3y.uu456.com/bp_72xx52ivpj92i2p9mdep_3.html

问题：公路管理人员有哪些理由为自己辩护？

## 任务内容

预算既是传统控制方法的继续沿用，又是一般组织运用最广泛的一种控制方法。它与组织的计划工作联系在一起，构成了组织的一项非常重要的管理工作。组织管理中最基本、最广泛运用的控制方法就是预算控制方法。

### 一、预算控制的概念与作用

（一）预算与预算控制的概念

预算是政府部门和企业组织使用最广泛的控制手段。政府部门通过金额来反映政府财政收支计划，企业则通过金额和数量反映企业的各项计划。因此，预算是对一定时期内组织的资金来源和资金使用的综合计划，是用货币量来表示的数字化的计划。我国与西方习惯使用的"预算"在概念上有所区别。在我国，"预算"一般是指经法定程序批准的政府部门、企业和事业单位在一定期间的收支预计；而西方的"预算"概念不仅包括金额方面的预计，还包含计划的数量说明。

预算控制是指通过编制预算，然后以其为基础，来执行和控制组织运行，并比较预算与实际的差异，分析差异产生的原因，然后对差异进行处理的各项活动。预算的编制与控制过程是密切联系的。预算本身就是业务活动的标准，编制预算就是控制过程中的第一步骤——制订标准；根据所编制的预算与组织经营活动的实际结果对比以发现差异，衡量实际的业绩，就是控制过程中的第二步骤——衡量绩效；而对差异的原因进行分析，并对差异进行处理，就是控制过程中的第三步骤——纠正偏差。

预算控制还可以清楚地表明计划与控制的紧密联系。预算是计划的数量表现，预算的编制是作为计划过程的一部分开始的，而预算本身是计划过程的终点，是一种转化为控制标准的计划。

（二）预算控制的作用

（1）保证企业资金的周转。资金预算管理是企业赖以生存的主要手段。如果企业的资金预算出现问题，就可能导致资金周转不灵的情况发生。实践证明，实施资金预算管理后，有助于企业管理层面通过成本费用、部门费用以及财务指标，准确掌握企业当前的运营状况以及盈利状况，并根据企业发展的实际需要，采取调整费用支出方面的措施与办法，从而达到对资金有效控制的目的。除此之外，管理人员通过实施调整资金投入、产品生产与销售的措施与方案，确保资金的支出与投入更加科学、合理，从而在很大程度上加强了资金使用的效率。与此同时，使企业的资金运行更加灵活，从而减小了经济风险的概率。

（2）有利于企业的可持续发展。企业战略目标实现的全过程都需依靠全面预算管理，因为其本身就贯穿于整个战略目标的实现阶段之中。企业通过全面预算管理模式，才能将成本控制与精细化管理真正进行。例如，通过编制收入成本预算、现金流预算、专项资金预算等预算控制体系，从预算的量化方式优化配置自身的各种资源。与传统的粗放型管理模式相比，其精细化、规范化、数据化的特点对于整个管理有一个总体把握，而且，是从大处着眼、从小处着手，不但可以及时通过分析了解其发展情况，而且，可以根据细致化的数据库来理解将来的发展战略方向。这种反馈型的管理有助于企业更好地利用自身资源，从而真正降低整个成本，提高整个企业的管理水平。

（3）提高部门、员工的工作效率。企业的发展离不开各部门的积极参与，但是，更需要各部门之间及时沟通、协调矛盾，做到通力合作。每个公司都分设不同的部门，这些部门的工作性质与内容各不相同，往往因为考虑问题的方式不同，产生一系列的问题。例如，生产部制订了庞大的生产计划，以提高企业的生产力，并需要大量的资金来支持，但是，财务部结合公司财务状况，认为资金欠缺，不能满足生产部的要求。再如，销售部制订了庞大的销售计划，但是，生产部认为生产力不足，不能及时供应货物，达不到销售部的要求。这两种情况下，都会引发部门之间的内部矛盾。通过制订财务预算，能够在各部门规划的基础上，权衡利弊，做出积极的应对方案，协调部门之间的关系和利益。因此，财务预算是部门协调工作的催化剂。

### 课堂练习

程某是一家有一定规模的中小企业的经营者，这几年在艰难的创业过程中渡过了一个又一个难关，克服了一个又一个困难，及时抓住了市场机遇，使企业在很短时间内得以迅速成长壮大。但是，随着企业规模的不断扩大，管理上常显得捉襟见肘。例如，明明账上有利润，但在接一项重要订单时，突然发现资金周转不过来。又如，在进行某一业务时，总认为会有一定的利益，但结果往往与预想不符。

同时，李某经营着一家化工厂，生意做得红红火火，有了一定的资金积累。这几年看到房地产赚钱，于是投资办了一家房地产公司，但楼盖到一半，突然发现钱不够用。其原因是：每一项工程费用都超出计划费用，原已筹集的资金已不敷使用，而银行看到该公司停工，也不再提供贷款，原来的贷款又到了期。李某焦头烂额。

资料来源：http://www.docin.com/p-1038992225.html

问题：以上两个案例的发生原因是什么？产生这些问题的症结到底在哪儿？

## 二、预算控制的类型

预算在形式上是一整套预计的财务报表和其他附表。按照不同的内容，可以将预算分为经营预算、投资预算和财务预算三大类。

### （一）经营预算

经营预算是指企业日常发生的各项基本活动的预算。它主要包括销售预算、生产预算、直接材料采购预算、直接人工预算、制造费用预算、单位生产成本预算、推销及管理费用预算等。

（二）投资预算

投资预算是对企业的固定资产的购置、扩建、改造、更新等，是在可行性研究的基础上编制的预算。它具体反映在何时进行投资、投资多少、资金从何处取得、何时可获得收益、每年的现金净流量为多少、需要多少时间回收全部投资等。由于投资的资金来源往往是影响企业决策的限定因素之一，而对厂房和设备等固定资产的投资往往需要很长时间才能回收，所以，投资预算应当力求和企业的战略以及长期计划紧密联系在一起。

（三）财务预算

财务预算是指企业在计划期内反映有关预计现金收支、经营成果和财务状况的预算，主要包括"现金预算""预计损益表"和"预计资产负债表"等。必须指出的是，前述的各种经营预算和投资预算中的资料，都可以折算成金额反映在财务预算内。这样，财务预算就成为各项经营业务和投资的整体计划，故亦称"总预算"。不同企业，由于生产活动的特点不同，预算表中的项目会有不同程度的差异。但一般来说，预算内容主要涉及五方面：收入预算、支出预算、现金预算、资金支出预算、资产负债预算等。

### 三、危险倾向

预算工作中存在着一些使预算控制失效的危险倾向。预算过繁是一种危险。由于对极细微的支出也做了琐细的规定，使主管人员管理自己部门需要的自由都丧失了。所以，预算究竟应当细微到什么程度，必须联系授权的程度进行认真酌定。过细过繁的预算等于使授权名存实亡。预算工作中的另外一种危险倾向，是让预算目标取代了企业目标，也就是说，发生了目标的置换。在这种情况下，主管人员只是热衷于使自己部门的费用尽量不超过预算的规定，但忘记了自己的首要职责是千方百计地实现企业的目标。例如，某个企业的销售部为了不突破产品样本的印刷预算，在全国的订货会上只向部分参加单位提供了产品样本，因此，丧失了大量的潜在用户，失去了可能的订货。目标的置换通常是由以下两个方面的原因引起的。

（1）没有恰当地掌握预算控制的度。例如，预算编制得过于琐细，或者制定了过于严厉的制裁规则以保证遵守，还可能制订了有较大吸引力的节约奖励措施，以刺激主管人员尽可能地压缩开支。

（2）为职能部门或作业部门设立的预算标准，没有很好地体现计划的要求，与企业的总目标缺乏更直接、更明确的联系，从而使得这些部门的主管人员只是考虑如何遵守预算和程序的要求，而不是从企业的总目标出发考虑如何做好自己的本职工作。为了防止在预算控制中出现目标置换的倾向，一方面，应当使预算更好地体现计划的要求；另一方面，应当适当掌握预算控制的度，使预算具有一定的灵活性。预算的详细程度和预算控制的严格度都有一个合理的限度，一旦超出了这个限度，预算控制就会背离其目的走向反面。

预算工作中经常可以见到的另一种潜在危险是效能低下。预算有一种因循守旧的倾向，过去所花费的某些费用，可以成为今天预算同样一笔费用的依据。如某个部门曾支出过一笔费用购买物料，这笔费用就成了今后预算的基数。此外，主管人员常常知道在预算的层层审批中，原来申请的金额多半会被削减。因此，申报者往往将预算费用的申请金额有意扩大，远远大于实际需要，所以，必须有一些更有效的管理方法来扭转这种倾向，否则，预算很可能会变成掩盖懒散、效率低下的主管人员的保护伞。这样的方法一种是编制可变预算，另一种就是"零基预算法"。

### 四、预算编制的程序

在现代管理系统中，预算一般由组织的高层管理人员与控制人员制订，然后传达给下级管理人员和员工。预算编制的程序一般包括以下六个步骤。

（1）组织下属各职能部门制订本部门的预算方案，呈交给上级负责人审核。

（2）各归口负责人对所属部门的预算草案进行综合平衡，并制订本系统的总预算草案。

（3）各系统将其预算草案呈交预算委员会（一般由高层领导和有关专家组成）审核，进行综合平衡。

（4）预算委员会审核各系统预算草案，并在与高层管理者进行协调和综合平衡后，拟订出本组织的预算方案。

（5）预算委员会与最高决策人磋商，拟订出整个组织的预算方案。

（6）预算委员会将整个组织的预算方案提交总经理或董事会审批，审批后再逐级返回去。下属各部门得到的是经过平衡、有所变动的最终部门预算。

## 知识介绍

### 会议成本分析制度

会议成本分析制度是日本太阳工业公司的预算方法。日本太阳工业公司为提高开会效率，实行开会分析成本制度。每次开会时，总是把一个醒目的会议成本分配表贴在黑板上。成本的算法是：会议成本=每小时平均工资的3倍×2×开会人数×会议时间（小时）。公式中平均工资乘3，是因为劳动产值高于平均工资；乘2是因为参加会议要中断经常性工作，损失要以2倍来计算。因此，参加会议的人越多，成本越高。有了成本分析，大家开会的态度就会慎重，会议效果也十分明显。

资料来源：http://3y.uu456.com/bp_9q0bl258i79x6b7430xh_1.html

### 五、预算控制的方法

（一）增量预算法与零基预算法

增量预算法是指在上年度预算实际执行情况的基础上，考虑了预算期内各种因素的变动，相应增加或减少有关项目的预算数额，以确定未来一定期间内收支的一种预算方法。

零基预算法是指对所有的单位收支，完全不考虑以前的水平，重新以零为起点而编制的一种预算方法。零基预算在编制年度预算时，对各项预算支出均不以上年预算为基数，一切从零开始，按日常经费和专项经费两部分重新核定，做到该保留的保留，应取消的取消，确需增加的予以增加。这种预算不对历史基础数据做修修补补，而是重新审查每项活动对实现目标的意义和效果，消除今年存在的费用支出在下一年度就一定存在的习惯性心理。然后，在成本效益分析的基础上，重新排出各项目的优先次序，并据此决定资金和其他资源的分配。

在实际编制中，增量预算法和零基预算法可以根据不同项目的需要结合使用。例如，人员工资、租赁费等使用增量预算法；资本性的支出，家具、设备等的添置，则应使用零基预算法。

运用增量预算法与零基预算法编制预算，在操作上需要把握好以下四个步骤：

（1）列出所有预算项目，即需要花钱的项目，逐一分析其必要性。

（2）在分析的基础上确定哪些项目是必须保留的。

（3）对保留安排预算的项目进行排序，一般按照轻重缓急的顺序权衡轻重，区分层次，确定先后次序。

（4）有序地分配资金，编制预算。

（二）固定预算法与弹性预算法

固定预算，又称静态预算，是以预算期内正常的、可实现的某一业务量水平为基础来编制的预算。用这个方法做出来的预算，算多少是多少，一般情况下，金额都不变。所以，适用于固定费用或者数额比较稳定的预算项目。弹性预算法是指在按照成本（费用）习惯性分类的基础上，根据量、本、利之间的依存关系，考虑到计划期间内业务量可能发生变动，编制出一套适应多种业务量的费用预算方法。对于固定性成本（费用）采用固定预算法，对于变动性成本（费用）采用弹性预算法。

（三）定期预算法与滚动预算法

定期预算法以不变的会计期间作为预算期。多数情况下该期间为一年，并与会计期间相对应。滚动预算法在编制预算时，将预算期与会计期间脱离，随着预算的执行，不断地补充预算，逐期向后滚动，使预算期间始终保持在一个固定的长度（一般为 12 个月）。

### 课堂练习

一家生产慢跑鞋、网球鞋等运动鞋的公司发现它的一些主要竞争对手在和它进行一场价格大战。为了弥补降低了的销售收入，公司经理安排了削减成本的计划，计划主要由三部分组成，主要目标是减少原材料成本的10%、生产成本的15%以及销售成本的5%。

资料来源：http://www.tceic.com/lii116khh8l67i1ilgj6h828.html

问题：公司打算用哪种控制手段来达到这些目标？

## 任务四　综合控制方法

### 任务情境

#### 哈勃太空望远镜

经过长达 15 年的精心准备，耗资 15 亿美元的哈勃太空望远镜终于在 1990 年 4 月发射升空。但是，美国国家航天局（以下简称 NASA）仍然发现望远镜的主镜片存在缺陷。直径达 94.5 英寸的主镜片的中心过于平坦，导致成像模糊。因此，望远镜对遥远的星体无法像预期那样清晰地聚焦，结果造成一半以上的实验和许多观察项目无法进行。

更让人觉得可悲的是，如果有一点更细心的控制，这些是完全可以避免的。镜片的生产商珀金斯–埃默公司，使用了一个有缺陷的光学模板来生产如此精密的镜片。具体原因是，在镜片生产过程中，进行检验的一种无反射校正装置没设置好。校正装置上的1.3毫米的误差导致镜片研磨、抛光成了误差形状。但是，没有人发现这个错误。具有讽刺意味的是，与其他许多NASA项目所不同的是，这一次并没有时间上的压力，而是有足够充分的时间来发现望远镜上的错误。实际上，镜片的粗磨在1978年就开始了，直到1981年才抛光完毕，此后，由于"挑战者号"航天飞机的失事，完工后望远镜又在地上待了两年。

NASA中负责哈勃项目的官员，对望远镜制造中的细节根本不关心。事后，航天局中一个6人组成的调查委员会的负责人说"至少有三次明显的证据说明问题的存在，但这三次机会都失去了"。

资料来源：http://3y.uu456.com/bp_0tnjp7s27r9acj39pw5t_1.html

问题：哈勃太空望远镜的问题为什么没有得到及时解决？

## 任务内容

综合控制方法与人员控制方法和预算控制方法的差别在于它的适用范围较宽，几乎在任何种类的管理控制中都可采用。例如，资料设计法可以帮助各层管理人员收集控制资料，审计法可以帮助管理人员正确地控制各种工作，使其符合标准。

### 一、资料设计法

资料设计就是设计一个专门的系统或程序，以保证为各种职能或各层管理人员提供最必需的资料。缺乏必要的信息就无法进行控制，但信息太多，又不加处理和选择，就会产生信息消化不良症，使领导淹没在浩如烟海的资料报表之中。一个管理人员只需要那些对实际工作有价值的与达成目标有关联的信息，这些信息能够指出何处没有达成目标，其原因是什么，以及与工作计划有关的社会、经济、政治、技术和竞争等信息。为此，我们对各种管理人员所需要的信息要加以事先的筹划设计。各种管理人员需要些什么资料，这些资料应当如何搜集，如何汇总处理，这就是资料设计。例如，一个厂长并不需要下层向他提供所有的报表，通常由他指定提供几项即可，当文件很多时，就请秘书划出他所要看的部分。

### 二、审计法

审计是通过对反映组织的资金运动过程及其结果的会计记录及财务报表进行审核、鉴定，以判断其真实性和可靠性，从而为控制和决策提供依据。审计法是一种常用的控制方法，其分为三种主要类型，即外部审计、内部审计和管理审计。

#### （一）外部审计

外部审计是由非本组织成员的外部专门审计机构和审计人员，如国家审计部门、会计师事务所，对本组织的财务程序和财务经济往来进行有目的的综合检查审核，对企业财务报表及其反映的财务经济往来进行有目的的综合检查审核，对企业财务报表及其反映的财务状况做出独立的评估。为了检查财务报表及其反映的资产与负债的账面情况与企业真实情况是否相符，外部审计人员需要抽查企业的基本财务记录，以验证其真实性和准确性，并分析这些记录是否符合公认的会计准则和记账程序。

（二）内部审计

内部审计是对公司本身的计划、组织、领导和控制过程进行的阶段性评估。公司可以对很多因素做出评价，如财务的稳定性、生产效率、销售效果、人力资源开发、盈利增长、公共关系、社会责任或其他有关组织效果的指标。审计涉及公司的过去、现在和未来。内部审计可以由财务部门的指定人员作为一项独立任务来完成。在规模较大的组织里，也可以由一个专职的内部审计小组来进行。

（三）管理审计

管理审计是对组织的各项职能以及战略目标进行的全面审计。管理审计既可以由内部的有关部门进行，也可以聘请外部的专家来进行。它通过利用公开记录的信息，从反映企业管理绩效及其影响因素的若干方面入手，将企业与同行业其他企业或其他行业的著名企业进行比较，以判断企业经营与管理的健康程度。

### 课堂练习

唐太宗贞观年间，长安城西的一家磨坊里，有一匹马和一头驴子。它们是好朋友，马在外面拉东西，驴子在屋里推磨。贞观三年，这匹马被玄奘大师选中，出发经西域前往印度取经。

17年后，这匹马驮着佛经回到长安，它重到磨坊会见驴子朋友。老马谈起这次旅途的经历：浩瀚无边的沙漠，高入云霄的山岭，凌峰的冰雪，热海的波澜……那些神话般的境界，使驴子听了大为惊异。驴子惊叹道："你有多么丰富的见闻啊！那么遥远的道路，我连想都不敢想。""其实，"老马说，"我们跨过的距离是大体相等的，当我向西域前行的时候，你一步也没停止。不同的是，我同玄奘大师有一个遥远的目标，按照始终如一的方向前进，所以，我们打开了一个广阔的世界。而你被蒙住了眼睛，一生就围着磨盘打转，所以，永远也走不出这个狭隘的天地。"

资料来源：http://www.mofangge.com/html/qDetail/01/c3/201408/n82sc301185858.html

问题：以上的寓言故事给你带来了什么样的管理启示？

### 三、全面质量管理

全面质量管理（Total Quality Management，TQM）是组织为了保证和提高产品质量，综合运用一整套质量管理体系、手段和方法所进行的系统管理活动。具体来说，就是组织召集全体员工和有关部门参加，综合运用现代科学和管理技术成果，控制影响产品质量的全过程和各因素，最经济地研制、生产和提供用户满意的产品的系统管理活动。

全面质量管理有以下特点：全面质量管理的对象——"质量"的含义是全面的，即不仅要管产品质量，还要管产品质量赖以形成的工作质量；全面质量管理的范围是全面的，即要求实现全过程的管理，要求把不合格品消灭在它的形成过程中，做到防检结合、预防在先，并从全过程各环节致力于质量的提高；全面质量管理要求参加质量管理的人员是全面的，即全员性的质量管理；全面质量管理用以管理质量的方法是全面的，采取的管理手段不是单一的，而是综合运用质量管理的管理技术和管理方法，组成了多样化的、复合的质量管理方法体系。

### 课堂练习

纽约市公园及娱乐部的主要任务是负责城市公共活动场所（包括公园、沙滩、操场、娱乐设施、广场等）的清洁和安全工作，并增进居民在健康和休闲方面的兴趣。

市民将娱乐资源看作重要的基础设施，因此，公众对该部门的重要性是认同的。但是，采用何种方式实现其使命，及该城市应投入多少资源去实施其计划很难达成共识。该部门面临着管理巨大的系统和减少的资源的难题。和美国的其他城市相比，纽约市的计划是庞大的。该部门将绝大部分资源投入现有设施维护和运作中，尽管为设施维护和运作投入的预算从1994年到1995年削减了4.8%。

为了对付预算削减，并能维持庞大复杂的公园系统，该部门的策略包括：与预算和管理办公室展开强硬的幕后斗争，以恢复一些已削减的预算；发展公司伙伴关系以取得更多的资源等。除了这些策略，该组织采纳了全面质量管理技术，以求"花更少的钱干更多的事"。

在任何环境下产生真正的组织变化都是困难的，工人们会对一系列的管理措施产生怀疑。因此，该部门的策略是将全面质量管理逐步介绍到组织中，即顾问团训练高层管理者让他们接受全面质量管理的核心理念，将全面质量管理观念逐步灌输给组织成员。这种训练提供了全面质量管理的概念，通过选择质量改进项目和目标团队方法，管理质量团队并建立了全面质量管理组织。虽然存在问题，但这些举措使全面质量管理在实施的最初阶段便获得了相当的成功。

有关分析显示了该部门实施全面质量管理所获得的财政和运作收益。启动费用是22.3万美元，平均每个项目2.3万美元，总共节省了71.15万美元，平均每个项目一年节约了7.1万美元。这个数字不包括间接和长期收益，只是每个项目每年直接节约的费用。

在全面质量管理技术执行五年后，情况出现了变化。该部门是政治任命的，以前的官员落选了，新一任官员就任后，全面质量管理执行计划被搁浅了。新上任的官员将其前任确立的全面质量管理策略看作他能够忽视的其前任的优势。大部分成员没有完全理解或赞成全面质量管理理念，认为只是前任遗留下来的东西。但是，新任同样面临着削减的预算和庞大的服务系统的问题，但没有沿用前任采取的工具，其采用的是私有化、绩效管理等手段。

资料来源：http://3y.uu456.com/bp_9l7lu9a4uh3fre38i3rc_1.html

问题：如何看待全面质量管理的作用？其推广的核心力量是什么？试结合案例谈谈你对全面质量管理的认识。

### 四、损益控制法

损益控制法是根据一个组织的损益表，对其经营和管理绩效进行综合控制的方法。由于损益表能够反映该企业在一定期间内收入与支出的具体情况，从而有助于从收支方面说明影响企业绩效的直接原因，并有利于从收入与支出的方面进一步查明影响利润的原因。所以，损益控制的实质，是对利润和直接影响利润的因素进行控制。显然，如果损益表能采取预测的形式，将会使控制更为有效。

由于损益控制法的优点，使得一些以职能制和专业化原则为基础组织的企业，在其内部的各部门之间也实行损益控制。例如，在一些大型机械制造企业中，将铸造、热处理、钣金、机加工、装配车间也看作"利润中心"。铸造车间将铸件"出售"给机加工车间，而后者将它的半成品"出售"给装配车间；装配车间再将产成品"出售"给销售部门；最后，由销售部门出售给客户。严格地说，这种形式的利润中心只是一种"模拟利润中心"，相应的损益控制应当称为"模拟损益控制"。这种情况下，"利润"是根据预先制订的"内部转移价格"来计算的。这种"模拟损益控制"的好处是，可以强化企业内部各部门的经济责任，强化各部门主管人员的成本意识和质量意识，使部门的目标与组织的目标取得较大程度上的一致性。

当然，这种做法也存在一些缺点。一个主要的缺点是，内部转移价格的制订和核算工作要花费大量的精力，而且很难完全准确，从而使内部利润并不能真正反映一个部门的工作绩效，结果形成"假账真算"，失去了应有的控制作用。所以，"模拟损益控制"只适用于产品比较单一、生产相对稳定、管理基础工作较好的企业，而一般不适用于政府部门或者企业的职能管理部门。

### 五、管理信息系统

管理信息系统指一个由人、计算机等组成的、能进行管理信息的收集、传递、存储、加工、维护和使用的系统。管理信息系统以管理为基础，通过系统的观点、数学的方法、计算机和通信技术的应用，形成一个纵横交织的系统，是组织整体管理系统的有机组成部分。健全的管理信息系统可以监测组织的各种运行情况，利用过去的数据预测未来，从全局出发辅助组织进行决策，利用信息控制组织的行为，以期达到组织的计划和目标。

在执行控制职能的过程中，不掌握信息搜集与处理的方法与技术，管理者就无法有效执行控制职能。这是因为：一方面，现代社会，经济和科学技术迅速发展，进入"信息爆炸时代"，管理者所接收的信息的数量急剧增加；另一方面，管理者与"具体事务"打交道的机会越来越少，而更多的是与事务的"信息"打交道。因此，客观上要求把各部门、各环节的分散信息集中起来，建立一个管理组织信息的整体系统，科学地处理信息，以便高质量、更有效地向管理者提供决策与指挥信息。

### 课堂练习

某公司新产品研制均由产品设计工艺负责人负责，从研制到投产的所有技术问题均由他一个人负责。审核员想了解对产品工艺的有关规定，经理说："这些东西都在产品设计工艺负责人脑子里，为了保密，只在个人的笔记本里有记录，没有整理成文件。"审核员要求查看笔记本，经理拿来一个项目的笔记本，审核员看到上面密密麻麻写了很多的内容，多是平时做试验的记录，没有一定的格式。审核员问经理："你看得明白吗？"经理说："都是当事人自己记的，我一般不看他们的记录，一切由产品设计工艺负责人自己负责。"审核员看到该公司多数的研制人员都是原来从研究所出来的，平均年龄大概在50岁。审核员问："这些笔记本以后上交吗？"经理："没有明确的规定。"审核员："如果设计人员不在了怎么办？"经理："不知道，好多年来都是这么规定的，没考虑以后的事。"

资料来源：https://zhidao.baidu.com/question/429515483.html
问题：你如何评价该公司的做法？该公司在管理方面存在哪些问题？

## 任务五 实训任务

### 一、走访调查

把全班分成若干小组，每组 5～7 人，以小组为单位对某一企业的质量监督经理、质量监督助理和质量监督员的工作职责做市场调查，并分别做记录，充分了解他们的工作内容和工作职责。

要求：将调查结果进行分类、汇总及统计分析，形成能够客观反映企业质量监督经理、质量监督助理和质量监督员工作职责的调查报告。

### 二、角色扮演

情境：周五下午是某研究所例行办公会议时间。每次会议从下午 2 点开始，讨论和处理近期需要做的工作，对一些需要做出决策的问题形成决议。每次会议的议题数量在 5～7 个。开始，会议要开到很晚，到 7 点多钟才会结束。后来，所长要求会议秘书会前向每一位与会人员征集会议议题，由所长确定议题数量并排序，结果会议还是开到很晚。再后来，所长规定例会必须在 6 点前结束，结果排在前面的议题讨论占用了很多时间，后面的议题没有时间处理，赶上议题紧迫，便无奈又延长时间。再后来，一些与会者故意把给研究生上的课程挪到周五晚上，到点回家吃饭上课，会议可以按时结束了，但许多事情被迫推迟到下周或增加会议次数。

要求：由几位同学分别扮演研究所所长，就此问题如何解决进行演示，并由大家讨论如何很好地解决这一问题并提出有效的控制措施。

## 课外学习

### 一、讨论题

（1）学生课后查阅案例，找出运用预算控制方法进行管理控制的企业，分组讨论该方法在管理实施过程中有哪些利弊。

（2）由于计算机网络、无线通信以及视频会议等技术的发展，许多管理者可能很快就不用到办公室上班了，他们将在家中工作。这种安排所带来的正面和负面影响是什么？

（3）小组交流个人的短期学习计划及执行情况，是否达到了预期的目标？如果没有，总结其主要原因，并提出改进措施。

### 二、辨析题

（1）预算就是拟定控制标准。

（2）企业一旦制订计划和考核标准后，企业内的所有成员都要不折不扣地完成规定的任务和要求。

（3）控制越多越好。

（4）控制的实质是达成协议。

## 三、分析题

问题：该公司控制客户服务质量的计划是前馈控制、反馈控制还是现场控制？找出该公司对计划进行有效控制的三个因素。为什么该公司将标准设立在经济可行的水平上，而不是最高可能的水平上？

## 客户服务质量控制

美国某信用卡公司的卡片分部认识到高质量客户服务是多么的重要。客户服务不仅影响公司信誉，也和公司利润息息相关。例如，一张信用卡每早到客户手中一天，公司可获得33美分的额外销售收入，这样一年下来，公司将有140万美元的净利润，及时地将新办理的和更换的信用卡送到客户手中是客户服务质量的一个重要方面，但这远远不够。

决定对客户服务质量进行控制来反映其重要性的想法，最初是由卡片分部的一个地区副总裁凯西·帕克提出来的。她说："一段时间以来，我们对传统的评价客户服务的方法不大满意。向管理部门提交的报告有偏差，因为，它们很少包括问题，但没有抱怨的客户，或那些只是勉强满意公司服务的客户。"她相信，真正衡量客户服务的标准必须基于和反映持卡人的见解。这就意味着要对公司的控制程序进行彻底检查。第一项工作就是确定用户对公司的期望。对抱怨信件的分析指出了客户服务的三个重要特点：及时性、准确性和反应灵敏性。持卡者希望准时收到账单、快速处理地址变动、采取行动解决抱怨。

了解了客户期望，公司质量保证人员开始建立控制客户服务质量的标准。所建立的180多个标准反映了诸如申请处理、信用卡发行、账单查询反应及账户服务费代理等服务项目的可接受的服务质量。这些标准都基于用户所期望的服务的及时性、准确性和反应灵敏性。同时，也考虑了其他一些因素。

除了客户见解，服务质量标准还反映了公司的竞争性、能力和一些经济因素。例如，一些标准因竞争引入，一些标准受组织现行处理能力影响，另一些标准则反映了经济上的能力。考虑了每一个因素后，适当的标准就成型了，所以，开始实施控制客户服务质量的计划。

计划实施效果很好。例如，处理信用卡申请的时间由35天降到15天，更换信用卡的时间从15天降到2天，回答用户查询时间从16天降到10天。这些改进给公司带来的潜在利润是巨大的。例如，办理新卡和更换旧卡节省的时间会给公司带来1 750万美元的额外收入。另外，如果用户能及时收到信用卡，他们就不会使用竞争者的卡片了。

该质量控制计划潜在的收入和利润对公司还有其他的益处，该计划使整个公司都注重客户期望，各部门都以自己的客户服务记录为骄傲。而且，每个雇员都对改进客户服务做出了贡献，员工士气大增。每个雇员在为客户服务时，都认为自己是公司的一部分，是公司的代表。

信用卡公司客户服务质量控制计划的成功，使其他公司纷纷效仿。无疑，它对该公司的贡献将是非常巨大的。

资料来源：http://www.docin.com/p-1004589319.html

## 参 考 书 目

[1] 安维. 管理学原理 [M]. 北京：中国人民大学出版社，2010.

[2] 曹勇. 现代管理学 [M]. 北京：科学出版社，2010.

[3] 崔卫国. 管理学故事会 [M]. 北京：中华工商联合出版社，2005.

[4] [美] 达夫特，马西克. 管理学原理（第 4 版）[M]. 高增安，等，译. 北京：机械工业出版社，2005.

[5] 段圣贤. 管理学基础 [M]. 北京：北京理工大学出版社，2013.

[6] 冯雷鸣. 管理学原理 [M]. 天津：南开大学出版社，2006.

[7] [美] 盖伊·拉姆斯登，康纳德·拉姆斯登. 群体与团队沟通 [M]. 冯云霞，等，译. 北京：机械工业出版社，2001.

[8] 高超. 现代企业管理基础知识 [M]. 北京：中国社会劳动保障出版社，2012.

[9] 郭咸纲. 西方管理思想史 [M]. 北京：经济管理出版社，2004.

[10] [美] 哈罗德·孔茨，海因茨·韦里克. 管理学（英文影印版）[M]. 北京：经济科学出版社，1993.

[11] 何华，原彦飞. 管理思想与实务 [M]. 北京：中国人事出版社，2007.

[12] 黄培伦. 组织行为学 [M]. 广州：华南理工大学出版社，2002.

[13] 黄晓阳. 魏文斌和他的电视湘军 [M]. 北京：新华出版社，2006.

[14] 黄雁芳，宋克勤. 管理学教程案例集 [M]. 上海：上海财经大学出版社，2005.

[15] 季辉，冯开红. 管理学原理 [M]. 北京：中国林业出版社，北京大学出版社，2007.

[16] [美] 杰克·韦尔奇，约翰·拜恩. 杰克·韦尔奇自传 [M]. 曹彦博，等，译. 北京：中信出版社，2002.

[17] [美] 孔茨，韦里克. 管理学（第 10 版）[M]. 张晓君，等，译. 北京：经济科学出版社，1998.

[18] 兰丽丽. 管理学基础 [M]. 北京：北京出版集团公司，2014.

[19] 兰炜，康银瑞，程青玥. 管理学原理 [M]. 北京：清华大学出版社，2015.

[20] 李立新. 管理学 [M]. 北京：北京理工大学出版社，2011.

[21] 李石华. 趣味管理学 [M]. 郑州：郑州大学出版社，2007.

[22] 刘云鹏，雷达，廖彩霞. 管理学基础 [M]. 武汉：武汉大学出版社，2015.

[23] [美] 罗伯特·克莱特纳. 组织行为学 [M]. 顾琴轩，等，译. 北京：中国人民大学出版社，2007.

[24] 苗雨君，赖胜才. 管理学——原理·方法·实践·案例 [M]. 北京：清华大学出版社，2009.

[25] 阡陌. 幽默图解团队管理学 [M]. 北京：民主与建设出版社，2014.

[26] [美] 乔纳森·萨瑟兰德. 英汉帕尔格雷夫管理词典 [M]. 李伟杰，等，译. 北京：中国金融出版社，2007.

[27] [美] 乔伊斯·奥斯兰. 组织行为学 [M]. 王永丽，等，译. 北京：中国人民大学出版社，2011.

[28] 沈莹. 管理心理学 [M]. 北京：化学工业出版社，2011.

[29] 史秀云. 管理学基础与实务 [M]. 北京：北京交通大学出版社，2009.

[30] [美] 斯蒂芬·P·罗宾斯，等. 管理学（第 11 版）[M]. 李原，等，译. 北京：中国人民大学出版社，2012.

[31] [美] 斯蒂芬·P·罗宾斯，等. 管理学（第 7 版）[M]. 孙健敏，等，译. 北京：中国人民大学出版社，2003.

[32] [美] 斯蒂芬·P·罗宾斯. 管理学电子版 [M]. 北京：清华大学出版社，2004.

[33] [美] 斯蒂芬·P·罗宾斯. 组织行为学 [M]. 孙建敏，李原，等，译. 北京：中国人民大学出版社，1997.

[34] [美] 斯蒂芬·P·罗宾斯. 管理学基础 [M]. 黄卫伟，译. 北京：中国人民大学出版社，1997.

[35] [美] 斯蒂芬·P·罗宾斯. 组织行为学 [M]. 孙健敏，李原，等，译. 北京：中国人民大学出版社，2012.

[36] 苏东水，彭贺，等. 中国管理学 [M]. 上海：复旦大学出版社，2006.

[37] 苏照新. 管理学教程 [M]. 广州：暨南大学出版社，2005.

[38] 孙元欣，许学国，林英晖. 管理学——原理·方法·案例 [M]. 北京：科学出版社，2006.

[39] 王福胜，李艳君，雷登攀. 管理学基础 [M]. 上海：上海交通大学出版社，2010.

[40] 王利平. 管理学原理（第3版）[M]. 北京：中国人民大学出版社，2009.

[41] 王蔷，李丽萍. 管理学教程习题与案例集 [M]. 上海：上海财经大学出版社，2011.

[42] 王石. 道路与梦想——我与万科的20年 [M]. 北京：中信出版社，2006.

[43] 王毅武，康星华. 现代管理学教程 [M]. 北京：清华大学出版社，2008.

[44] 张德. 组织行为学 [M]. 北京：高等教育出版社，2004.

[45] 张议元. 管理学 [M]. 北京：清华大学出版社，2012.

[46] 赵轶. 人力资源管理 [M]. 北京：清华大学出版社，2012.

[47] 钟金霞，谭谊，黄慧. 管理学基础 [M]. 长沙：湖南大学出版社，2007.

[48] 周三多，陈传明，鲁明泓. 管理学原理 [M]. 上海：复旦大学出版社，2009.

[49] 周三多，蒋俊，陈传明. 管理原理 [M]. 南京：南京大学出版社，1992.

[50] 周三多. 管理学——原理与方法 [M]. 上海：复旦大学出版社，2014.